KB265873

교육적 설득 연설의 연구

교육적 설득 연설의 연구

교육적 설득 연설의 연구

조 국 래

도서출판 역락

█ 저자 약력

조국래(趙國來)

문학박사. 수필가. 경북 영양 출생.
영등포고, 중앙대학교 문과대학 국어국문학과 졸업.
연세대학교 교육대학원 졸업.
중앙대학교 국어국문학과 박사과정 졸업.
교육부 국제교육진흥원 장학사 역임.
서울시 동부교육청 중등교육과장(장학관) 역임.
중앙대학교 사범대 출강.
서울 강현중학교(옛 강남여중) 교장 역임.
현재 서울 문창중학교 교장.
현재 한국인성교육지도봉사단(NGO) 회장.

저서 잊을 수 없는 한마디 1 (2003)

교육적 설득 연설의 연구

인　　쇄　2006년 2월 17일
발　　행　2006년 2월 24일

지 은 이　조국래
펴 낸 이　이대현
책임편집　김보라 · 박소정
제　　작　안현진
표　　지　OM디자인 장재호
펴 낸 곳　**도서출판 역락** / 서울 성동구 성수2가 3동 301-80
　　　　　　　(주)지시코 별관 3층(우133-835)
전　　화　3409-2058(대표) 3409-2060(편집부) FAX 3409-2059
이 메 일　yk3888@kornet.net / youkrack@hanmail.net
홈페이지　www.youkrack.com
등　　록　1999년 4월 19일 제303-2002-000014호

정가　13,000원
ISBN　89-5556-458-9-93710

* 잘못된 책은 교환해 드립니다.

머리말

돌이켜보면 교육부 국제교육진흥원 장학사 시절 1998년 50대 중반의 나이로 우연하게 모교인 중앙대학교 국어국문학과 박사과정에 입학하면서 매주 2일씩 실시하는 강의 시간은 제자 같기도 하고 자식 같기도 한 동료 원생들과 토론식 수업, 리포트 발표 시간은 신선한 즐거움을 안겨 주었다.

"저는 학위과정 수료로 만족합니다. 만약 논문을 쓰게 된다면 제 수명대로 살기가 힘들 것 같습니다." 라고 이주행 지도 교수님께 말씀드렸더니 힘들더라도 박사 학위를 받는 것이 더욱 의미 있는 삶이 되지 않겠느냐는 지도 교수님의 의지로 입학한 지 8년 만에 박사 학위를 받게 되었다.

이 저서는 박사 학위 논문을 좀더 보완하여 엮은 것이다. 이주행 지도 교수님을 비롯하여 박사 학위 논문을 심사하면서 조언을 많이 하여 주신 김종훈 교수님, 이석주 교수님, 민현식 교수님, 이찬규 교수님께 깊이 감사드립니다.

이 책에서는 필자가 교장 부임 6년 동안 학생들을 상대로 실시한 설득 연설(훈화)을 통하여 얻어진 시행착오와 피드백을 중심으로, 교육적 설득 연설의 본질과 의의를 알아보고, 초·중·고등학교 학생들을 대상으로 한 설문지를 유의미로 분석 처리 하여 화자(교장)와 청자(학생)의 비교 분석을 통하여 교육적 설득 연설의 실태를 알아보았다. 학교 급별 교장들과의 면담지를 바탕으로 학교장의 설득 연설 견본을 만들어 실시한 결과를 중심으로 사후 검증을 실시하여 그 결과로 설득 연설의 개선 방향을 제시하였다.

이 책이 학교장의 설득 연설 능력 향상에 도움을 주어 학교장의 설득 연설이 수많은 학생의 인생에 빛과 소금의 역할을 하길 기원한다.

출판계의 어려운 사정에도 불구하고 이 책을 기꺼이 발간하여 주신 역락출판사 이대현 사장님과 출판사의 편집부원 여러분께 심심한 사의를 표한다.

2006. 1
지은이 씀

목차

목 차

표 목차

그림 목차

교육적 설득 연설의 연구

제 1 장

들어가며

1. 연구 목적

이 연구의 목적은 각급학교 교장의 교육적 설득 연설에 대한 초·중·고등학교 학생들의 인식과 실태를 분석하여 교육적 설득 연설의 개선 방안을 탐구하고 그 모델을 제시하는 데에 있다.

학교교육은 갈수록 인성교육이 부실해지고 입시 위주의 교육으로 흘러가고 있는 추세이다. 특히 중학교와 고등학교의 경우는 이러한 현상이 더욱 심화되고 있다. 이런 현실에서 학교교육의 책임자이면서 경영자인 학교장이 학생들의 인성교육에 일조할 필요성은 충분히 높다고 본다.

학교장의 여러 가지 교육방법 중에서 학생들을 상대로 하는 교육적 설득 연설의 필요성이 강하게 대두되나, 그동안의 교육적 설득 연설은 학교장의 일방적인 설득 연설로 그쳐왔다.

따라서 이 연구에서는 학교장이 일방적으로 실시하는 설득 연설보다는 좀 더 발전적인 교육적 설득 연설의 방안을 찾고 이를 위한 교육적 설득 연설의 모델을 탐구하여 제시하고자 한다.

국어교육은 일차적으로 의사소통 기능을 중요시한다. 말은 문자가 생기기 이전부터 있었으며, 얼굴을 마주 대하고 하는 말은 그 어떤 의사소통 방법보다 직접적이고 효과적이다. 학생들은 학교에서 하루 동안 생활하면서 주로 말을 듣는 시간이 말을 하는 시간보다 훨씬 더 많다.1) 따라서 수업시간이나 기타시간에 이루어지는 교원들의 말하기는 맹목적인 것이 아니라 좀 더 신중을 기해야 한다.

교육적 설득 연설은 정신적 교육과 인간교육 그리고 지행일치 교육에 필요한 것이다. 특히 이것은 행사교육뿐만 아니라 세시, 계절성, 시사성, 시대성의 의의와 중요성을 인식하고 가치관 교육, 국민정신 교육 차원에서 필요하다(정범영, 1995 : 12-13). 즉 교육적 설득 연설은 정신력이 부족한 사람에게는 자극을 주어서 정신적으로 무장할 수 있도록 해 주고, 정서가 불안한 사람에게는 정서적인 안정감을 주어 자신의 본 모습으로 돌아오도록 해 주는 역할을 한다.2)

인간은 매일 근본적으로 사회적인 필요에 부응하는 언어세계를 통해 활동한다. 즉 반응하도록 영향을 주고 반응을 일으키는 시도가 계속된다(전영우, 2003 : 26). 종종 교육과 지도에 임하고, 교육을 받기도 한다. 이

---

1) 최성호(1973 : 22-23)에서는 학생들이 하룻동안의 언어 관련 활동에서 듣기 45%, 말하기 30%, 읽기 16%, 쓰기 9%라는 램킨(Ramkin)의 연구를 인용하여 음성언어인 듣기와 말하기가 75%를 차지하여 가장 높게 나타나고 있음을 지적하였다. 이중 듣기가 45%를 차지한다는 것은 학생들을 상대로 말을 하는 교원들의 중요성을 잘 인식시켜 주고 있다.
2) 정범영(1995 : 13)에서는 교육적 설득 연설은 헤이해진 사람에게 자극을 주어서 정서적 불안으로부터 강렬하게 일어나는 감정의 충동을 스스로 자제할 수 있도록 자기정신으로 되돌아오게 하는 촉진제 역할을 한다고 하고, 심리적 과정을 통해 새로운 삶의 변인을 주어 악한 사람을 선한 사람이 되게, 실의에 빠진 사람은 용기를 회복하고, 응어리진 마음을 풀어주며, 몽매한 사람을 눈뜨게 하는 힘을 갖는다고 밝히고 있다. 또한 교육적 설득 연설은 바람직한 인간상 형상을 위해 동기유발의 계기를 만드는데 필요하다고 그 필요성을 밝히고 있다.

를 통해서 정보를 교환하고 상의하고 상담도 하며, 토론을 하기도 한다.

학교 현장에서 학교장이 학생을 교육한다는 것은, 학교장이 교육에 관한 의사결정을 하고, 이를 시행하는 과정에서 학생을 간접적으로 교육하거나, 대화, 설득, 상담, 특강을 통해서 직접 교육하는 것을 말한다(최재선, 2001). 따라서 학생들을 대면하면서 직접교육을 실시할 기회가 많지 않은 학교장에게 교육적 설득 연설은 학생 교육의 가장 적절한 방법이 아닐 수 없다. 즉 학교장이 실제로 학생의 교육에 참여하고 있는 하나의 활동이 바로 교육적 설득 연설이다. 특히 현대와 같이 인성교육의 필요성이 강조되는 시점에서 학교장의 교육적 설득 연설은 그 어떤 교육보다 비중을 많이 차지한다.

한편 교육의 성과는 상호 인간관계를 통하여 이루어질 때 가장 효과적인 것이다.[3] 과학문명의 발달로 인하여 인류는 고도의 정보화 사회를 살아가고 있으며, 이의 혜택으로 문명의 편리함과 물질의 풍요를 누릴 수는 있으나, 정신적인 측면에서는 항상 불안과 초조, 긴장과 갈등을 겪게 되는 것은 정보화 사회의 도래에 따른 정신문명의 뒷받침이 이루어지지 못하는 데 그 원인이 있다. 이러한 맥락에서 표면적인 문명의 혜택과 더불어 정신적인 문명의 혜택이 반드시 필요한 것이다. 따라서 이렇게 중요한 정신적인 문명의 혜택을 주기 위한 방편이 학교교육이라면, 지식교육과 더불어 정신적인 성숙을 가져오도록 도움을 주기위한 방안의 필요성이 현대에서는 더욱더 절실하다. 학교교육에서 교육적 설득 연설의 중요성과 필요성이 바로 여기에 있는 것이다.

교육적 설득 연설의 또 다른 중요성은 학생들의 생활 지도나 특수한

---

3) 임태익(2002 : 머리말iii)에서는 이런 측면에서 볼 때 훈화야말로 가장 효과적인 교육활동의 한 수단인 것이며, 이를 통해서 학생들의 마음을 움직여 큰 뜻과 올바른 가치관을 지니게 하는 것은 더욱 중요하다고 하고 있다. 따라서 학교 교육 활동의 한 수단으로 훈화를 활용할 경우, 학생들에게 큰 변화를 기대할 수 있는 것이다.

교육 목적을 구현하기 위해 활용되는 교육방법이기 때문이다(고수원, 1989). 따라서 학교의 연간 교육계획 안에는 학생 지도의 중요한 실천 내용으로 교육적 설득 연설을 설정하여 실천하는 것이 중요한 것이다.4) 또한 이러한 교육 계획에 따른 교육적 설득 연설을 계획으로 끝내지 말고 꾸준한 실천이 따라야 한다.

교육적 설득 연설은 교장의 전유물이 아니며, 교사의 동참과 교육적 설득 연설을 접하는 학생들이 이를 토대로 스스로 깨달았을 때 교육적 설득 연설의 성과는 높아지는 것이다. 그러나 현대의 교사들은 수업활동과 각종 업무처리 등에 시간을 빼앗김은 물론 정신적 육체적으로 많이 지쳐 있는 상태이다. 따라서 학교 경영자인 교장의 교육적 설득 연설은 학생의 인성교육의 수단 중에서 매우 중요한 비중을 차지한다.

실제로 학교현장에서 학생들의 정의적 영역의 태도 변화에 학교장의 교육적 설득 연설이 지대한 영향을 준다는 사실에 대해 그 누구도 부인할 수 없을 것이다. 다만 의도적인 계획에 의하여 교육적 설득 연설의 시기, 방법, 내용, 적절한 매체 활용 등을 통한 교육적 설득 연설이 실시될 때 더욱 큰 교육적인 효과를 얻을 수 있는 것이다(권영세, 1994 : 2). 결국 교육적 설득 연설은 실시도 중요하지만, 연설을 어떤 내용을 가지고 어떤 방법으로 실시할 것인가를 더 중요시하여야 한다.

이전의 교육에서는 주 1회 정도 학교장이 전교생을 대상으로 교육적 설득 연설을 실시할 기회가 있었지만, 현대의 학교 교육에서는 학교장이 전교생을 대상으로 교육적 설득 연설을 실시할 기회가 훨씬 줄어든 상

---

4) 고수원(1989 : 124)에서는 이의 중요성을 강조하면서, 학생지도에 있어, 훈화가 어느 지도방식 못지않게 애용되는 방법이지만, 그 활용빈도에 따른 효과성은 그리 만족한 수준이 아니라고 밝히고 있다. 이는 훈화 교육이 단기간에 효과를 볼 수 없는 교육이라는 것을 잘 보여 주고 있으며, 따라서 지속적으로 인내를 가지고 훈화 교육을 실시해야 한다는 것을 나타내 주고 있다.

태이다. 이것은 각종 교육정책이 인성교육을 외면한 채 지식 위주의 교육 정책으로 변화되면서 나타난 현상이다. 여기에는 전교생을 모아놓고 실시하는 학교장의 교육적 설득 연설은 일제의 잔재로 인식하는 정서도 한몫했다고 볼 수 있다.

미래는 경쟁의 시대이다. 학생들이 성장하여 수많은 경쟁을 뚫고 사회의 한 일원으로 가치 있게 살아갈 수 있는 존재가 되도록 하는 데 교육적 설득 연설은 매우 중요한 기능을 한다. 따라서 지식 위주의 교육의 틈새를 뚫고 교육적 설득 연설의 실태를 학교 급별로 분석해보고, 향후 바람직한 학교장의 교육적 설득 연설의 모델을 제시하는 것은 매우 큰 의의가 있다.

2. 연구 대상과 연구 방법

2.1. 연구 대상

교장은 강조하는 관점과 접근방법에 따라 학교의 대표자, 수석교사, 교사의 교사, 학교관리자, 학교행정가, 학교경영자 등 여러 가지로 일컬어지고 있으나, 이러한 각기 다른 명칭들은 하나같이 교장은 교육자 또는 교육 전문가라는 기본적 속성을 전제로 하고 있다(송순, 2001 : 204). 따라서 교장이 교육자 또는 교육전문가라는 것은 교육이 궁극적으로 학생의 변화와 성장을 추구하는 것이라는 점에서 학교의 운영관리와 교직원의 지도 감독뿐만 아니라 학생에 대한 직·간접적인 교육과 지도를 책임지고 있다는 것을 의미하고 있다(송순, 2001 : 204). 즉 교장은 학교 경영에 책임을 지고 운영하는 의무를 가지고 있기도 하지만, 학생들을 지도하는 책임도 함께 가지고 있는 것이다.

이러한 학생지도를 직접적으로 행할 수 있는 유일한 방법이 바로 교육적 설득 연설인 것이다.

이 연구의 대상은 설득 연설 중에서 학교장이 학생을 대상으로 일정한 교육의 목적에 도달하기 위하여 실시하는 교육적 설득 연설에 대하여 알아보고자 초·중·고등학교에 재학중인 학생과 해당 학교에 재직중인 교장을 대상으로 하였다. 즉 교장은 초·중·고 각 10명씩 총 30명을 대상으로 하였고, 학생은 초등학교 441명, 중학교 375명, 고등학교 414명으로 총 1,230명으로 하였다.

설문지 응답자와 피면담자는 다음 〔표 1-1〕, 〔표 1-2〕와 같다.

다음의 〔표 1-1〕에서 보는 바와 같이 피조사자인 학생들의 일반적인 사항에 대해 살펴보면 성별에 따라서는 남자가 55.4%, 여자가 44.6%이었고, 학교 급별에 따라서는 초등학교가 36.1%, 고등학교가 33.9%, 중학교가 29.9%로 비슷한 분포로 나타났다. 학교 형태에 따라서는 남·녀 공학이 61.5%, 남학교가 20.5%, 여학교가 18.0%이었고 학년에 따라서는 고등학교 3학년이 19.2%, 초등 6학년이 13.9%, 초등 5학년과 중학교 2학년이 각각 11.3%였다. 학급수에 따라서는 31 학급 이상이 70.1%, 21~30 학급이 29.9%이었다.

다음의 〔표 1-2〕에서 알 수 있듯이, 교장은 초·중·고 각각 10명을 대상으로 하였다. 즉 학교 급별로 각 33.3%로 균형을 맞추었다. 그러나 남·녀 별 비율을 동률로 맞추지 못하였는데, 이것은 남자에 비하여 여자교장의 절대수가 부족하였기 때문이다. 남자교장이 20명, 여자교장은 10명이었다.

[표 1-1] 연구 대상(학생)

구 분		빈도(명)	백분율(%)
성 별	남	676	55.4
	여	544	44.6
학교 급별	초등학교	441	36.1
	중학교	365	29.9
	고등학교	414	33.9
학교형태	남학교	250	20.5
	여학교	220	18.0
	남·여 공학	750	61.5
학 년	초등학교 4학년	133	10.9
	초등학교 5학년	138	11.3
	초등학교 6학년	170	13.9
	중학교 1학년	108	8.9
	중학교 2학년	138	11.3
	중학교 3학년	119	9.8
	고등학교 1학년	107	8.8
	고등학교 2학년	73	6.0
	고등학교 3학년	234	19.2
소재지	특별시	1220	100.0
학급 수	21-30 학급	365	29.9
	31학급 이상	855	70.1
	합계	1220	100.0

[표 1-2] 피면담자(교장)

구 분	학교 급	남	여	계
교 장	초등학교	6	4	10
	중학교	7	3	10
	고등학교	7	3	10
합 계		20	10	30

2.2. 연구방법

1) 문헌 연구

본 연구를 위해 문헌 연구와 조사 연구 및 실험 연구를 병행하여 실시하고자 한다. 문헌 연구에서는 교육적 설득 연설과 관련된 도서, 선행 연구물, 정기 간행물, 각종 연구물 등을 탐독하여 교육적 설득 연설의 기초 자료로 삼았다. 또한 교육적 설득 연설과 깊은 관련이 있는 것이 인성교육이라는 것에 착안하여 역시 인성교육과 관련된 도서, 선행연구물, 정기간행물, 연구물 등의 자료를 함께 탐독하였다. 이렇게 문헌을 통하여 연구한 결과를 바탕으로 조사 연구와 실험 연구를 실시하였다.

2) 조사 대상

(1) 조사 대상

이 연구의 조사 대상은 표집의 대표성을 최대한 확보하기 위하여 서울특별시 소재 초등학교의 학교 규모에 따라 3개교를 무선표집하여 학생 441명, 교장 10명을 표집하였다. 중학교 역시 학교 규모에 따라 3개교를 무선표집하여 학생 375명, 교장 10명을 표집하였다. 고등학교의 경우에도 학교 규모에 따라 3 개교를 무선표집하여 학생 414명, 교장 10명을 표집하였다. 전체적으로 학생은 1230명을 대상으로 하였고 교장은 30명을 대상으로 하였다. 초등학교의 경우는 연구의 객관성을 높이기 위하여 1, 2, 3학년 학생은 대상에서 제외하고, 4, 5, 6학년 학생들만을 대상으로 하였다.

특정한 학교 급별만 선정하지 않고, 초·중·고등학교를 모두 대상으로 한 것은, 각 학교 급별로 교육적 설득 연설에 대한 학생들의 인식의 정도와 그 차이점을 분석하여, 학교 급별로 바람직한 학교장의 교육적 설득 연설의 모델을 제시하기 위해서이다. 대상 학교 선정은 교육여건과 생활 정도 등을 고려하여 선정하였으며, 대체로 중간 정도의 생활여건을 가지고 있는 지역의 학교를 선정하였다. 표집대상 학생으로부터 회수된 설문지는 모두 1230부이었으나, 응답 내용이 불충분하다고 판단되는 10부를 제외하고 1220부를 연구의 기초자료로 삼았다.

한편 교장의 경우에는 면담지를 이용하였는데, 회수된 면담지를 연구자가 코딩 작업을 거쳐 분석하였다. 면담 방법은 1차적으로 면담지를 작성토록 하여 대면 면담을 실시하였으며, 분석과정에서 불충분한 부분에 대해서는 추가적으로 전화면담 및 대면면담을 수차례 실시하였다.

(2) 조사도구

이 연구의 조사 도구는 교장의 교육적 설득 연설의 바람직한 방향 정립을 위해 지도교수의 자문을 받아 연구자가 직접 개발한 설문지와 반구조화된 면담지를 이용하였다. 설문지와 면담지에 사용된 문항과 구성은 다음 〔표 1-3〕, 〔표 1-4〕와 같다.

[표 1-3] 학생용 설문지의 문항 구성표

영 역	측정요소	문항번호	문항 수
	성별	1	1
	학교별	2, 3	2
배 경	학년	4	1
	학교소재지	5	1
	학교규모	6	1
실 태	교육적 설득 연설의 실태	1-20	20
개선방향	교육적 설득 연설의 개선방안	21-32	12
계			38

[표 1-4] 교장용 면담지의 문항 구성표

영 역	질문 내용	문항 수
배 경	성별	1
	지역	1
	학교급	1
교육적 설득 연설의 실태	현재 학교에서 이루어지는 교육적 설득 연설의 실태	8
교육적 설득 연설의 개선방안	교육적 설득 연설의 개선방안에 대한 인식	6
계		17

(3) 자료 처리

학생을 대상으로 한 설문지는 다음과 같이 처리하였다.

첫째, 표본의 일반적 특성을 파악하기 위하여 빈도분석(Frequency Analysis)을 실시하였다.

둘째, 남녀별, 학교 급별, 학년별에 따른 교육적 설득 연설의 인식과 실태의 차이를 알아보기 위하여 교차분석을 실시하였다.

학생으로부터 수집된 설문지는 SPSS 11.0 WINDOWS를 사용하였고, 유의수준은 p<.05, p<.01, p<.001에서 검정하였다.

교장을 대상으로 실시한 면담지는 연구자가 코딩 작업을 거쳐 빈도분석법(Frequency Analysis)을 이용하여 분석하였다.

3) 실험 연구

본 연구에서의 실험은 2004년 8월 20일부터 12월 19일까지 4개월 동안 진행되었다. 이러한 실험기간은 장기간에 걸친 실험의 효과를 검증하기에는 충분하지 않으나 교육적 설득 연설을 통하여 학생들의 인식 변화를 비교하는 데에는 비교적 의미있는 기간이라고 할 수 있다.

본 연구의 추진을 위한 절차 및 내용은 [표 1-5]와 같다.

[표 1-5] 실험의 절차와 내용

단 계	내 용	도 구	내 용	기 간	비 고
1	교육적 설득 연설실태 및 개선방안 조사(대상전체)	설문지 (학생용)	교육적 설득 연설의 실태에 대한 인식	2004. 8. 20-8. 25	
2	실험집단의 인식변화 분석	설문지 (실험집단)	교육적 설득 연설 실시 전·후 비교	2004. 8. 20-12. 19	

(1) 실험대상

본 연구에서는 설문조사 대상 학생 중 일부를 선정하여 실험 대상으로 삼기로 한다. 초등학교 1개교와 중학교 1개교, 고등학교 1개교를 선정한다. 선정한 학교장의 사전 동의를 구하여 연구 기간동안 주기적인 교육적 설득 연설을 실시하도록 한다.

실험연구의 대상은 다음 〔표 1-6〕과 같다

[표 1-6] 실험연구의 대상

구 분	남	여	계
초등학교	40	40	80
중학교	40	40	80
고등학교	50	30	80
계	130	110	240

(2) 실험 방법

실험대상학생들이 재학 중인 학교 교장에게 4개월 간 매월 2회의 교육적 설득 연설을 실시하도록 한다. 즉 4개월간 8회의 교육적 설득 연설을 실시하도록 하고 교육적 설득 연설의 내용은 연구자가 미리 작성하여 E-mail을 통하여 해당 교장에게 제공한다. 교육적 설득 연설의 내용은 초·중·고등학교 학생들의 수준에 맞도록 한다.

이를 토대로 하여 4개월 후 대상학생들을 상대로 연구자가 개발한 설문지를 통하여 검증을 한다. 즉 이미 설문조사에서 나타난 결과와 교육적 설득 연설을 8회 실시한 이후에 어떤 인식 변화가 있는지를 조사한다.

(3) 실험 설계

위 연구방법과 계획에 의해 통제집단에게는 교육적 설득 연설을 기존에 실시하던 횟수로 실시하고 실험집단에게 집중적으로 교육적 설득 연설을 실시하기로 한다. 즉 통제집단은 기존의 의식에서 거의 변화가 없을 것으로 가정하고, 실험집단만 검증을 하기로 하였다.

실험 효과를 검증하기 위한 실험설계는 다음 〔표 1-7〕과 같다.

[표 1-7] 실험 설계

실험집단	O1	X	O3
통제집단	O2	-	O3

주) O1, O2 : 사전 실태 분석(설문지 이용)
   X : 집중적인 교육적 설득 연설 실시
   O3 : 사후 검사(전, 후 비교)

위 표에서 점선은 등질화되지 않은 두 집단임을 나타내는 것으로, 각 연구대상자를 기존의 교육적 설득 연설연구 대상자 중에서 각 1개 집단으로 나누었음을 나타낸다. X는 실험집단에게 사전에 준비된 교육적 설득 연설원고를 이용하여 교육적 설득 연설 프로그램을 실시한 것을 나타낸다. 통제집단에게는 기존에 실시하던 교육적 설득 연설(1개월에 1회 정도)을 적용하여 일방적인 교육적 설득 연설을 실시하였으며, 집중적인 교육적 설득 연설은 실시하지 않는다.

(4) 사후 검증 방법

실험계획에 따라 설계된 방법으로 실험을 실시한 후에 사후검증을 실시한다. 사후 검증은 연구자가 제작한 사후검증 설문지를 통하여 실시하였다.

질문 내용은 교육적 설득 연설을 실시하기 전과 후의 변화된 내용을 중심으로 하였다. 즉 이미 실시된 실태조사의 결과를 토대로 실험 실시 후의 결과와 비교하여 실시하되, 사후 검증의 질문내용도 실태조사의 경우와 유사하게 한다.

사후 검증 역시 자료 처리는 실태 조사의 경우와 마찬가지로 다음과 같이 처리한다.

첫째, 표본의 일반적 특성을 파악하기 위하여 빈도분석(Frequency Analysis)을 실시한다.

둘째, 사전, 사후에 실험집단의 설득 연설에 대한 인식과 실태의 차이를 알아보기 위하여 교차분석을 실시한다.

실험집단의 학생으로부터 수집된 설문지는 SPSS 11.0 WINDOWS를 사용하였고, 유의수준은 $p < .05$, $p < .01$, $p < .001$에서 검증한다.

사후검증을 위해 제작된 설문지의 문항 구성은 다음 〔표 1-8〕과 같다.

[표 1-8] 교육적 설득 연설에 대한 사후검증 설문지의 문항 구성표

영 역	측정요소	문항번호	문항 수
배 경	성별	1	1
	학교별	2	1
교육적 설득 연설 인식	교육적 설득 연설에 대한 인식변화	3	1
개선방향	교육적 설득 연설을 듣기 원하는 정도의 변화	4	1
필요성	교육적 설득 연설의 필요성에 대한 인식의 변화	5	1
도 움	교육적 설득 연설이 생활에 도움 되는 정도에 대한 인식변화	6	1
이 해	교육적 설득 연설의 이해 정도의 변화	7	1
기 분	교육적 설득 연설을 들은 후의 기분상태 변화에 대한 인식변화	8	1
변 화	교육적 설득 연설을 듣고 나서 변화한 정도에 대한 인식	9	1
실 천	연설 내용을 지키기 위한 노력에 대한 인식변화	10	1
계			10

3. 연구의 범위와 제한점

연설은 그 목적에 따라 정보전달 연설, 교육적 설득 연설, 환담연설 등으로 나뉜다. 각급 학교의 학교장도 때에 따라 학생에게 다양한 형태의 연설을 한다. 그 중에서도 학교장은 교육적 설득 연설을 가장 많이 하게 된다. 그리하여 이 연구에서는 학교장이 학생을 대상으로 행하는 교육적 설득 연설에 국한하여 고찰하고자 한다.

교육적 설득 연설을 체계적으로 실시함으로써 학생들이 기존의 교육적 설득 연설에 대하여 어떤 변화가 나타나는지 알아보기 위해 본 연구에서는 다음과 같은 가설을 정하였다.

1) 교육적 설득 연설을 체계적으로 실시하면 학생들이 기존의 교육적 설득 연설에 대한 인식에 긍정적인 변화가 나타날 것이다.

2) 교육적 설득 연설을 체계적으로 실시하면 학생들의 생활에 긍정적인 영향을 끼칠 것이다.

이 가설을 검증하기 위해 다음과 같은 연구중점을 정하였다.

1) 실험대상의 학생들이 재학 중인 학교의 학교장의 협조를 얻어 교육적 설득 연설의 횟수를 기존보다 증가시켜 체계적인 교육적 설득 연설을 실시한다.

2) 실험대상 학생에게 교육적 설득 연설에 대한 긍정적 사고를 갖도록 하기 위해 사전에 제작한 교육적 설득 연설을 위한 연설문을 해당 학교장에게 제공한다.

4. 선행연구의 검토

그동안 이루어진 학교장의 교육적 설득 연설과 관련된 연구들에 대해서 간략히 살펴보기로 한다.

교육적 설득 연설에 관한 선행연구는 찾아보기가 어렵다. 학술지 등에 게재된 연구논문은 비교적 많이 찾을 수 있으나, 학위논문 특히 박사학위논문은 거의 찾아볼 수 없다. 일부 학위논문도 교육적 설득 연설에 관한 연구보다는 훈화연설에 관한 연구가 주를 이루었다.

선행연구논문에서는 교육적 설득 연설의 실태는 비교적 자세히 분석하였으나, 개선 방안에 대해서는 현실적이지 못한 부분이 다소 눈에 띠었다. 또한 학교장의 입장에서 일방적으로 이루어지는 교육적 설득 연설에 대해서는 거의 언급이 되지 않았다. 교육적 설득 연설의 내용 구성에 대해서도 거의 연구가 이루어지지 않았으며 특히 교육적 설득 연설을 위한 연설문을 예시로 제시한 연구는 거의 찾을 수 없었다.

마숙자(1986)에서는 초등 학교장의 훈화의 실태를 학교장, 교사, 아동의 입장에서 조사 분석하고 효과적인 개선 방안에 관하여 연구하였다.

그러나 이 연구에서는 교육적 설득 연설의 필요성을 부각시키는 데에는 성공을 거두었으나, 훈화 연설의 횟수에 대해서는 현실성이 떨어지는 연구였다. 즉 1주일에 2회의 교육적 설득 연설을 실시하기에는 이미 현실적으로 상당한 어려움이 따르게 되기 때문이다. 또한 현재와 같은 학교실태에서 훈화교육을 위한 계획서를 준비하는 것도 현실적이지 못하다.

또한 이 연구는 초등 학교장의 훈화의 문제점을 파악하여 대안을 제시하고 있다는 점에 의의가 있다. 그러나 이 연구에서는 교육현장에서 활용할 수 있는 교육적 설득 연설의 모델을 제시하고 있지 않다.

권영세(1994)에서는 초등학교 훈화교육의 방향을 제시하고 있다. 현재 교육현장에서 이루어지고 있는 학교장의 훈화교육 실태와 바람직한 교육적 설득 연설 방법에 대한 의견을 조사하고, 조사된 실태와 의견을 분석하는 과정에서 훈화교육방법의 개선에 있어서 고려할 점을 탐색하는 것을 목적으로 연구를 하였다.

이 연구는 훈화 교육을 전반적으로 살펴보았다는 점에서는 의의가 있다. 또한 훈화 교육의 방법을 구체적으로 제시한 것 역시 훈화 교육의 방향정립에 많은 기여를 했다고 하겠다. 그러나 훈화 교육의 실태를 구체적으로 제시하지 못했고 비현실적인 내용이 포함되어 있다.

이대홍(2003)에서는 훈화교육을 인성교육차원으로 확대시킨 것은 의의가 있다.또한 훈화교육을 방송시설 등을 이용하여 실시할 수 있다는 발전적인 연구를 하여 좀더 현실적인 접근이 되었다고 본다. 그러나 학생들로 하여금 훈화교육에 어떻게 동참하도록 유도하여 효과적인 훈화교육을 실시할 것인가에 대한 연구가 부족했으며 훈화교육의 내용을 어떻게 정할 것인가에 대한 연구도 부족했다고 본다.

이상의 선행연구를 종합해 보면 학교장의 교육적 설득 연설의 실태 결과를 바탕으로 개선 방안을 제시하는 것으로 그치고 있다. 그리고 효과적인 학교장의 교육적 설득 연설의 모델을 제시하지 않고, 대안을 검증하지 않았기 때문에 교육 현장에서의 활용 효율성을 알 수 없다. 그리하여 이 연구에서는 학교장이 효과적으로 교육적 설득 연설을 할 수 있는 모델을 실험연구를 통해 제시하고자 한다.

제 2 장

교육적 설득 연설의 본질과 교육적 의의

이 장에서는 교육적 설득 연설의 본질과 교육적 설득 연설의 의의에 대하여 살펴보기로 한다.

1. 교육적 설득 연설의 본질

1.1 설득의 개념

설득은 지금껏 많은 의사소통 이론가들과 연구자들의 관심을 받아온 활동이다. 사실 1970년 이전까지 의사소통 연구는 대부분 설득에 초점을 맞추었다. 그러나 1970년에는 설득에 대한 관심이 얼마간 시들해졌다. 이것은 당시의 설득 모델에 대한 불만족과, 1960년대 이후에 사람을 조종하는 것과 관련된 모든 것들에 대해 경멸했던 분위기 때문이었다. 그러나 최근에는 설득에 대한 관심이 다시 되살아나 대중 설득 현상은 물론 대인 설득 현상을 설명하고 시도하고 있다(임칠성 역, 1997 : 191).

언어학 용어에서 설득은 흔히 'persuasion'으로 표현된다. 이는 영어 표기의 긍정적 또는 중립적 개념의 설득 'convicitive persuasion'과 부정적 개념의 설득 'manipulative persuasion'을 통합하는 의미이다(박귀자, 2003 : 6). 이러한 설득의 정의는 설득의 목표를 청자의 '이해'의 측면에 초점을 맞추고 있는 것으로 이는 다시 이성적으로 이해를 했는가와 감성적으로 이해를 했는가에 따라 그 구분을 달리한다. 이에 따라 설득을 '어떻게 시킬 것인가'에 영향을 미쳐 결국은 설득의 방법에까지 영향을 미치게 되는 것이다.

한편 설득이란 화자가 청중(청자)의 생각, 느낌, 행동을 의식적인 의도를 가지고 변화시키려고 하는 언어 행동(임칠성 역, 1997 : 195-196)으로 정의하고 있다.

심영택(2004 : 63)에서는 설득을 다음과 같이 설명하고 있다.

특정한 사람, 대상, 사건에 관해 청자가 지니는 생각과 느낌은 청자의 믿음과 태도, 의지를 구성하고 있는 부분들이다. 그리고 언어행동이란 단순히 이성적인 논증법을 사용하여 작성한 메시지를 전달하는 것이 아니라, 화자의 감성과 인격적인 면까지 음성이나 문자 등의 매체를 통하여 듣는 이에게 전달하는 것이다. 이미 고대 그리스·로마 시대부터 이러한 설득의 중요성을 인식하고 설득을 체계적으로 가르치기 위해 고심한 흔적을 엿볼 수 있다. 그 시대에 수사학이라는 개념은 설득과 거의 동의어로 사용되었다.

위에서 살펴본 것처럼 설득은 역사적으로 볼 때, 이미 오래 전부터 사용되어온 개념으로 화자의 감성과 인격적인 면까지 음성이나 문자 등의 매체를 통하여 듣는 이에게 전달하는 것으로 정의하고 있다.

우리나라에서 설득의 사전적 개념과 영어에서의 설득의 개념은 약간의 차이가 있다. 먼저 연세 한국어사전(두산동아, 2000)에서는 '설득은 일반적으로 잘 설명하거나 타이르거나 해서 알아듣도록 이해시키는 것, 주로 설복과 동의어를 쓰이고 이해의 측면에서 납득[1]과 같은 의미로도 사용'되는 것으로 정의 되어 있다. 국어대사전(이희승, 1994)에서도 이와 비슷하게 '여러 가지로 설명하여 납득시킴'으로 풀이되어 있다.

어떤 경우를 따르더라도 설득은 잘 설명하여 납득시키거나 알아듣도록 이해시킨다는 의미를 내포하고 있다. 따라서 설득은 '잘 설명하여 이해를 시킴으로써 상대방이 이를 통하여 의식의 변화를 가져오도록 하는 것'이라고 정의 할 수 있다.

1.2. 설득의 원리

1) 설득의 원리

현대는 설득의 시대이다. 이러한 오늘날에는 폭력이나 권력과 같은 강압적인 수단으로 자기 앞에 닥친 여러 가지 문제를 해결하려고 하는 사고방식은 이제 어리석은 이야기에 지나지 않는다. 학생들의 교실이나 심지어는 군대에서도 기합대신 담화에 의해 군기 확립의 길을 모색하고 있다. 직장의 경우도 명령이나 권한만으로는 노사간의 문제가 해결되지 않는다.

현대는 대화의 시대이다. 대화를 통하여 의사를 전달하고 때로는 상대방을 설득시키는 데에도 대화가 이용된다. 사람을 설득시키려고 마음먹는다면 다음의 세 가지 사항이 중요시 된다고 아리스토텔레스는 말했다.

---

1) 연세한국어 사전에서는 납득에 대하여 '남의 말이나 행동을 잘 알아 이해하고 긍정하는 것, 이해의 일본식 용어'라고 설명하고 있다. 이런 범주에서 볼 때, 설득과 납득은 같은 의미로 볼 수 있을 것이다.

첫째, 말하는 사람의 인격 즉 훌륭한 인격의 사람은 말에 대한 신용을 얻을 수 있다. 둘째, 듣는 사람으로 하여금 좋은 감정을 유발하도록 하라는 것이다. 셋째, 그 시간, 분위기에 알맞은 말로써 명백히 사실을 증명하는 것이다(김영국, 1993 : 21).

일반적인 설득의 원리를 학자들은 다음과 같이 설명하고 있다(이주행, 2004 : 3-4).

P. H. Grice(1975)에서는 협동의 원리로 설명하였는데, 그 내용은 다음과 같다.

① 양의 격률(the maxim of quantity) : 대화의 목적에 필요한 만큼의 정보를 제공하라.
② 질의 격률(the maxim of quality) : 진실을 말하라. 타당한 근거를 들어 말하라.
③ 관련성의 격률(the maxim of relevance) : 대화의 목적이나 주제와 관련된 것을 말하라.
④ 표현 방법의 격률(the maxim of manner) : 모호성, 중의성을 피하라. 간결하고 조리 있게 말하라. 경어법에 맞게 말하라.

G. Leech.(1983)에서는 공손의 원리(Politeness Principle)를 설명하였는데, 그 내용은 다음과 같다.

① 요령의 격률(tact maxim) : 듣는 이에게 부담을 주는 표현은 최소화하고, 혜택을 주는 표현은 최대화하라. 보기로는 ㉠ 책을 빌려 줘. ㉡ 책 좀 빌려 줘 등이다.
② 아량의 격률(generosity) : 말하는 이에게 혜택이 돌아가는 표현은 최소화하고, 부담이 되는 것은 최대화하라. 보기로는 ㉠ 좀더 크게 말해 주세요 ㉡ 제가 부주의해서 못 들었는데, 다시 한 번 말씀해 주시겠습니까? 등이다.
③ 칭찬(←찬동)의 격률(approbation maxim) : 청자에 대한 비방을 최소

화하고, 칭찬을 극대화하라. 보기로는 '어쩌면 그렇게 탁구를 잘 치세요.'를 들 수 있다.

④ 겸양의 격률(modest maxim) : 화자 자신을 칭찬하는 말은 최소화하고, 비방은 최대화하라. 보기로는 '저는 원래 손재주가 없어서 볼품이 없습니다. 공부를 하면 할수록 모르는 것이 더 많습니다.'를 들 수 있다.

⑤ 동의의 격률(agreement maxim) : 청자와 불일치하는 표현은 최소화하고, 일치하는 표현은 최대화하라.

⑥ 동정의 격률(sympathy maxim) : 화자와 청자 사이의 나쁜 감정은 최소화하고, 동정심은 극대화하라.

⑦ 방법(←태도)의 격률(manner maxim) : 부적절한 끼어들기와 침묵을 피하라.

한편 D. Sperber, and D. Wilson(1986)에서는 관련성의 원리로 설명하였는데, 그 내용은 다음과 같다.

① 화자와 청자는 대화의 주제와 최고의 관련성을 유지하도록 하라.
② 화자는 대화의 주제와 상황에 맞게 자기의 의도를 최대로 현시화하라.
③ 청자는 의미의 추론화를 잘하라.

훌륭한 리더는 상대의 본질을 명확히 꿰뚫고 있다. 말하지 않는 이유가 무엇이며 느끼지 못하는 욕구가 무엇인가를 찾아내어 그것을 눈에 보이는 형태로 만들어 나가는 능력을 가지고 있다. 설득을 할 때는 상대의 본질을 정확히 꿰뚫는 것이 중요하다.

학교에서 학교장이 학생들을 상대로 교육적 설득 연설을 실시할 때, 위의 어느 원리를 따르든지 교육적 설득 연설을 목적을 학생설득에 둔다면, 학생들의 상태를 정확히 파악한 후 설득을 실시하면 좀 더 효과적인 교육적 설득 연설이 될 것이다.

2) 상대에 따른 설득 방법

상대에 따라 설득 방법을 다양하게 하여 설득을 할 필요가 있다. 따라서 상대방의 심리나 행동특성 등을 사전에 파악하는 것이 중요하다. 다양한 상대방에 따라 설득하는 방법을 다음과 같이 정리할 수 있다.

① 좀처럼 납득하지 않는 사람 : 미리 상대에게 결론을 말하지 말고 문제를 제기하여 스스로 해결 방안을 찾아보도록 하라.
② 반항적인 사람 : ㉠ 납득하려는 어떤 사실에 대한 결론을 거꾸로 내리고 상대로 하여금 그 결론을 부정하게 하라. ㉡ 상대의 자주성을 존중하고 상대에게 대안을 제시하도록 하라.
③ 지나치게 이론적인 사람 : ㉠ 상대의 이야기를 다 듣고 난 뒤에 일리가 있음을 인정하고 대안을 제시하여 그렇게 하는 것이 어떻겠느냐고 묻는다. ㉡ 이론적으로 합당한 이야기를 들려준다.
④ 지나치게 감정에 흐르기 쉬운 사람 : 상대의 감정을 자극하거나 평소에 밝고 명랑한 직장 분위기를 조성한다.
⑤ 지나치게 성급한 사람 : 간단명료하고 솔직하며 침착하게 먼저 이유를 말하고 서사적으로 결론에 이르도록 한다.
⑥ 심술 사나운 사람 : 상대가 차별한다고 생각하지 않도록 공평한 대안을 제시한다.

한편 심리적 설득의 법칙에 대하여 Robert. B. Cialdini(1985, 2001)에서는 Influence : Science and Practice.에서 다음과 같이 설명하고 있다(Robert. B. Cialdini(1985, 2001); 이주행, 2004 : 6-7에서 재인용).

① 상호성의 법칙 : 호의를 베풀어라→상대방을 빚진 상태로 만들어라. [보기] 공짜 샘플.
상대방이 양보하면 상호성의 법칙에 따라 '보답'이라는 심리적 부담을 느낀다. →일보후퇴, 이보 전진(rejection-then-retreat), 무리한 부탁을 한 다음에 처음보다 작은 부탁(원래 원했던 부탁)을 하면 상대방이 들어줌.

[보기] 워터게이트 사건은 상호성과 대조 효과가 낳은 비극 : 대통령 재선위원회의 정보 수집 책임자인 '리디(Liddy)가 처음엔 100만 달러 요구, 두 번째 50만 달러, 세 번째 25만 달러 요구

② 일관성의 법칙 : 일반인은 대부분 시종일관되게 언동 하는 것이 유리하다고 생각한다. 일관성은 논리・이성・안전성・정직성 등의 핵심으로 인정을 받는다.
[보기] 공식적인 상황에서 금연 약속.

③ 사회적 증거(social proof)의 법칙 : 다른 사람의 행동을 보고 그대로 따라 하는 것이다. 사회적 증거에 따라 행동하면 실수할 확률이 줄어든다. 달콤한 미끼를 던져 개입하게 한 다음에 그 달콤한 부분을 빼어 버린다. 다른 사람의 행동에 의해 더 쉽게 설득된다.
[보기] 가짜웃음. 구입한 사람들의 명단을 이용하여 판매.

④ 호감의 법칙 : 칭찬하라. 칭찬하는 사람에게 호의적이다.
[보기]잦은 접촉→친근감→호감을 가지게 된다.

⑤ 권위의 법칙 : 권위(전문가・직함・옷차림・고급자동차)에 복종한다.
[보기] 의사가 'Place in right ear.' 대신에 'Place in R ear.'라고 쓸 경우 약사는 후자를 믿고 약을 조제한다.

⑥ 희귀성의 법칙 : 한정 판매(얼마 없습니다), 마감 전략(deadline tactics)= 시간 제한(이제 곧 끝납니다)
[보기] 독점 상영, 한정 상영, 이제 곧 끝납니다.

설득의 방법은 다양하다. 그러나 어떤 방법을 어떤 곳에서 어떻게 적용시킬 것인가에 대한 연구는 화자의 몫이다. 청자와 청중을 사전에 파악하여 적절한 방법을 적용한다면 성공적인 설득이 가능할 것이다.

학생들의 경우는 다양한 성향을 가지고 있다. 그러나 아직까지는 특정한 성향으로 자리 잡지 않은 경우가 많다. 따라서 어느 특정한 방법을 동원하기 보다는 좀더 다양한 방법으로 교육적 설득 연설을 해야 한다.

1.3. 연설의 종류

연설은 그 목적에 따라 지식을 제공하기위한 것과 설득시키기 위한 것으로 나누어진다. 지식을 제공하기 위한 연설에는 방법에 따라 묘사 연설(descriptive speech), 시범 연설(demonstration speech), 설명 연설(expository speech) 등으로 다시 나뉜다(이주행, 1991 : 130).

1) 지식을 제공하기 위한 연설

1 묘사 연설(descriptive speech) : 묘사연설이란 한 폭의 그림을 선이나 색으로써 가시적인 작품으로 묘사하듯이 말로써 어떤 지식이나 견문을 듣는 사람들에게 정확히 전달하기 위해서 하는 연설이다. 듣는 사람에게 사물이나 장면, 인물을 눈에 보이는 것처럼 나타내는 데 도움을 주기 위한 것이다.

2 시범 연설(demonstration speech) : 시범연설이란 어떤 사물에 대하여 시범으로 행해지는 연설이다. 바꾸어 말하면, 어떤 물건을 어떻게 만드는가, 어떤 물건이 어떤 작용을 하는가, 무엇을 어떻게 만드는가에 대하여 시범하는 연설은 듣는 사람이 그와 같은 물건을 만들 수 있도록 이해를 증진시키는 데 일차적인 목적이 있으므로, 재료를 조작하여 물건을 만들어 내는 방법이 주로 강조되고, 에너지의 조절이나 사용과 같은 것은 보통 종속적인 이야기가 된다.

대부분의 지식 전달 연설은 그 특수한 목적이 청중 분석을 통하여 발견된다. 그러나 시범 연설은 화자의 의도나 말하고 있는 것에 대한 단체나 기관의 의도에서 그 목적을 찾을 수 있다(이주행, 1991 : 136).

3 설명 연설(expository speech) : 설명 연설이란 국어학, 철학, 과학, 경제학 등에 관한 지식을 청중에게 이해시키기 위하여 행해지는 연설이

다. 현대는 물질 문명의 발달과 더불어 새로운 지식이 쏟아져 나오고 있다. 따라서 지식의 홍수 시대에 사는 현대인은 새로운 지식을 이해해야 시대에 뒤떨어지지 않고 살아갈 수 있게 되었다. 이러한 지식을 전달하기 위해서 설명 연설이 필요한 것이다.

교육적 설득 연설에서는 설득시키기 위한 연설이 주를 이루겠지만, 때로는 지식을 제공하기 위한 연설을 할 필요성도 있다. 따라서 지식을 제공하기 위한 연설을 실시할 경우 묘사연설, 시범연설, 설명연설을 적절히 조화시키는 방안이 필요하다.

2) 설득시키기 위한 연설

설득시키기 위한 연설(persuasive speech)이란 타인에게 어떤 사실에 대하여 설명하여 납득하도록 하기 위해서 행해지는 연설이다. 이것은 충고나 권고의 연설이다. 통상 논쟁적인 화제에 대해서 견해를 변화시키고자 하거나 청자로 하여금 어떤 행동을 하도록 유도하는 연설이다. 예를 들면 정치적-입법적-사법적인 연설, 선전, 예술 비평, 대부분의 신문 사설과 칼럼, 광고, 판매를 위한 연설 등이 설득 연설에 속한다(이주행, 1991 : 160).

오늘날 사회의 급격한 변화와 개인주의가 팽배해지고 있다. 이러한 사회의 변화에 따라 설득 연설이 일상생활에서 큰 역할을 담당하고 있다. 부모가 자녀들에게 공부하라고 하거나, 남편과 아내에게는 예산내에서 절약하여 생활하도록 하거나, 이웃과 친구에게 동호인 활동에 참여하도록 설득시키는 데 많은 시간을 소비하고 있다. 누구라고 할 것도 없이 지식 전달의 화법을 쓸 때와 마찬가지로 설득의 방법을 사용함으로써 일상의 일을 스스로 결정하게 되는 것이다.

연사가 훌륭한 인격의 소유자라면 청중은 연사의 말에 무조건 승복하

려고 한다. 그러나 인격적으로 결함이 있는 연사의 권유는 받아들이려
하지 않는다. 청중들은 그들이 믿기에 자신의 의무를 다할 수 있는 충분
한 의지력을 갖고, 또 관계된 사람들에게 가해자는 불필요한 침해나 고
통을 제거할 수 있는 충분한 열의를 가져 정직하고 진지하고 사려 깊은
유능한 연사의 말을 받아들이려고 한다.

즉 청중은 연사가 추론과 어떤 견해의 바탕이 될 증거를 명확히 제시
하길 바라게 된다. 추론과 증거가 명확하고 적절하고 선명할 때 청중은
연사가 '주제를 정확히 알고 있다.' 또는 '요점을 말하고 있다.' 또는 '건
전한 생각을 하고 있다.'라고 말한다. 따라서 설득 연설을 하기 위해서
는 청중의 심리 상태와 청중이 원하는 마음을 정확히 꿰뚫어야 한다.

학생들을 상대로 한 교육적 설득 연설 역시 학생들은 학교장의 말에
무조건 승복하려는 태도를 가진다는 것을 항시 염두에 두고 교육적 설
득 연설에 임해야 하며 인격적으로 결함 있는 모습을 보이지 않도록 항
상 노력해야 한다.

2. 교육적 설득 연설의 의의

2.1. 교육적 설득 연설의 교육적 의의

인생은 설득의 연속이라 할 만큼 일상생활을 하다 보면 남을 설득시
켜야 할 경우가 많다. 그러기에, 인생에 성공한 사람은 대개가 설득력이
강하다. 이 절에서는 학교에서 학교장에 의해 이루어지는 훈화교육과 교
육적 설득 연설에 대하여 간단히 살펴보고자 한다.

훈화란 그 뜻을 그대로 직역하면, 교육하는 말, 또 교시하는 말, 가르
치기 위하여 하는 말 등을 일컫는다(김이종, 1999 : 35). 즉 훈화는 학생

들의 전인적 성장발달을 돕기 위한 하나의 교육활동이라고 할 수 있다. 이를 좀더 구체적으로 살펴보면 학생들을 상대로 한 훈화는 교원 모두가 자신의 위치에서 학생들에게 가르치는 이야기를 하여 학생들의 지적, 정의적, 행동적, 전인적 성장 발달을 촉진할 수 있도록 전개하는 교육활동의 한 방법이라고 하겠다(김이종, 1999 : 35). 여기서 교원의 의미는 교장, 교감, 교사를 모두 포함하는 것으로, 교장은 교장의 직위에서, 교감은 교감의 직위에서, 교사는 교사의 직위에서 학생들을 이야기로 가르치는 것이 바로 훈화를 뜻하는 것이다.

또한 훈화는 이야기로 학생에게 직접 호소함으로써 학생들로부터 공감을 얻는데 가장 효과적인 교육활동의 한 수단으로 언어와 태도를 통하여 훈화자와 피훈화자 사이에 이루어지는 인간 상호작용이다(정범영, 1998 : 12). 한편으로는 마음의 평정을 찾도록 하여 마음을 키우고, 마음에 깊은 감동을 주는 교육, 더 나아가서는 전인교육에 활용할 수 있는 방법이 바로 훈화인 것이다.2)

이런 측면에서 볼 때, 훈화는 정신적, 도덕적 가치를 부여하기 위해 학생들의 심성 및 태도에 영향을 주고 호소력과 설득력으로 학생들에게 공감을 주어 바람직한 인격형성에 도움을 주는 중요한 의의를 가지고 있다고 할 수 있다(이동일, 1994).

한편 훈화교육은 좁은 의미의 훈화교육과 넓은 의미의 훈화교육으로

---

2) 정범영(1998 : 12-13)에서는 훈화의 필요성을 다음과 같이 적고 있다. '첫째, 정신적 교육과 인간교육 그리고 지행일치 교육에 절대적인 방법으로 행사교육과 가치관교육, 국민정신교육 차원에서 필요하다. 둘째, 해이해진 사람에게 자극을 주어서 정서적 불안으로부터 강렬하게 일어나는 감정의 충동을 스스로 자제할 수 있도록 자기정신으로 되돌아오게 하는 촉진제 역할을 하므로 필요하다. 셋째, 심리적 과정을 통해 새로운 삶의 변인을 주어 악한 사람을 선한 사람이 되게, 실의에 빠진 사람은 용기를 회복하고, 응어리진 마음을 풀어주며, 몽매한 사람을 눈뜨게 하는 힘을 갖기 때문에 필요하다. 넷째, 바람직한 인간상 형성을 위해 동기유발의 계기를 만드는데 필요하다.'

나누어 생각해 볼 수 있다. 좁은 의미의 훈화교육은 학생들을 대상으로 전체 조회나 학급조회·종례 등 교장이나 학급담임이 실시하는 것을 뜻하고, 넓은 의미의 훈화 교육은 좁은 의미의 훈화 교육에다 특별활동이나 기타 활동을 포함하는 모든 훈화 교육을 의미한다(부회식, 1999).

학생을 상대로 하는 훈화 교육은 학생들에게 바른 가치관을 길러주고, 민주시민의식을 심어주며 나아가서는 창의력과 협동심을 길러주는 역할을 하게 되는 것이다. 따라서 정규교과교육에서 다루기 힘든 내용을 일정한 시간을 할애하여 훈화 교육을 실시함으로써 학생들의 바른 인성 형성에 꼭 필요하다.

한편 연설이란 한 연사가 여러 사람에게 자기의 주의·주장 또는 의견을 진술하는 담화의 형태이다. 개인 대 개인 간에 사상과 감정을 교류하는 것이 대화라면, 연설은 한 개인이 수십, 수백 명을 상대로 일방적으로 사상과 감정을 전달하는 것이다. 따라서 연설은 대화에 비해 공적·지적·윤리적 성격이 짙다.

연설의 목적은 지식을 전달하거나 설득을 시키는 데 있다. 연사는 여러 사람 앞에서 연설하기에 앞서 우선 연설의 목적을 분명히 설정하고, 그 목적을 성취할 수 있도록 사전에 준비를 철저히 해야 한다.

설득의 목적은 타인으로 하여금 어떤 일을 하게 하는 데 있다. 상대방이 이야기에 귀를 기울이고 나서 '과연 그렇군.'하고 끄덕인다. 이것을 내면변화라고 한다. 즉 설득이라는 것은 '내면 변화'를 상대방에게 일게 하고 나서 '하게 하는 외면 변화'로 유도하는 것이다. 이것을 망각하면 설득은 제대로 되지 않는다. 그 이유는 목적을 이루기 위해서는 어떤 일이든 거기에 맞는 방법이 있다. 설득의 경우에도 '내면 변화'에서 '외면 변화'에로라는 목적에 따라 거기에 알맞은 말을 사용하지 않으면 안 되기 때문이다.

설득시키기 위한 연설(persuasive speech)이란 타인에게 어떤 사실에 대하여 설명하여 납득하도록 하기 위해서 행하여지는 연설이다. 이것은 충고나 권고의 연설이다. 통상 논쟁적인 화제에 대해서 견해를 변화시키고자 하거나 상대로 하여금 어떤 행동을 하도록 유도하는 연설이다. 이를 테면, 정치적—입법적—사법적인 연설, 선정, 예술 비평, 대부분의 신문사설과 칼럼, 광고, 판매를 위한 연설 등이 설득 연설에 속한다.

이를 종합해 볼 때 교육적 설득 연설은 상대방의 신념·가치관·태도를 연사가 의도하는 방향으로 유도해 내는 행위를 말한다. 영어로는 persuasion으로 신앙적인 의미를 내포하고 있다. 결국 훌륭한 교육적 설득 연설은 훌륭한 설득에 달려 있다고 할 수 있다.

2.2. 교육적 설득 연설과 학교장의 리더십

학교조직의 변화에 따라 오늘날의 학교관리자의 지도성에도 변화가 필요하다. 학교가 지식만을 가르치던 과거에는 모든 문화가 학교로부터 지역사회로 전파되어 갔었다(정태범, 2002 : 610). 그러나 현재의 학교는 더 이상 외부로 문화를 전파하는 곳이 아니다. 지역사회의 요구를 받아들여야 하고, 학생들의 다양한 욕구를 충족시켜야 하는 공동체문화를 형성해야하는 시점에 이르게 되었다. 따라서 교육의 변화와 더불어, 학교도 변해야 하고 나아가서는 학교관리자의 리더십에도 변화가 필요하다.

교육적 해결 노력의 기본과 바탕은 바로 각급학교의 교육현장이고, 그 학교교육의 성패는 학교경영과 학생교육의 측면에서 교장이 얼마나 효과적으로 지도력을 발휘하느냐에 따라 결정되게 된다(송순, 2001 : 201).

지도성은 행정이나 경영에 있어서 매우 중요하며, 이에 대해 많은 연구가 행하여져 왔다. 그러나 일반적으로 적용될 수 있는 개념을 정립하기는 어렵고 학자에 따라서도 매우 다양하게 적용하고 있다. 스탁딜(Ralph M. Stogdill, 1981 : 7)에서는 '지도성을 정의하는 데 있어서 연구하는 학자의 수만큼이나 그 정의도 다양하다'(Stogdill, 1981 : 7)라고 하였다.

지도성(Leadership)에 대한 개념은 어떤 관점에서 어떻게 보느냐에 따라 다양하다. 스질러지(A. D. Szilagy)와 윌러스(Wallace)(1990 : 385)에서는 '어떤 사람이 다른 사람에게 의도적으로 영향력을 행사하여 소기의 목적을 달성하는 과정'을 지도성이라고 했다. 허시(P. Hersey)와 브랜차드(K. H. Blanchard)(1972 : 68)에서는 지도성이란 일정한 상황 속에서 목표달성을 위해 개인 또는 집단의 활동에 영향력을 행사하는 과정이며, 지도자(leader)와 추종자(followers) 및 상황변수(situations) 간의 함수관계로 나타낼 수 있다고 했다3).

지도성 정의의 다양성에도 불구하고 공통적인 것은, 지도성이란 집단 내에서 두 사람 이상이 상호작용 하는 과정에서 나타나는 것이며, 지도자가 구성원들에 대해 의도적으로 영향력을 행사하려고 하는 과정에서 그 본질을 찾을 수 있다는 점이다. 지도성 정의에 있어서 중요한 두 가지 요소는 조직이 목표달성, 즉 과업의 성취와 조직의 인간적 요소, 즉 구성원에 대한 영향력이다. 따라서 지도성이란 주어진 상황 속에서 조직의 목표를 달성하기 위하여 집단 구성원에게 영향력을 행사는 과정이라고 정의할 수 있다.

이런 맥락에서 볼 때, 학교장의 지도성은 학교교육목표를 효과적으로

---

3) 정태범(2002 : 103-104)에서는 이를 토대로 하여 지도성이란 어떤 조직이나 집단 의 목표를 효과적으로 달성하기 위해 지도자가 집단구성원들에게 영향력을 행사하는 과정이라고 정의하고 있다. 또한 지도성의 기능으로 조직의 목표설정기능, 조직의 유지발전기능, 조직의 과업 달성 기능, 환경에 대한 적응 기능 등을 들고 있다.

달성하기 위해 교장이 집단구성원인 교사와 학생들에게 영향력을 행사하는 과정이라고 할 수 있다.

교장의 효과적인 지도력 발휘는 직접적, 간접적으로 지도활동을 거쳐서 교육의 궁극적 목표인 학교의 변화와 성장에 귀결되는 것이다. 교장의 학생에 대한 간접적인 지도활동 과정에서는 충실한 교수–학습활동이 가능하도록 교육의 여건과 환경과 분위기를 조성하고 이를 제공하여, 그에 못지않게 책임 있는 교육 전문가적 입장에서 교육과정 등에 대한 장학지도활동을 구체적이고 심도 있게 제공함으로써 학생교육의 직접적인 실천자들인 학급 담임교사와 교과목 담당교사로 하여금 효과적인 지도를 할 수 있도록 하게 된다.

리더십은 교사는 물론, 교육행정가들이 갖추어야 할 요인 중에서 매우 중요한 부분이며 지도력이 효율적으로 작용하지 못할 경우에는 학교의 모든 시설과 많은 재정적 투자를 하더라도 교육목표 달성에 부정적인 영향을 미치게 된다. 또한 리더십은 어떤 조직이나 집단의 목표를 효과적으로 달성하기 위해 지도자가 집단 구성원들에게 영향력을 행사하는 과정으로 지도력에 관한 다양한 형태의 이론들이 존재한다는 것은 그만큼 학교장의 지도력이 중요하면서도 어렵다는 뜻으로 볼 수 있다.

이러한 지도력은 학교장이 해당 학교의 교사들을 어떻게 이끌어 나가느냐의 문제도 중요하지만, 학생전체를 이끌어가기 위한 하나의 방안을 찾는 것에서도 그 중요성을 찾을 수 있다. 즉, 교사와 학생을 유효적절하게 이끌어 단위학교의 교육목표를 달성하는 역할을 하는 것이 바로 학교장의 리더십이라 하겠다.

학교장은 적절한 지도력 발휘를 위해서 다양한 방법으로 교사들을 이끌고 학생들을 교육하게 된다. 학교현장에서 학교장이 학생을 교육한다는 것은, 학교장이 교육에 관한 의사결정을 하고, 이를 시행하는 과정에서 학생을 간접적으로 교육하거나, 대화, 훈화, 상담, 특강을 통해서 직접 교육하는 것을 말한다(최재선, 2001). 따라서 학생들을 대면하면서 직접교육을 실시할 기회가 많지 않은 학교장에게 설득 연설은 학생교육의 가장 적절한 방법이 아닐 수 없다. 즉, 학교장이 실제로 학생의 교육에 참여하는 하나의 영역이 바로 훈화교육이라 할 수 있다. 특히, 현대와 같이 인성교육의 필요성이 강조되는 시점에서 학교장의 설득 연설은 그 어떤 교육방법보다 효과적이며 따라서 중요성도 어느 때 보다도 한층 높아졌다고 할 수 있다.

학생들에게 적절한 자료 수집과 설득방법을 동원하여 연설을 하기 위해서는 학생들을 어떻게 설득시키고 이해시킬 것인가에 대한 검토가 필요하다. 특히 학생들을 설득시키기 위해서는 설득화법을 어떻게 구사하느냐가 중요하다.

학교장은 적절한 리더십을 발휘하여 학생과 교사를 적절히 이끌어가야 하며, 학생들을 설득하여 바른 길로 인도하기 위해서는 설득 연설을 유효적절하게 실시해야 할 것이며, 설득화법을 효과적으로 구사할 수 있는 능력을 길러야 할 것이다.

시대의 흐름에 따라 학교교육의 형태도 다양하게 변화하고 있다. 전교생을 상대로 하는 설득 연설의 횟수가 줄어드는 경향이 있고, 집단 훈화의 단점을 극복하면서 인내와 극기가 나약한 학생들에게 행동의 변화를 요구하는 설득 연설이 날이 갈수록 어려움을 겪고 있다. 그러나 신뢰성은, 어떤 의사 전달자가 효율적이냐 아니냐를 결정하는 데 있어서 중요한 요인임에는 틀림없다(이주행, 1983 : 26). 이에 학교장은 이미 대내외적으로 신뢰성을 바탕으로 인격을 갖추고 있는 사람으로 인정하고 있다.

2.3. 잠재적 교육과정으로서의 설득

학교는 교육의 기능을 수행하는 기관이지만 학교사회를 분석하여 보면 그 안에 비교육적인 요소들도 많다. 즉 학생들의 올바른 성장을 돕는 순기능적 역할도 수행하지만, 이와 반대로 성장발달을 저해하는 역기능적 역할도 수행하는 측면이 있다. 또한 학교는 특수한 연령층의 서로 다른 집단들이 모여서 정해진 표준에 따라 여러 가지를 배우고 있는 곳이다(김종서, 1976 : 44).

원래 잠재적 교육과정의 개념은 교육과정(curriculum)이라는 개념에서부터 파생되어 나온 것으로써, 표면적 교육과정과 잠재적 교육과정이라는 개념이 상호간의 존재를 전제로 하여 성립된 개념이다(허린, 1986 : 5). 즉 학교의 특수성과 표준 아래에서 표면적 기능과 잠재적 기능이 발생하는 것이다. 여기서 표면적 기능이란 문서화된 기능 또는 의도하고 있는 기능을 말하며, 잠재적 기능이라 함은 학교교육에서 명문화 되거나 의도되고 있지 않으나 학교가 지니고 있는 특징 자체에서 학생들이 은연중에 학습하는 기능을 말한다(허정섭, 1978).

교육과정이라는 용어를 종래에는 주로 교과에서 의도하는 대로 관련되는 경험내용을 주로 의미하였으나, 교육의 발전과 함께 교육학의 이론이 심화되면서 교과에서 의도한 바와 관련된 경험과, 교과에서 의도하지 않은 경험을 구별할 필요성이 대두되면서, 이를 잠재적 교육과정이라 하고, 표면적 교육과정과 구별을 하게 되었다(김종서, 1976 : 44).

잠재적 교육과정의 개념정립은 매우 어렵다. 그것은 교육과정 및 잠재적이라는 개념의 모호성 때문이다(김종서, 1994, 61). 교육을 '인간행동의 계획적인 변화로' 볼 때, 교육과정은 학습자의 성장과 발전을 돕기 위해 체계적으로 개발된 모든 종류의 교수 학습 경험의 계획이라고 할 수 있다. 이처럼 계획된 교육과정은 교육목표의 설정, 교육내용의 선정 및 조직, 평가의 4단계로 나누어 볼 수 있다(윤명희, 1985 : 1).

잠재적 교육과정은 학교교육의 잠재적 기능의 측면에서 생각하게 되는데, 잠재적 기능을 파악하는 가장 직접적인 방법은 학교에서 학생들의 생활을 관찰하는 것이다. 그 관찰연구의 결과 학생들의 교실 생활은 표면적 교육과정과는 대조되는 잠재적 교육과정을 배우도록 요구하게 된다. 즉 학생들의 학급활동을 통한 특징에 비추어 잠재적 교육과정을 설명할 수 있는 현상은 매우 많다. 그러나 잠재적 교육과정이란 무엇이냐에 대한 개념은 아직은 정확하게 제시되어 있지 않다. 즉 '아직은 모호하고 명확하게 정의되지 않은 채 사용되고 있다'(정원식, 1978 : 39).

여기서 잠재적 교육과정에 대한 용어를 검토하면 이는 영어의 번역에서 시발된 것이다. 이에 대해 정원식(1978 : 39)에서는 '지금까지의 용법은 통상적으로 사용되어 온 잠재적 교육과정 또는 의도적 교육과정(manifested curriculm)과 대응되는 교육과정의 새로운 측면을 총괄한 것이다'라고 하였다. latent curriculm 또는 hidden curriculm 이라는 용어를 처음으로 사용한 P. Jackson은 그와 같은 의도로 사용한 것으로 판단된다(정원식, 1978 : 39-40에서 재인용).

한편 잠재적 교육과정에 대하여 허린은 다음과 같이 설명하고 있다.

> '잠재적'이라는 용어는 무엇인가가 내부에 존재함을 의미하는 말이다. 따라서 잠재적 교육과정이란 무엇인가가 '잠재된' 혹은 '숨겨진' 것은 무엇인가? 에 대한 물음에 답을 두 가지로 나뉘어 질 수 있다. 첫째는, 잠재적 교육과정에서 잠재된 혹은 숨겨진 교육의 내용이나 과정이라는 것이며 두 번째로는, 내용이나 과정뿐만 아니라 교육의 목적 혹은 의도도 잠재되었다고 보는 것이다(1986 : 64-65).

한편 박길녀(1988 : 43)에서는 잠재적 교육과정에 대하여 잠재적 교육과정이란, '학교의 물리적 조건, 제도 및 행정적 조직, 사회 및 심리적 상황을 통하여 학교에서 의도한 바는 없으나 학교생활을 하는 동안에 학생들이 은연중에 가지게 되는 경험'이라고 정의하고 있다.

이렇게 볼 때, 잠재적 교육과정은 '교사가 표면적으로는 쉽게 관찰되지 않고, 학교에서 의도적으로 실시한 적은 없지만, 발생하게 되는 보이지 않는 학습결과나 경험'을 말한다고 할 수 있다. 즉 학교에서 이루어지는 일반적인 교육과정이 아닌 내면적으로 들어 있는 것을 말하는 것이다.

이들 잠재적 교육과정을 인정하고 이를 통한 효과를 얻기 위한 방법 중의 하나가 설득교육이라 하겠다. 설득교육을 통하여 표면적으로 쉽게 관찰되지 않는 학생들의 내면적 변화를 관찰하기에 더없이 좋은 방안인 것이다. 무엇인가를 속에 지니고 있는 것이 무엇인지는 정확히 알 수 없다고 하더라도 속에 지니고 있는 그 무엇을 충분히 결과로 나타나게 할 수 있는 것이다.

잠재적 교육과정과 표면적 교육과정을 유효·적절히 융화하여 실시할 때, 학교의 교육과정은 충실히 수행되는 것이다. 이 과정에서 교장의 설득교육이 더 없이 필요하게 되는 것이다.

제 3 장

교육적 설득 연설의 실태 분석

이 장에서는 오늘날 학교에서 실시하고 있는 교육적 설득 연설의 실태에 대하여 분석하고자 한다. 실태분석은 교장을 상대로 하여 실시한 면담조사와 학생들을 상대로 하여 실시한 설문지를 바탕으로 한다. 교장의 경우는 이 면담 결과를 중심으로 분석하며, 학생들의 경우는 설문지 조사결과를 분석하였다.

1. 교장이 인식하는 교육적 설득 연설의 실태

학교교육에서 교장은 학생들을 직접 대면할 기회가 상대적으로 많지 않다. 따라서 교육적 설득 연설을 통하여 학생들을 직접 대면할 기회를 자주 가진다는 것은 교장이 학교교육에 참여할 기회 확보 차원에서 매우 중요하다.

1.1. 교육적 설득 연설의 필요성

현재 교장들은 교장의 교육적 설득 연설의 필요성에 대하여 어떻게 생각하고 있는지 면담을 통하여 알아보았다. 앞서 살펴본 바와 같이 교육적 설득 연설은 학생들의 인성교육적 측면에서도 매우 중요하다. 실제로 면담에서 대부분의 교장들은 교육적 설득 연설이 꼭 필요하다는 데에 공감을 하고 있는 것으로 나타났다. 그러나 교육적 설득 연설 자체는 필요하지만 교장이 교육적 설득 연설을 실시하는 것은 바람직하지 않다고 답한 경우도 있었다.

교육적 설득 연설의 필요성에 대한 면담 결과는 다음 〔표 3-1〕과 같다.

[표 3-1] 교장에 의한 교육적 설득 연설의 필요성 N=30(단위 : %)

설득 연설의 필요성	초등학교	중학교	고등학교	계
꼭 필요하다	26.7	23.2	26.7	76.6
대체로 필요하다	6.7	6.7	6.7	20.1
필요하지 않다	–	3.3	–	3.3

위 〔표 3-1〕에서 알 수 있듯이, 교장들은 교육적 설득 연설의 필요성에 대하여 '꼭 필요하다'와 '대체로 필요하다.'에 많은 빈도를 나타냈다. 따라서 교장들은 교육적 설득 연설이 학교교육에서 매우 중요한 위치를 차지하고 있는 것으로 인식하고 있다는 것을 알 수 있다.

그러나 '필요하지 않다'고 답한 교장도 1명이 있었는데, 그는 교육적 설득 연설 자체는 필요하지만 학교장이 교육적 설득 연설을 전적으로 실시하는 것에는 반대하기 때문에 교장에 의한 교육적 설득 연설은 필요하지 않다고 한다.

 한편 교육적 설득 연설이 필요하다고 생각하는 이유에 대하여 교장들은 다음 [표 3-2]와 같이 다양한 의견을 가지고 있다. 이 질문에는 교장의 교육적 설득 연설이 필요하지 않다고 응답한 중학교장 1명을 제외한 29명이 답하였다.

[표 3-2] 교육적 설득 연설이 필요하다고 생각하는 이유   N=29(단위 : %)

설득 연설이 필요하다고 생각하는 이유	초등학교	중학교	고등학교	계
학교장의 교육철학이 학교교육목표 달성에 도움을 주기 위해	6.9	3.4	3.4	13.7
설득 연설을 통해 학생들이 올바르게 성장할 수 있도록 하기 위해	13.8	10.4	6.9	31.1
학생과 공감대를 형성하기 위해	3.4	–	13.8	17.2
인성교육의 몫이 학교이기 때문에 인성교육의 차원에서	10.4	13.8	10.4	34.6
학생들에게 새로운 내용을 알려주고 공유하기 위해서	–	3.4	–	3.4

 위 [표 3-2]에서 알 수 있듯이, 교장들은 교육적 설득 연설의 필요성에 대하여 비교적 다양한 의견을 가지고 있다. 이들의 답변을 분석해 보면, 초등학교장과 중학교장은 교육적 설득 연설의 필요성에 대하여 '교육적 설득 연설을 통해 학생들이 올바르게 성장할 수 있도록 하기 위해'라고 답한 교장이 가장 많았다. 다음으로 빈도가 높았던 것은 '인성교육의 몫이 학교이기 때문에 인성교육의 차원에서 교육적 설득 연설이 필요하다'라고 답한 경우다. 따라서 초·중학교에서는 학생들을 올바르게 성장 할 수 있도록 하고, 학교에서의 인성교육의 차원에서도 교육적 설득 연설은 매우 필요하다.

그러나 고등학교장의 경우는 초·중학교장의 경우와는 많이 다른 대답을 하였다. 즉 '학생들과 공감대를 형성하기 위해'(4명), '인성교육의 몫이 학교이기 때문에', '인성교육의 차원에서'(3명)의 순이다. 초·중학교장이 꼽았던 '교육적 설득 연설을 통해 학생들이 올바르게 성장할 수 있도록 하기 위해'에는 2명이 답하여 상대적으로 낮은 빈도를 나타냈다. 이를 종합해 볼 때, 교장들은 교육적 설득 연설의 필요성에 대하여 학교급별로 조금씩 다른 의견을 보이고 있는데, 이는 학생들의 성장에 따라 인성교육의 방향이나 방법이 달라져야 한다는 것을 시사해 준다.

1.2. 교육적 설득 연설의 준비에 대한 실태

교육적 설득 연설의 자료를 사전에 준비하느냐에 대한 면담에서 학교장들은 대체로 미리 준비한다는 반응을 보였다. 특히, 졸업식이나 입학식의 경우에는 좀 더 신경을 쓰고 준비한다는 경우가 많았다.

면담 결과는 다음 〔표 3-3〕과 같다.

[표 3-3] 교육적 설득 연설의 자료 준비   N=30(단위 : %)

설득 연설의 자료 준비에 대한 실태	초등학교	중학교	고등학교	계
미리 준비한다	26.7	30.0	23.3	80.0
중요한 행사시에만 미리 준비한다	6.7	3.3	6.7	16.7
그냥 즉흥적으로 한다	–	–	3.3	3.3

위 〔표 3-3〕에서 알 수 있듯이, 교장들의 대부분은 교육적 설득 연설을 위해 미리 자료를 준비하는 것으로 나타났다. 특히, 중요한 행사의 여·부에 관계없이 초·중·고 교장의 24명이 미리 준비한다고 답하였

다. 그리고 5명의 교장은 중요한 행사시에만 미리 준비한다고 답하였는데, 추가면담에서 이들의 경우 학교에서 평소에 실시되는 교육적 설득 연설을 할 때에는 특별한 준비 없이 그날 교육적 설득 연설을 실시할 주제 정도만 미리 생각해 두는 경우가 많았다. 특이할 만한 것은 고등학교 교장 중 1명은 '그냥 즉흥적으로 한다'에 답을 하였다. 그 이유로는 즉흥적으로 해도 미리 준비한 것처럼 잘 할 수 있기 때문이라고 하였다.

한편 미리 준비하는 이유로, 학생들에게 교육적 설득 연설의 내용을 잘 이해시키기 위해서는 '각 주제별 철학적 배경, 논리적 이해를 돕기 위한 적절한 사례 제시와 기·승·전·결의 체계적 전개, 적절한 용어의 사용 등을 바로 해야 하기 때문', '학생들에게 바람직한 교육적 설득 연설을 실시하기 위해서는 체계적이고 논리적으로 이야기를 해야 하기 때문에', '학생들의 반응을 미리 예측하여 그에 대한 적절한 내용으로 교육적 설득 연설을 하기 위해', '교육적 설득 연설도 매우 중요한 교육이기 때문에' 등이었다.

결국 교장들은 학생들에게 교육적 설득 연설의 내용을 잘 이해시키기 위해 미리 준비하고 있으며, 이를 위해 많은 교장이 노력하고 있음을 알 수 있다.

다음으로 교장들에게 1회 교육적 설득 연설을 위해 준비하는 시간이 얼마나 되는지 물었다. 물론, 이 시간에는 교육적 설득 연설을 실제로 하는 시간은 포함하지 않고 사전 준비 시간만을 의미한다고 전제를 하고 물었다. 그날만 잠깐 생각하는 경우도 있었지만, 미리부터 생각하고 검토하기 때문에 족히 2시간 이상은 걸린다는 대답이 가장 많았다. 이는 의외로 교장들이 교육적 설득 연설을 위해 상당한 시간과 노력을 함께 기울이고 있다는 것을 잘 나타내 주는 것이다.

면담 결과는 다음 〔표 3-4〕와 같다.

[표 3-4] 1회 교육적 설득 연설을 위해 준비하는 시간　　　　　　N=30(단위 : %)

1회 설득 연설을 위해 준비하는 시간	초등학교	중학교	고등학교	계
10분 이내	6.7	3.3	6.7	16.7
1시간~2시간	10.0	6.7	6.7	23.4
2시간 이상	16.6	23.3	20.0	59.9

위 [표 3-4]에서 알 수 있듯이, 초·중·고등학교장 모두 2시간 이상이라고 답한 경우가 압도적으로 많다. 중학교장의 경우가 약간 더 높게 나타나긴 했지만, 이는 특별한 의미가 없다고 본다. 10분 이내라고 답한 경우는 대체로 그날 교육적 설득 연설을 위해 3-4분 정도 생각한다고 답하였다.

이렇듯, 1회 교육적 설득 연설을 위해 많은 시간을 투자하고 있다는 것은, 앞서 살펴본 바와 같이, 교육적 설득 연설의 자료를 미리 준비한다고 답한 빈도가 높았던 것과 깊은 관련이 있다고 볼 수 있다. 즉 미리 준비하는 교장들이 많았는데, 미리 준비하는 시간 역시 2시간 이상으로 상당히 어렵게 준비하고 있는 것이다.

1.3. 교육적 설득 연설의 자료 취득 실태

교장은 교육적 설득 연설을 하는 횟수가 다른 교사들에 비해서는 많은 편이다. 특히, 앞서 살펴본 것처럼 초등학교의 경우는 대체로 많은 편이다. 그러나 매번 같은 주제를 가지고 교육적 설득 연설을 실시할 수는 없다. 따라서 교육적 설득 연설의 주제를 어떤 것으로 할 것인가를 정하는 것이 그날 교육적 설득 연설의 성패와 직결된다 하겠다.

교장들은 교육적 설득 연설의 주제를 정하는 데에 대체로 많은 어려움을 토로하였다. 교장들이 교육적 설득 연설의 주제에 대한 자료를 얻는 방법을 면담으로 알아보았다. 그 결과는 다음 [표 3-5]와 같다

[표 3-5] 교육적 설득 연설의 자료취득 실태　　　　　　　N=30(단위 : %)

설득 연설의 주제 자료를 얻는 방법	초등학교	중학교	고등학교	계
필요한 내용을 직접 집필	3.3	3.3	6.7	13.3
각종도서 이용	10.0	16.7	13.3	40.0
인터넷사이트	6.7	10.0	13.3	30.0
학생들의 생활 속에서	13.4	3.3	-	16.7

위 〔표 3-5〕에서 보듯이, 교장들은 교육적 설득 연설의 주제에 대한 자료를 얻는 방법으로 대체로 4가지 경우로 답하였다. 초등학교장, 중학교장, 고등학교장 모두 각종 도서를 이용한다고 답한 교장이 가장 높았다. 인터넷 사이트에서 얻는다고 답한 경우는 고등학교장이 4명으로 가장 많았고, 중학교장, 초등학교장이 각각 3명과 2명이었다. 따라서 교장들은 교육적 설득 연설의 주제에 대한 자료를 얻는 방법으로 각종도서와 인터넷 사이트를 가장 많이 이용하고 있었다.

특이할 만한 점은 초등학교장의 경우에 학생들의 생활 속에서라고 4명이 답하여 중, 고등학교장의 경우와는 좀 다른 양상을 보였다. 이는 초등학교 학생들의 생활에 대한 세심한 관찰이 이루어지고 있음을 잘 나타내 주고 있다. 또한 인터넷 사이트보다는 각종도서를 많이 이용하는 것은, 교장들의 연령으로 볼 때 인터넷 사이트보다는 각종도서를 좀 더 가까이 두고 생활하기 때문이라고 볼 수 있다.

1.4. 교육적 설득 연설의 시간에 대한 실태

교육적 설득 연설은 그 내용도 중요하지만, 교육적 설득 연설의 시간도 매우 중요하다. 아무리 좋은 내용이라도 학생들이 교육적 설득 연설을 들을 때, 지루하게 느낀다면 교육적 설득 연설의 효과를 기대하기 어렵기 때문이다. 따라서 효과적인 교육적 설득 연설을 위한 시간 안배는 매우 중요하다 하겠다.

[표 3-6] 교육적 설득 연설의 시간   N=30(단위 : %)

구 분	초등학교	중학교	고등학교	계
3분 이내	6.7	26.7	26.7	60.1
3~5분	13.3	3.3	–	16.6
5분 이상	13.3	–	–	13.3
정해진 시간이 없다	–	3.3	6.7	10.0

위 〔표3-6〕에서 보듯이, 초등학교의 경우는 '3분 이내' 2명, '3-5분' 4명, '5분 이상'이 4명으로 나타났다. 즉 초등학교는 비교적 연설 시간이 길다는 것을 알 수 있다. 그러나 중학교의 경우는 '3분 이내'가 8명, '3~5분'이 1명, '정해진 시간이 없다'가 1명으로 나타나 초등학교와는 많은 상이점을 나타내고 있다. 고등학교의 경우는 '3분 이내' 8명, '정해진 시간이 없다'가 2명으로 나타나 중학교의 경우와 비슷하게 나타났다.

이러한 결과는 초등학교의 경우보다는 중·고등학교로 갈수록 교육적 설득 연설의 시간이 짧아지고 있다는 것을 잘 나타내 주고 있다. 이는 교육적 설득 연설의 횟수와 비교해 보아도 초등학교에서 중·고등학교로 갈수록 교육적 설득 연설의 횟수에 반비례하여 연설시간은 더 짧아지고 있는 것으로 나타났다. 따라서 초등학교와 중학교, 고등학교에서의 교육적 설득 연설에 대한 균형을 유지할 수 있는 방안이 필요하다 하겠다.

1.5. 교육적 설득 연설의 횟수에 대한 실태

학교장의 교육적 설득 연설의 주기에 대하여 학교장들은 초등학교를 제외하고는 대체로 월평균 1회와 필요할 때마다에 많은 반응을 나타냈다. 초등학교의 경우는 중·고등학교와는 많은 차이를 나타냈다.

[표 3-7] 교육적 설득 연설의 횟수   N=30(단위 : %)

구 분	초등학교	중학교	고등학교	계
월 1회	6.7	26.7	10.0	43.4
월 2회	6.6	-	-	6.6
월 3회	-	-	-	-
매주1회	20.0	-	-	20.0
필요로 할 때마다	-	6.7	23.3	30.0

위 〔표 3-7〕에서 알 수 있듯이, 초등학교 교장들은 현재 교육적 설득 연설의 횟수를 '매주 1회 실시한다'고 답한 경우가 6명으로 나타나 비교적 많은 횟수의 교육적 설득 연설을 실시하는 것으로 나타났다. 월 1회와 월 2회라고 답한 교장도 각각 2명이 있었다.

중학교의 경우는 '월 1회'라고 답한 교장이 8명, '필요로 할 때마다'라고 답한 교장이 2명이었다. 중학교에서는 대체로 월 1회 교육적 설득 연설을 실시하는 경우가 많은 것으로 나타났다.

고등학교의 경우는 '필요할 때마다' 라고 답한 경우가 7명, '월 1회'라고 답한 경우가 3명으로 나타나서 중학교와는 대조적으로 나타났다. 특히, 필요할 때마다 라고 답한 교장을 상대로 추가면담을 실시하였는데, 어떤 경우는 한 학기에 1회-2회 정도 교육적 설득 연설을 실시한다는 경우도 있었다. 특히 입학식과 방학식 외에는 특별한 교육적 설득 연설을 실시하지 않는다는 학교도 있었다.

초등학교보다 중학교가 중학교보다 고등학교로 갈수록 교육적 설득 연설의 횟수가 줄어들고 있다는 것을 잘 나타내 주고 있다 하겠다. 이러한 결과는 고등학교에서는 대학입시와 맞물려 별도의 교육적 설득 연설을 실시할 시간을 따로 마련하기 어려운 여건을 잘 나타내 준다고 할 수 있다.

1.6. 교육적 설득 연설시 학생들의 반응

앞서 살펴본 바와 같이 교육적 설득 연설의 내용이 아무리 좋아도 학생들의 반응이 없다면 교육적 설득 연설은 성공하지 못한다. 따라서 교육적 설득 연설시 학생들의 반응은 무엇보다 중요하다.

교육적 설득 연설시 학생들의 반응에 대하여 면담을 실시하였는데, 그 결과는 다음 [표 3-8]과 같다.

[표 3-8] 교육적 설득 연설시 교장이 평가 하는 학생들의 반응　　　　N=30(단위 : %)

설득 연설 시에 학생들의 반응	초등학교	중학교	고등학교	계
즐겁게 받아들인다	26.7	23.4	20.0	70.1
대체로 잘 경청하는 편이다	3.3	6.7	10.0	20.0
지루해 한다.	3.3	3.3	3.3	9.9

위의 [표 3-8]에서 알 수 있듯이, 교장들은 대체로 학생들이 교육적 설득 연설을 즐겁게 받아들인다고 답하였다. '즐겁게 받아들인다'에 초등학교장은 8명이, 중학교 교장은 7명, 고등학교장은 6명이 답하였다. 이는 교장들의 입장에서 볼 때 학생들의 반응이 매우 좋다고 생각하고 있다는 것을 알 수 있다.

따라서 교장들은 자신의 교육적 설득 연설에 대하여 자부심을 갖고 있다는 것을 잘 나타내 준다. 학생들의 반응과는 다소 다른 반응을 나타내고 있긴 하지만, 이와 같이 학교장들이 교육적 설득 연설에 대하여 상당히 고무적인 의식을 가지고 있다는 것은 교육적 설득 연설을 더욱더 열심히 하여야 한다는 것을 시사해 준다고 하겠다.

향후에는 학생과 교장이 공감대를 형성하기 위해 많은 노력을 하여야 할 필요가 있다.

1.7. 교육적 설득 연설의 문제점 인식에 대한 실태

오늘날 학교에서 실시되는 교육적 설득 연설의 대부분이 교장 중심으로 이루어지고 있다. 인성교육의 방법이 다양해지고 있지만, 교장의 교육적 설득 연설은 인성교육의 방법으로 그 중요성이 더욱 높아지고 있다. 그 중요성만큼이나 학교장들은 교육적 설득 연설과 관련하여 여러 가지 문제점을 제시하고 있었다. 교육적 설득 연설을 제대로 하기 위해서는 이들 문제점을 우선적으로 해결하여야 한다고 하였다. 이들 문제점 해결을 선결과제로 꼽고 있었다. 즉 학교장들은 시간적인 제약이나 공간적인 제약, 연설내용과 관련된 문제, 교육적 설득 연설 방법의 다양화 등을 당장 해결하여야 할 문제점으로 지적하였다.

교육적 설득 연설을 실시함에 있어서 이들 교장들이 인식하고 있는 문제점을 면담을 통해 알아보았다. 면담 결과는 다음 〔표 3-9〕와 같다.

[표 3-9] 교육적 설득 연설의 문제점 　　　　　　　　　　　　　　N=30(단위 : %)

설득 연설의 문제점	초등학교	중학교	고등학교	계
설득 연설 소재의 빈곤	16.7	20.0	6.7	43.4
연설시간 확보의 어려움	6.7	6.7	23.3	36.7
연설내용을 다양화 해야 하는 어려움	6.7	3.3	3.3	13.3
일방적으로 전달하려는 의식을 가지는 것	3.3	3.3	–	6.6

〔표 3-9〕에서 보듯이, 현재 교육적 설득 연설의 문제점으로 초등학교장(5명)과 중학교장(6명)은 교육적 설득 연설 소재의 빈곤을 가장 많이 꼽았다. 그러나 고등학교장(2명)은 좀 다르게 응답하였다. 고등학교장의 경우는 연설시간 확보의 어려움에 7명이 답하여 가장 높은 빈도를 보였

다. 다음으로 초등학교장과 중학교장은 연설 시간 확보의 어려움에 각각 2명이 응답하였다. 고등학교의 경우와는 상반되는 결과인데, 입시 관련 교육에 대한 부담감이 초등학교와 중학교는 고등학교에 비하여 훨씬 덜한 것으로 볼 수 있다.

그밖에 '연설 내용을 다양화해야 하는 어려움이 있다'에 초등학교장 2명, 중학교장과 고등학교장은 각각 1명이 응답하였다. 초등학교장의 경우가 더 많은 빈도를 보인 것은 중학교와 고등학교에 비해 교육적 설득 연설의 기회가 더 많기 때문으로 분석된다. 따라서 초등학교장을 위한 교육적 설득 연설을 위한 자료를 시·도교육청 차원에서 준비하여 각 학교에 배포할 필요성이 있다.

또한 일방적으로 전달하려는 의식을 가지고 있는 교장들의 자세에도 문제가 있다고 초등학교장 1명과 중학교장 1명이 답하였는데, 교장 자신에게도 문제가 있다는 것을 인정하고 있어서 이채로운 결과이다. 그러나 고등학교장의 경우는 여기에 답한 교장이 없었는데, 아무래도 교육적 설득 연설의 기회나 관심에서 초등학교와 중학교에 비해 떨어지기 때문으로 볼 수 있다.

위의 결과를 토대로 각 급 학교에서는 교육적 설득 연설의 계획을 세울 때, 이들이 지적한 문제점을 적절히 해결 할 수 있는 방향으로 계획을 세워야 할 것이다.

1.8. 교육적 설득 연설 후 자료의 보관 여부에 대한 실태

교육적 설득 연설의 내용은 매번 같은 내용이 반복되면, 학생들은 매우 지루하게 생각하고 흥미를 잃게 된다. 따라서 그 내용을 계절 등에 따라 달리 할 필요가 있다. 또한 입학식이나 졸업식, 국경일 등의 행사

시에도 그에 걸 맞는 내용이 필요하다. 이런 측면에서 교육적 설득 연설을 실시한 후 자료를 보관하여 서로 비교하면서 교육적 설득 연설을 실시할 필요가 있다.

대부분의 교장들은 교육적 설득 연설의 자료를 미리 준비하고 있는 것과 같은 맥락에서 교육적 설득 연설 후 자료를 보관하고 있는 것으로 나타났다. 면담 결과는 다음 [표 3-10]과 같다.

[표 3-10] 교육적 설득 연설 실시 후 자료 보관 　　　　　　　　　　　N=30(단위 : %)

설득 연설 실시 후 자료 보관 여·부	초등학교	중학교	고등학교	계
보관한다.	23.3	23.3	20.0	66.6
필요에 따라 보관 여·부를 결정한다.	10.0	6.7	6.7	23.4
보관하지 않는다.	–	3.3	6.7	10.0

위 [표 3-10]에서 보듯이 교장들의 대부분은 교육적 설득 연설 실시 후에 그 자료를 보관하는 것으로 나타났다. 특히, 초등학교장의 경우는 '보관한다'와 '필요에 따라 보관 여부를 결정 한다'에 7명과 3명이 답하여 면담 대상 10명 모두가 어떤 방법으로든지 보관하는 것으로 나타났다. 이는 초등학교가 중·고등학교에 비하여 교육적 설득 연설이 비교적 체계적으로 실시되고 있음을 나타내 준다. 중학교장의 경우는 보관하지 않는다고 답한 교장이 1명 있었다. 보관하지 않는다고 답한 교장은 교육적 실득 연설의 내용이 수시로 변해야 하기 때문에 항상 새로운 것을 찾기 위해 노력하기 때문에 특별히 보관할 필요성을 느끼지 않는다고 했다.

고등학교장의 경우는 '보관하지 않는다'고 답한 교장이 중학교보다 1명 더 많은 2명으로 초·중학교장보다 보관하지 않는 빈도가 더 많았다. 이들 2명의 교장은 고등학교에서는 교육적 설득 연설을 실시할 기회가 많지 않으므로 특별히 보관하지 않아도 문제가 없다고 하였으며 특히, 특별한 행사 때는 교사들의 도움을 많이 받기 때문에 교장이 특별히 보관할 필요성을 느끼지 못한다고 하였다. 따라서 고등학교의 경우는 국어 담당 교사 등이 교육적 설득 연설 자료를 미리 준비하여야 하기 때문에 업무가 가중되는 경우도 있을 수 있다는 것을 시사해 준다.

한편 보관하는 이유로는 '추후에 다시 쓸 수 있는 내용들이라고 생각하기 때문에', '다음 번 연설 시에 내용이 겹치지 않도록 하고, 보관해 두면 후에 훌륭한 자료가 될 수 있으므로', '자료를 보관해 두었다가 학생들의 인성교육 자료로 활용하기 위해서' 등이었다. 즉 교장들은 교육적 설득 연설의 자료를 보관해 두었다가 어떤 방법으로든지 추후에 다시 사용하려 한다는 것을 잘 나타내 주고 있다.

자료 보관방법으로는 '디스켓에 모아서 업그레이드 해나간다.'와 '스크랩북으로 만들어 보관한다.' 가 가장 많았다. 그 밖에 '컴퓨터에 보관한다', '화일철에 그날 사용한 내용을 끼워둔다.'는 답변도 일부 있었다.

2. 학생이 인식하고 있는 교육적 설득 연설의 실태

이 절에서는 교육적 설득 연설에 대하여 학생들이 어떻게 인식하고 있는지에 대한 실태를 학생들을 상대로 조사한 설문 결과를 중심으로 분석해 보고자 한다.

2.1. 교육적 설득 연설의 필요성

학생들에게 현재 교육적 설득 연설이 실시되고 있는 것에 대하여 필요성이 있는지에 대하여 알아보았다.

교원들의 입장에서는 교육적 설득 연설이 당연히 필요한 교육방법이라고 인식하고 있다. 그러나 학생들의 입장에서는 실태에서 알아본 바와 같이 교육적 설득 연설의 필요성을 별로 인식하지 못하고 있다. 우리의 교육현실이 성적과 관련되지 않으면 효과가 반감된다는 것을 보여주고 있다고 할 수 있다.

교육적 설득 연설의 필요성에 대하여 조사한 조사결과는 〔표 3-11〕과 같다.

다음 〔표 3-11〕에서 보는 바와 같이 교육적 설득 연설의 필요성에 대해 살펴보면 전체적으로 '필요하지 않다'가 40.3%, '필요하다'가 49.7%로 나타났다. 학생들이 교육적 설득 연설의 필요성과 불필요성에 대하여 거의 같은 비율로 인식하고 있었다. 이는 교육적 설득 연설이 지루하고 빨리 끝나기를 기다리는 결과와 비교할 때는 다소 의외의 결과이다. 따라서 교육적 설득 연설을 지루하게 인식은 하고 있지만, 그 필요성을 인식하는 학생들은 의외로 많다고 할 수 있다.

학교 급별에 따라서는 필요하다에 중학생 27.7%, 고등학생 38.2%로 초등학생의 78.7%와는 상반된 결과가 나왔고 통계적으로도 유의미한 차이를 보였다(p<.001). 이는 초등학생들은 교육적 설득 연설에 대하여 비교적 긍정적으로 인식하고 있기 때문으로 보여 진다. 반면, '필요하지 않다'는 응답은 초등학생이 21.3%, 중학생이 72.3%, 고등학생은 61.8%로 나타났다. 특히 중학교의 경우가 이 항목에 가장 높은 빈도를 보였는데, 그 이유는 학생들의 인식이 상당히 부정적이기 때문으로 분석된다.

[표 3-11] 교육적 설득 연설의 필요성에 대한 인식

구 분		㉠	㉡	합계	$x^2(p)$
성 별	남	322	354	676	2.521
		47.6%	52.4%	100.0%	(.112)
	여	284	260	544	
		52.2%	47.8%	100.0%	
학교급별	초등학교	347	94	441	241.093***
		78.7%	21.3%	100.0%	(.000)
	중학교	101	264	365	
		27.7%	72.3%	100.0%	
	고등학교	158	256	414	
		38.2%	61.8%	100.0%	
학 년	초등학교 4학년	121	12	133	268.215***
		91.0%	9.0%	100.0%	(.000)
	초등학교 5학년	115	23	138	
		83.3%	16.7%	100.0%	
	초등학교 6학년	111	59	170	
		65.3%	34.7%	100.0%	
	중학교 1학년	39	69	108	
		36.1%	63.9%	100.0%	
	중학교 2학년	34	104	138	
		24.6%	75.4%	100.0%	
	중학교 3학년	28	91	119	
		23.5%	76.5%	100.0%	
	고등학교 1학년	37	70	107	
		34.6%	65.4%	100.0%	
	고등학교 2학년	26	47	73	
		35.6%	64.4%	100.0%	
	고등학교 3학년	95	139	234	
		40.6%	59.4%	100.0%	
합 계		606	614	1220	
		49.7%	50.3%	100.0%	

***p<.001
주) ㉠ 필요하다.   ㉡ 필요하지 않다.

학년에 따라서는 '필요하다'가 초등학교 4학년은 91.0%, 초등학교 4학년은 83.3%, 초등학교 6학년은 64.3%, 중학교 1학년은 36.1%, 중학교 2학년은 24.6%, 중학교 3학년은 23.4%, 고등학교 1학년은 34.6%, 고등학교 2학년은 35.6%, 고등학교 3학년은 40.6%로 초등학교 4학년이 가장 높게 나타났으며 통계적으로도 유의미한 차이를 보인다(p<.001).

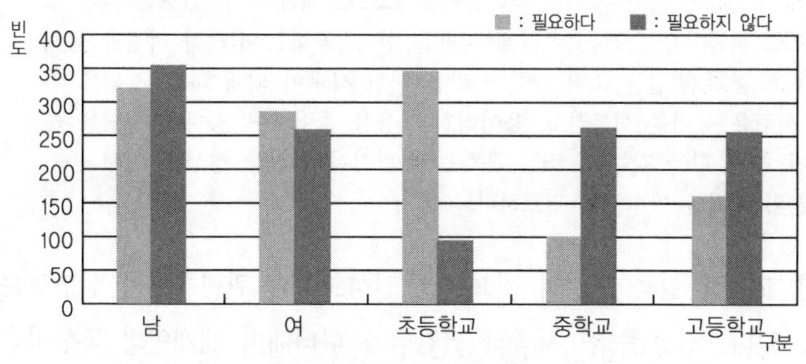

[그림 3-1] 교육적 설득 연설의 필요성에 대한 인식

성별에 따라서는 학교급에 관계없이 '필요하다'와 '필요하지 않다'에 대한 반응이 거의 비슷하게 나타났고 유의미한 차이를 보이지 않았다. 따라서 교육적 설득 연설의 필요성에 대한 인식은 성별의 문제가 아니고 학교 급별, 학년별 문제라고 할 수 있다.

따라서 교육적 설득 연설에 대한 학생들의 부정적인 인식을 긍정적인 것으로 변화시킬 수 있도록 교육적 설득 연설을 할 필요가 있다. 특히, 초등학교보다 중·고등학교 학생들의 부정적인 인식이 강하기 때문에 초등학교의 경우처럼 교육적 설득 연설을 좀더 충실히 하여야 한다.

2.2. 교육적 설득 연설이 필요한 이유

교육적 설득 연설은 정신적 교육과 인간교육 그리고 지행일치 교육에 절대적인 방법이다. 특히 각종 행사 때 하는 교육적 설득 연설은 계절성, 시사성, 시대성의 의의와 중요성을 인식하고 가치관교육, 국민정신교육 차원에서 필요하다. 정범영(1998 : 13)에서는 훈화의 필요성을 다음과 같이 부연하고 있다.

> 훈화는 정신적으로 해이해진 사람에게 자극을 주어서 정서적 불안으로부터 강렬하게 일어나는 감정의 충동을 스스로 자제할 수 있도록 자기 정신으로 되돌아오게 하는 촉진제 역할을 한다. 훈화는 심리적 과정을 통해 새로운 삶의 변인을 주어 악한 사람을 선한 사람이 되게 하고, 실의에 빠진 사람은 용기를 회복하고, 응어리진 마음을 풀어주며, 몽매한 사람을 눈 뜨게 하는 힘을 갖는다. 또한 훈화는 바람직한 인간상 형성을 위해 동기유발의 계기를 만드는데 필요하다.

한편 교육적 설득 연설의 필요성을 인성교육과 관련지어서 설명하는 경우도 있다. 인성은 '한 사람의 인간됨을 나타내며 개개인의 특성이나 성질을 모두 포함하고 있는 것'이 이미 정의한 바 있다. 즉 개개인의 특성이나 성질을 제대로 형성시킬 수 있도록 도움을 주는 데에 교육적 설득 연설이 필요한 것이다. 따라서 교육적 설득 연설의 필요성을 정확히 파악하게 되면 학생들에게 인성교육도 함께 실시할 수 있는 것이다.

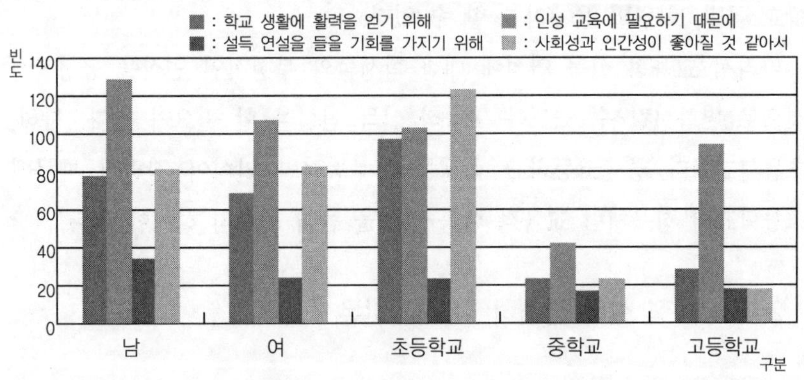

[그림 3-2] 교육적 설득 연설이 필요한 이유

[표 3-12] 교육적 설득 연설이 필요한 이유

구 분		㉠	㉡	㉢	㉣	합계	$x^2(p)$
성 별	남	77	130	34	81	322	1.939
		23.9%	40.4%	10.6%	25.2%	100.0%	(.585)
	여	70	107	24	83	284	
		24.6%	37.7%	8.5%	29.2%	100.0%	
학교급별	초등학교	96	103	24	124	347	60.160***
		27.7%	29.7%	6.9%	35.7%	100.0%	(.000)
	중학교	22	41	16	22	101	
		21.8%	40.6%	15.8%	21.8%	100.0%	
	고등학교	29	93	18	18	158	
		18.4%	58.9%	11.4%	11.4%	100.0%	
학 년	초등학교 4학년	41	38	8	34	121	90.018***
		33.9%	31.4%	6.6%	28.1%	100.0%	(.000)
	초등학교 5학년	28	30	2	55	115	
		24.3%	26.1%	1.7%	47.8%	100.0%	
	초등학교 6학년	27	35	14	35	111	
		24.3%	31.5%	12.6%	31.5%	100.0%	
	중학교 1학년	9	16	4	10	39	
		23.1%	41.0%	10.3%	25.6%	100.0%	
	중학교 2학년	9	10	6	9	34	
		26.5%	29.4%	17.6%	26.5%	100.0%	
	중학교 3학년	4	15	6	3	28	
		14.3%	53.6%	21.4%	10.7%	100.0%	
	고등학교 1학년	6	25	3	3	37	
		16.2%	67.6%	8.1%	8.1%	100.0%	
	고등학교 2학년	6	13	3	4	26	
		23.1%	50.0%	11.5%	15.4%	100.0%	
	고등학교 3학년	17	55	12	11	95	
		17.9%	57.9%	12.6%	11.6%	100.0%	
합 계		147	237	58	164	606	
		24.3%	39.1%	9.6%	27.1%	100.0%	

***p<.001

주) ㉠ 학교생활에 활력을 얻기 위해
　　㉡ 인성교육에 필요하기 때문에
　　㉢ 교장 선생님의 교육적 설득 연설을 들을 수 있는 기회를 갖기 위해서
　　㉣ 교육적 설득 연설을 자주 들으면 사회성과 인간 관계 등이 좋아질 것 같아서

학생들은 교육적 설득 연설의 필요성에 대하여 다양한 의견을 제시하였다. 교육적 설득 연설이 필요한 이유가 다양한 것은 학생들의 개인차에 따라서 그 필요성을 다르게 인식하고 있기 때문이다. 그 중에서는 인성교육상 필요해서 교육적 설득 연설이 실시되어야 한다는 의견이 많은 편이었다. 또한 학교생활에서 활력을 얻기 위해 교육적 설득 연설이 필요하다는 응답도 비교적 많았다. 앞서 나타난 실태에서는 학생들이 교육적 설득 연설을 원하지 않는다는 경우가 많았는데, 교육적 설득 연설이 필요한 이유에서는 비교적 성실한 응답이 나왔다.

교육적 설득 연설의 필요성이 있다면 필요한 이유가 무엇인지 응답한 조사 결과는 〔표 3-12〕와 같다. 교육적 설득 연설이 필요한 이유에 대해 살펴보면 '인성교육에 필요하기 때문'에에 응답한 비율은 39.1%이고 '교육적 설득 연설을 자주 들으면 사회성과 인간관계 등이 좋아질 것 같아서'에 응답비율이 27.1%, '학교생활에 활력을 얻기 위해' 24.3% 순으로 나타났다. 그리고 '교장선생님의 교육적 설득 연설을 들을 수 있는 기회를 갖기 위해서'라고 답한 학생은 9.6%로 낮았다. 학생들의 입장에서는 사회성과 인간관계 등이 좋아질 것 같아서 교육적 설득 연설이 필요한 것으로 보고 있었다. 또한 학생들 나름대로 인성교육에 필요하기 때문에도 교육적 설득 연설이 필요하다고 하였다.

학교 급별에 따라서는 중학교와 고등학교는 '인성교육에 필요하기 때문'에 라는 응답이 초등학교보다 더 높게 나타났고 초등학교는 '교육적 설득 연설을 자주 들으면 사회성과 인간관계 등이 좋아질 것 같아서'가 35.7%로 가장 높게 나타났으며 통계적으로도 유의미한 차이를 보인다 (p<.001). 즉 초등학생은 학교생활의 활력, 사회성과 인간관계가 좋아질 것이라는 이유를 많이 들었으나 중·고등학생의 경우 '인성교육 때문'이라는 응답이 많이 나타났다.

학년에 따라서는 '인성교육에 필요하기 때문에'의 경우 초등학교 4학년은 31.4%, 초등학교 5학년은 26.1%, 초등학교 6학년은 31.5%, 중학교 1학년은 41.0%, 중학교 2학년은 29.4%, 중학교 3학년은 53.6%, 고등학교 1학년은 67.6%, 고등학교 2학년은 50.0%, 고등학교 3학년은 57.9%로 고등학교 1학년이 가장 높게 나타났고 '교육적 설득 연설을 자주 들으면 사회성과 인간관계 등이 좋아질 것 같아서'가 초등학교 4학년은28.1%, 초등학교 5학년은 47.8%, 초등학교 6학년은 31.5%, 중학교 1학년은 25.6%, 중학교 2학년은 26.5%, 중학교 3학년은 10.7%, 고등학교 1학년은 8.1%, 고등학교 2학년은 15.4%, 고등학교 3학년은 11.6%로 초등학교 5학년이 가장 높게 나타났으며 통계적으로도 유의미한 차이를 보인다(p<.001). 여기서 특이한 점은 조사 대상 학생 중, 초등학교는 5학년이, 중·고등학교의 경우는 각각 2학년이 '인성교육에 필요하기 때문'이라는 응답이었다.

성별에 따라서는 성별에 관계없이 '인성교육에 필요하기 때문에', '교육적 설득 연설을 자주 들으면 사회성과 인간관계 등이 좋아질 것 같아서'가 과반수 이상으로 나타나 비슷한 경향을 보였으며 유의미한 차이를 보이지 않았다.

2.3. 교육적 설득 연설이 필요하지 않은 이유

학생을 대상으로 하는 교육적 설득 연설의 필요성에 대해서는 앞 절에서 자세히 알아보았다. 교육적 설득 연설은 연설을 하는 목적이 뚜렷해야 한다. 목적에는 직접적 목적, 장기적 목적, 은폐적 목적이 있다(정범영, 1998 : 13). 교육적 설득 연설은 전인교육의 차원에서 생각해 보면 내면적 정신교육과 외면적 행동 실천교육에 주된 목적이 있다.

설득으로 동기를 유발시켜 사고와 지적수긍 및 행동변화를 촉진하게 된다. 다 시 말해서 교육적 설득 연설자는 지식이 풍부해야 하며, 명확한 사고력이 요구된다. 또한 자기의 주장이 확실해야 하며, 자기의 표현, 인격함양, 인간관계 개선을 위해서 지속적인 노력을 하여야 한다.

교육적 설득 연설에서 듣는 학생들로 하여금 관심을 갖도록 하고 교육적인 효과를 극대화시키기 위해서는 설득 연설과정에 학생들에게 강력한 인상을 심어주어야 한다. 따라서 교육적 설득 연설을 실시하기 위해서는 준비된 화제가 필요하다. 아무리 준비를 많이 하더라도 학생들에게 강력한 인상을 심어 주지 못한다면 그 교육적 설득 연설은 성공하지 못하게 되는 것이다.4)

결과적으로 듣는 사람의 관심을 끌 만한 강력한 화제가 필요하다는 것이다. 그렇게 해야만이 학생들이 그 교육적 설득 연설을 오랫동안 기억하게 되고 다음의 교육적 설득 연설을 기다리게 되는 것이다.

이렇게 중요한 목적의식과 연설자의 자질이 필요한데, 현실적으로는 위의 모든 조건을 갖추기 쉽지 않다.

학생들은 교육적 설득 연설의 필요성을 별로 느끼지 못하고 있다. 그러나 학생들이 교육적 설득 연설의 필요성을 느끼도록 설득 연설의 방법을 지속적으로 연구해 나가는 것이 매우 중요한 일이라 하겠다.

---

4) 김영국(1993 : 84)에서는 성공적인 설득을 위해 준비된 화재의 필요성에 대하여 다음과 같이 설명하고 있다. '듣는 사람의 주의나 흥미를 지배하는 일은 설득의 목적 그 자체가 아니다. 그것은 하나의 방법에 불과하다. 즉 제안을 받아들이게 하는 과정 가운데 듣는 사람을 끌어들이며 동참시키는 수단에 지나지 않는 것이다. 일단 상대방을 흥미 있게 끌어들이긴 했으나 그만 설득자 자신도 함께 흥미의 분위기에 말려들어 처음 목적한 골인 지점을 망각해 버리는 사람이 있다. 미처 상대방과 잠실 운동장에서 벌어지고 있는 프로야구의 화제 때문에 정신을 빼앗겨, 예정했던 용건의 매듭도 짓지 못하고 그냥 돌아가 버리는 격이라고 말할 수 있다. 듣는 사람에게 처음부터 흥미로운 화제를 단도직입적으로 끄집어내는 것은 매우 효과적인 이야기이다. 즉 인간 공통의 흥미가 개재된 것이므로 듣는 사람의 귀를 솔깃하게 한다.'

〔표 3-13〕에서 보는 바와 같이 설득 연설이 불필요한 이유에 대해 살펴보면 전체적으로 '학생들이 잘 듣지 않기 때문에'가 50.7%로 가장 많은 응답을 보였고 '원하는 학생들이 거의 없기 때문'에 26.9%, '담임 선생님의 훈화만으로도 충분하기 때문'에 15.5% 순으로 나타났다.

성별에 따라서는 '원하는 학생들이 거의 없기 때문'에의 경우 남자는 33.1%, 여자는 18.5%로 여자보다 남자가 더 높게 나타났고, '학생들이 잘 듣지 않기 때문에'가 남자는 44.4%, 여자는 59.2%로 남자보다 여자가 더 높게 나타났으며 통계적으로도 유의미한 차이를 보인다 (p<.001).

[표 3-13] 교육적 설득 연설이 필요하지 않은 이유

구 분		㉠	㉡	㉢	㉣	합계	x^2(p)
성 별	남	117 33.1%	157 44.4%	28 7.9%	52 14.7%	354 100.0%	19.738*** (.000)
	여	48 18.5%	154 59.2%	15 5.8%	43 16.5%	260 100.0%	
학교급별	초등학교	24 25.5%	44 46.8%	6 6.4%	20 21.3%	94 100.0%	7.812 (.252)
	중학교	77 29.2%	140 53.0%	14 5.3%	33 12.5%	264 100.0%	
	고등학교	64 25.0%	127 49.6%	23 9.0%	42 16.4%	256 100.0%	
학 년	초등학교 4학년	1 8.3%	7 58.3%	2 16.7%	2 16.7%	12 100.0%	42.200* (.012)
	초등학교 5학년	3 13.0%	13 56.5%	1 4.3%	6 26.1%	23 100.0%	
	초등학교 6학년	20 33.9%	24 40.7%	3 5.1%	12 20.3%	59 100.0%	
	중학교 1학년	15 21.7%	42 60.9%	6 8.7%	6 8.7%	69 100.0%	
	중학교 2학년	33 31.7%	51 49.0%	4 3.8%	16 15.4%	104 100.0%	
	중학교 3학년	29 31.9%	47 51.6%	4 4.4%	11 12.1%	91 100.0%	
	고등학교 1학년	16 22.9%	40 57.1%	4 5.7%	10 14.3%	70 100.0%	
	고등학교 2학년	2 4.3%	26 55.3%	8 17.0%	11 23.4%	47 100.0%	
	고등학교 3학년	46 33.1%	61 43.9%	11 7.9%	21 15.1%	139 100.0%	
합 계		165 26.9%	311 50.7%	43 7.0%	95 15.5%	614 100.0%	

*p<.05 ***p<.001

주) ㉠ 학생의 입장에서 볼 때 원하는 학생들이 거의 없기 때문에
 ㉡ 학생들이 잘 듣지 않기 때문에
 ㉢ 설득 연설을 듣기 위한 별도의 시간을 학교에서는 현실적으로 할애하기 어렵기 때문에
 ㉣ 담임선생님의 훈화만으로도 충분하기 때문에

학년에 따라서는 원하는 학생들이 거의 없기 때문에의 경우 초등학교 4학년은 8.3%, 초등학교 5학년은 13.0%, 초등학교 6학년은 33.9%, 중학교 1학년은 21.7%, 중학교 2학년은 31.7%, 중학교 3학년은 31.9%, 고등학교 1학년은 22.9%, 고등학교 2학년은 4.3%, 고등학교 3학년은 33.1%로 초등학교 6학년이 가장 높게 났고 학생들이 잘 듣지 않기 때문에의 경우 초등학교 4학년은 58.3%, 초등학교 5학년은 56.5%, 초등학교 6학년은 40.7%, 중학교 1학년은 60.9%, 중학교 2학년은 49.0%, 중학교 3학년은 51.6%, 고등학교 1학년은 57.1%, 고등학교 2학년은 55.3%, 고등학교 3학년은 43.9%로 중학교 1학년이 가장 높게 나타났으며 통계적으로도 유의미한 차이를 보인다($p < .05$).

학교 급별에 따라서는 학교 급별에 관계없이 원하는 학생들이 거의 없기 때문에 학생들이 잘 듣지 않기 때문에가 대부분으로 나타나 비슷한 경향을 보였으며 유의미한 차이를 보이지 않았다.

이 결과 중 주목할 만한 것은 학생들이 잘 듣지 않기 때문에 설득 연설이 불필요하다고 인식과 원하는 학생이 거의 없기 때문이라고 인식하는 학생이 많다는 것이다. 이미 언급한 바 있지만, 설득 연설의 청자는 학생이므로 학생들의 호응이 절대적으로 중요한 것이다. 그럼에도 조사 결과 학생들이 잘 듣지 않고 있다는 것은 설득 연설의 실시 여부에 치명적인 타격을 받는 결과이다. 학생들이 거의 설득 연설을 원하지 않는 것은 학교장의 설득 연설이 많은 문제를 지니고 있음을 뒷받침하는 것이다.

이러한 결과를 바탕으로 향후의 설득 연설에 대한 개선책으로 학생들

이 설득 연설 자체를 부정하지 않도록 유도하는 방향으로 연구되어야
할 것이다.

2.4. 교육적 설득 연설의 횟수에 대한 실태

현재 여러분의 학교에서는 교장선생님 설득 연설이 있는 전교생 조회
를 어느 정도 실시하고 있는가에 대한 질문에 대한 학생들의 응답은 학
교 급별로 비교적 상이하게 나타났다.

다음의 〔표 3-14〕에서 보는 바와 같이 교장의 설득 연설이 있는 전
교생 조회 횟수에 대해 살펴보면, '특별히 정해진 기간 없이 필요할 때
마다 실시한다'가 33.9%로 가장 많은 응답을 보였으며, 1달에 1회 정
도는 28.0%, 1주일에 1회 정도 실시한다 26.0% 순으로 나타났다.

성별에 따라서는 남학생의 경우는 1달에 1회 정도라고 답한 경우가
34.2%, 여학생의 경우는 20.4%로 여학생보다 남학생이 더 높게 나타
났으며 통계적으로도 유의미한 차이를 보인다(p<.001).

[표 3-14] 전교생 조회 횟수 실태

구 분		㉠	㉡	㉢	㉣	㉤	㉥	합계	x^2(p)
성 별	남	151	7	24	231	203	60	676	55.266***
		22.3%	1.0%	3.6%	34.2%	30.0%	8.9%	100.0%	(.000)
	여	166	0	2	111	211	54	544	
		30.5%	.0%	.4%	20.4%	38.8%	9.9%	100.0%	
학교급별	초등학교	312	2	3	2	12	110	441	1576.698***
		70.7%	.5%	.7%	.5%	2.7%	24.9%	100.0%	(.000)
	중학교	1	1	16	276	70	1	365	
		.3%	.3%	4.4%	75.6%	19.2%	.3%	100.0%	
	고등학교	4	4	7	64	332	3	414	
		1.0%	1.0%	1.7%	15.5%	80.2%	.7%	100.0%	

		㉠	㉡	㉢	㉣	㉤	㉥	합계	
학 년	초등학교 4학년	86	2	0	1	2	42	133	1692.059*** (.000)
		64.7%	1.5%	.0%	.8%	1.5%	31.6%	100.0%	
	초등학교 5학년	106	0	0	0	2	30	138	
		76.8%	.0%	.0%	.0%	1.4%	21.7%	100.0%	
	초등학교 6학년	120	0	3	1	8	38	170	
		70.6%	.0%	1.8%	.6%	4.7%	22.4%	100.0%	
학 년	중학교 1학년	1	0	2	102	3	0	108	1692.059*** (.000)
		.9%	.0%	1.9%	94.4%	2.8%	.0%	100.0%	
	중학교 2학년	0	1	13	101	22	1	138	
		.0%	.7%	9.4%	73.2%	15.9%	.7%	100.0%	
	중학교 3학년	0	0	1	73	45	0	119	
		.0%	.0%	.8%	61.3%	37.8%	.0%	100.0%	
	고등학교 1학년	0	0	0	12	94	1	107	
		.0%	.0%	.0%	11.2%	87.9%	.9%	100.0%	
	고등학교 2학년	0	0	0	4	69	0	73	
		.0%	.0%	.0%	5.5%	94.5%	.0%	100.0%	
	고등학교 3학년	4	4	7	48	169	2	234	
		1.7%	1.7%	3.0%	20.5%	72.2%	.9%	100.0%	
합 계		317	7	26	342	414	114	1220	
		26.0%	.6%	2.1%	28.0%	33.9%	9.3%	100.0%	

***p<.001

주) ㉠ 1주일에 1회   ㉡ 2주일에 1회   ㉢ 3주일에 1회
　　㉣ 한 달에 1회   ㉤ 필요할 때마다   ㉥ 기타

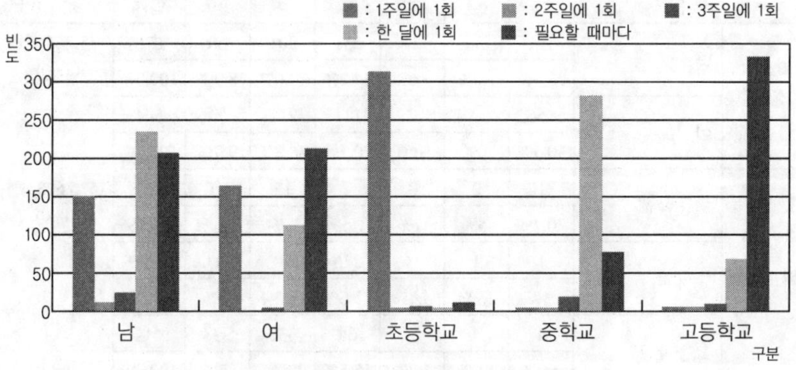

[그림 3-3] 전교생 조회 횟수 실태

학교 급별로 살펴보면 '1달에 1회 정도 실시한다'에 초등학교의 경우는 0.5%, 중학교는 75.6%, 고등학교는 15.5%로, 중학교가 가장 높게 나타났다. 또한 '특별히 정해진 기간 없이 필요할 때마다 실시한다'에서는 초등학교는 2.7%, 중학교는 19.2%, 고등학교는 80.2%로 고등학교가 가장 높게 나타났으며 통계적으로도 유의미한 차이를 보인다 (p<.001). 즉 초등학교는 중·고등학교보다 조회 횟수에 비하여 많은 편이지만, 1주일에 1회라고 답한 경우가 70.7%를 차지하여 중·고등학교의 경우와는 상당히 다르게 나타났다. 따라서 전체적으로 볼 때, 초등학교의 조회 횟수가 더 많다는 것을 알 수 있다.

학년에 따라서는 '1달에 1회 정도'에 초등학교 4학년은 0.8%, 초등학교 5학년은 0.0%, 초등학교 6학년은 0.6%, 중학교 1학년은 94.4%, 중학교 2학년은 73.2%, 중학교 3학년은 61.3%, 고등학교 1학년은 11.2%, 고등학교 2학년은 5.5%, 고등학교 3학년은 20.5%로 중학교 1학년이 가장 높은 반응을 나타났고, '특별히 정해진 기간 없이 필요할 때마다'에서는 초등학교 4학년은 1.5%, 초등학교 5학년은 1.4%, 초등학교 6학년은 4.7%, 중학교 1학년은 2.8%, 중학교 2학년은 15.9%, 중학교 3학년은 37.8%, 고등학교 1학년은 87.9%, 고등학교 2학년은 94.5%, 고등학교 3학년은 72.2%로 고등학교 2학년이 가장 높게 나타났으며 통계적으로도 유의미한 차이를 보인다(p<.001).

이를 종합해 보면, 초등학교에서 중·고등학교로 갈수록 조회횟수가 감소하고 있다는 것을 잘 나타내 주고 있다.

2.5. 교육적 설득 연설 시간의 정도에 대한 실태

교육적 설득 연설 시간의 길고 짧은 정도에 따른 교육적 설득 연설

시간을 어떻게 느끼고 있는지에 대해 살펴보면 학교 급별이나 성별과 관계없이 전체적으로는 '보통이다'에 61.1%가 답하여 가장 많은 반응을 보였다. 반면 '짧은 편이다'에 14.9%, '길다'에는 14.3%가 반응을 보였다.

한편 성별에 따라서는 남학생은 '짧은 편이다'에 9.8%, 여학생은 21.3%가 각각 반응을 보여 남학생보다 여학생이 더 짧게 느끼고 있었다. 또한 '아주 길다' 에는 남학생이 15.5%, 여학생이 2.4%로 나타나, 여학생보다 남학생이 교육적 설득 연설 시간에 대하여 더 길다고 인식하고 있었으며, 통계적으로도 유의미한 차이를 보인다(p<.001).

학교 급별에 따라서는 '짧은 편이다'에 초등학교는 5.0%, 중학교는 26.0%, 고등학교는 15.7%로 중학교가 가장 높게 나타났고, '보통이다'에서는 초등학교는 85.3%, 중학교는 42.7%, 고등학교는 51.7%로 초등학교가 가장 높게 나타났으며 통계적으로도 유의미한 차이를 보인다(p<.001). 즉 초등학생보다 중·고등학교 학생으로 갈수록 교육적 설득 연설 시간이 더 길다고 인식하고 있다.

학년에 따라서 '짧은 편'이라고 인식하는 경우, 초등학교 4학년은 6.8%, 초등학교 5학년은 3.6%, 초등학교 6학년은 4.7%, 중학교 1학년은 30.6%, 중학교 2학년은 22.5%, 중학교 3학년은 26.1%, 고등학교 1학년은 13.1%, 고등학교 2학년은 24.7%, 고등학교 3학년은 14.1%로 중학교 1학년이 가장 높게 나타났고, '보통이다'에 초등학교 4학년은 90.2%, 초등학교 5학년은 84.8%, 초등학교 6학년은 81.8%, 중학교 1학년은 46.3%, 중학교 2학년은 42.8%, 중학교 3학년은 39.5%, 고등학교 1학년은 54.2%, 고등학교 2학년은 54.8%, 고등학교 3학년은 49.6%로 초등학교 4학년이 가장 높게 나타났으며 통계적으로도 유의미한 차이를 보인다(p<.001).

[표 3-15] 교육적 설득 연설 시간의 정도에 대한 실태

구 분		㉠	㉡	㉢	㉣	합 계	x^2(p)
성 별	남	66	392	113	105	676	89.709*** (.000)
		9.8%	58.0%	16.7%	15.5%	100.0%	
	여	116	354	61	13	544	
		21.3%	65.1%	11.2%	2.4%	100.0%	
학교급별	초등학교	22	376	37	6	441	197.807*** (.000)
		5.0%	85.3%	8.4%	1.4%	100.0%	
	중학교	95	156	56	58	365	
		26.0%	42.7%	15.3%	15.9%	100.0%	
	고등학교	65	214	81	54	414	
		15.7%	51.7%	19.6%	13.0%	100.0%	
학 년	초등학교 4학년	9	120	3	1	133	236.677*** (.000)
		6.8%	90.2%	2.3%	.8%	100.0%	
	초등학교 5학년	5	117	15	1	138	
		3.6%	84.8%	10.9%	.7%	100.0%	
	초등학교 6학년	8	139	19	4	170	
		4.7%	81.8%	11.2%	2.4%	100.0%	
	중학교 1학년	33	50	18	7	108	
		30.6%	46.3%	16.7%	6.5%	100.0%	
	중학교 2학년	31	59	20	28	138	
		22.5%	42.8%	14.5%	20.3%	100.0%	
	중학교 3학년	31	47	18	23	119	
		26.1%	39.5%	15.1%	19.3%	100.0%	
	고등학교 1학년	14	58	17	18	107	
		13.1%	54.2%	15.9%	16.8%	100.0%	
	고등학교 2학년	18	40	11	4	73	
		24.7%	54.8%	15.1%	5.5%	100.0%	
	고등학교 3학년	33	116	53	32	234	
		14.1%	49.6%	22.6%	13.7%	100.0%	
합 계		182	746	174	118	1220	
		14.9%	61.1%	14.3%	9.7%	100.0%	

***p<.001

주) ㉠ 짧은 편이다.　　㉡ 보통이다.　　㉢ 길다.　　㉣ 아주 길다.

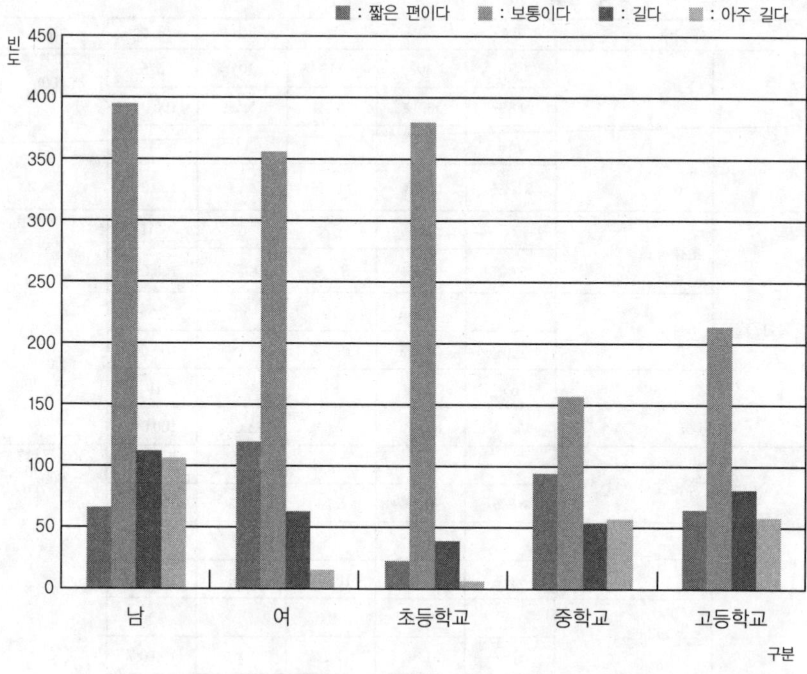

[그림 3-4] 교육적 설득 연설 시간의 정도에 대한 실태

2.6. 교육적 설득 연설 내용의 도움 정도에 대한 실태

교육적 설득 연설이 가정생활 또는 학교생활에 어느 정도 도움이 되
는지에 대하여 학생들이 인식하는 정도는 다음 〔표 3-16〕과 같다.

다음의 〔표 3-16〕에서 보는 바와 같이 교육적 설득 연설의 내용이
학교 또는 가정 생활에 어느 정도 도움이 되는지에 대한 질문에 나타난
결과를 살펴보면 학교 급별, 성별, 학년에 관계없이 응답학생들의 반응
은 '별로 도움이 되지 않는다'가 35.4%로 가장 많은 반응을 보였으며
'보통이다' 34.2%, '조금 도움이 된다' 18.9% 순으로 나타났다.

[표 3-16] 교육적 설득 연설 내용의 도움 정도에 대한 인식실태

구 분		㉠	㉡	㉢	㉣	합계	x^2(p)
성 별	남	73	144	215	244	676	8.283*
		10.8%	21.3%	31.8%	36.1%	100.0%	(.041)
	여	68	86	202	188	544	
		12.5%	15.8%	37.1%	34.6%	100.0%	
학교급별	초등학교	122	121	171	27	441	354.300***
		27.7%	27.4%	38.8%	6.1%	100.0%	(.000)
	중학교	12	51	111	191	365	
		3.3%	14.0%	30.4%	52.3%	100.0%	
	고등학교	7	58	135	214	414	
		1.7%	14.0%	32.6%	51.7%	100.0%	
학 년	초등학교 4학년	61	28	41	3	133	479.135***
		45.9%	21.1%	30.8%	2.3%	100.0%	(.000)
	초등학교 5학년	46	37	49	6	138	
		33.3%	26.8%	35.5%	4.3%	100.0%	
	초등학교 6학년	15	56	81	18	170	
		8.8%	32.9%	47.6%	10.6%	100.0%	
	중학교 1학년	7	11	41	49	108	
		6.5%	10.2%	38.0%	45.4%	100.0%	
	중학교 2학년	2	21	46	69	138	
		1.4%	15.2%	33.3%	50.0%	100.0%	
학 년	중학교 3학년	3	19	24	73	119	479.135***
		2.5%	16.0%	20.2%	61.3%	100.0%	(.000)
	고등학교 1학년	3	15	37	52	107	
		2.8%	14.0%	34.6%	48.6%	100.0%	
	고등학교 2학년	1	7	29	36	73	
		1.4%	9.6%	39.7%	49.3%	100.0%	
	고등학교 3학년	3	36	69	126	234	
		1.3%	15.4%	29.5%	53.8%	100.0%	
합 계		141	230	417	432	1220	
		11.6%	18.9%	34.2%	35.4%	100.0%	

*p<.05, ***p<.001

주) ㉠ 많은 도움이 된다.　　㉡ 조금 도움이 된다.
　　㉢ 보통이다.　　㉣ 별로 도움이 되지 않는다.

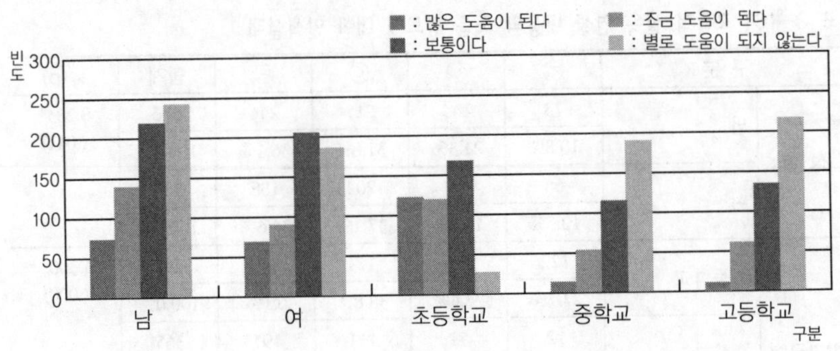

[그림 3-5] 교육적 설득 연설 내용의 도움 정도에 대한 인식실태

성별에 따라서는 남학생의 경우는 조금 도움이 된다가 21.3%로 나타났고, 여학생의 경우는 15.8%로 나타났다. 따라서 여학생보다는 남학생이 더 많은 도움을 받는다고 인식하고 있는 것으로 나타났으며 이 결과는 통계적으로도 유의미한 차이를 보인다(p<.05).

학교 급별의 반응을 살펴보면 중학생과와 고등학생은 초등학교 학생들보다 '별로 도움이 되지 않는다'가 더 높게 나타났고, 반면에 초등학교는 '많은 도움이 된다'가 27.7%로 가장 높게 나타났다. 즉 전반적으로 초등학생이 중·고등학생보다 교육적 설득 연설 내용에 대하여 더 많은 도움이 된다고 인식하고 있었으며 통계적으로도 유의미한 차이를 보인다(p<.001).

학년에 따라서는 '많은 도움이 된다'에 초등학교 4학년은 45.9%, 초등학교 5학년은 33.3%, 초등학교 6학년은 8.8%, 중학교 1학년은 6.5%, 중학교 2학년은 1.4%, 중학교 3학년은 2.5%, 고등학교 1학년은 2.8%, 고등학교 2학년은 1.4%, 고등 3학년은 1.3%로 초등학교 4학년이 가장 높은 반응을 보이어서, 학교급이 초등학교에서 중학교로 중학교에서 고등학교로 갈수록 도움이 덜 된다고 인식하는 것으로 나타났다. '별로 도움이 되지 않는다'에 초등학교 4학년은 2.3%, 초등학교 5학년은 4.3%, 초등학교 6학년은 10.6%, 중학교 1학년은 45.4%, 중학교 2학년은 50.0%,

중학교 3학년은 61.3%, 고등학교 1학년은 48.6%, 고등학교 2학년은 49.3%, 고등학교 3학년은 53.8%에 반응을 보이고 있다. 중학교 3학년이 가장 높게 나타났으며 통계적으로도 유의미한 차이를 보인다(p<.001).

2.7. 교육적 설득 연설 내용의 이해정도에 대한 실태

교육적 설득 연설 내용의 이해정도에 대한 실태 조사에서 학생들은 비교적 이해를 하고 있는 것으로 나타났다. 응답결과는 다음 〔표 3-17〕과 같다.

교육적 설득 연설내용의 이해 정도에 대해 응답한 결과를 살펴보면 전체적으로 '약간 이해가 된다'가 38.0%로 가장 많은 반응을 보였으며 '보통이다' 25.1%, '약간 이해가 안 된다' 21.0% 순으로 나타났다.

성별에 따라서는 남학생은 '이해가 안 된다'가 17.9%, 여학생은 24.8%로 여학생보다 남학생이 이해를 더 잘하는 것으로 볼 수 있다. 즉 전반적으로 여학생이 남학생보다 더 이해가 안 된다고 인식하고 있었으며 통계적으로도 유의미한 차이를 보인다(p<.01).

학교 급별에 따라서는 '약간 이해가 된다'가 초등학생은 60.3%, 중학생은 26.6%, 고등학생은 24.2%로 초등학교가 가장 높게 나타났고, '보통이다'가 초등학생은 6.1%, 중학생은 27.7%, 고등학생은 43.0%로 고등학생의 경우가 가장 높게 나타났다. 이를 종합해 보면 전반적으로 초등학생의 경우가 중·고등학생보다 이해 정도가 높은 것으로 나타났으며 통계적으로도 유의미한 차이를 보인다(p<.001).

학년에 따라서는 '약간 이해가 된다'에 초등학교 4학년은 62.4%, 초등학교 5학년은 57.2%, 초등학교 6학년은 61.2%, 중학교 1학년은 28.7%, 중학교 2학년은 30.4%, 중학교 3학년은 20.2%, 고등학교 1학년은 20.6%, 고등학교 2학년은 20.5%, 고등학교 3학년은 26.9%

가 응답하여 초등학교 6학년이 가장 높게 나타났다. 반면 '약간 이해가 안 된다'에는 초등학교 4학년은 1.5%, 초등학교 5학년은 4.3%, 초등학교 6학년은 10.6%, 중학교 1학년은 24.1%, 중학교 2학년은 36.2%, 중학교 3학년은 51.3%, 고등학교 1학년은 28.0%, 고등학교 2학년은 17.8%, 고등학교 3학년은 21.4%로 중학교 3학년이 가장 높게 나타났으며 통계적으로도 유의미한 차이를 보인다(p<.001).

[표 3-17] 교육적 설득 연설 내용의 이해 정도

구 분		㉠	㉡	㉢	㉣	합 계	x^2(p)
성 별	남	107	255	193	121	676	14.187**
		15.8%	37.7%	28.6%	17.9%	100.0%	(.003)
	여	88	208	113	135	544	
		16.2%	38.2%	20.8%	24.8%	100.0%	
학교급별	초등학교	122	266	27	26	441	363.933***
		27.7%	60.3%	6.1%	5.9%	100.0%	(.000)
	중학교	30	97	101	137	365	
		8.2%	26.6%	27.7%	37.5%	100.0%	
	고등학교	43	100	178	93	414	
		10.4%	24.2%	43.0%	22.5%	100.0%	
학 년	초등학교 4학년	46	83	2	2	133	424.147***
		34.6%	62.4%	1.5%	1.5%	100.0%	(.000)
	초등학교 5학년	44	79	9	6	138	
		31.9%	57.2%	6.5%	4.3%	100.0%	
	초등학교 6학년	32	104	16	18	170	
		18.8%	61.2%	9.4%	10.6%	100.0%	
	중학교 1학년	8	31	43	26	108	
		7.4%	28.7%	39.8%	24.1%	100.0%	
	중학교 2학년	10	42	36	50	138	
		7.2%	30.4%	26.1%	36.2%	100.0%	
	중학교 3학년	12	24	22	61	119	
		10.1%	20.2%	18.5%	51.3%	100.0%	
	고등학교 1학년	9	22	46	30	107	
		8.4%	20.6%	43.0%	28.0%	100.0%	
	고등학교 2학년	14	15	31	13	73	
		19.2%	20.5%	42.5%	17.8%	100.0%	
	고등학교 3학년	20	63	101	50	234	
		8.5%	26.9%	43.2%	21.4%	100.0%	
합 계		195	463	306	256	1220	
		16.0%	38.0%	25.1%	21.0%	100.0%	

**p<.01 ***p<.001
주) ㉠ 이해가 잘 된다. ㉡ 약간 이해가 된다. ㉢ 보통이다. ㉣ 이해가 안 된다.

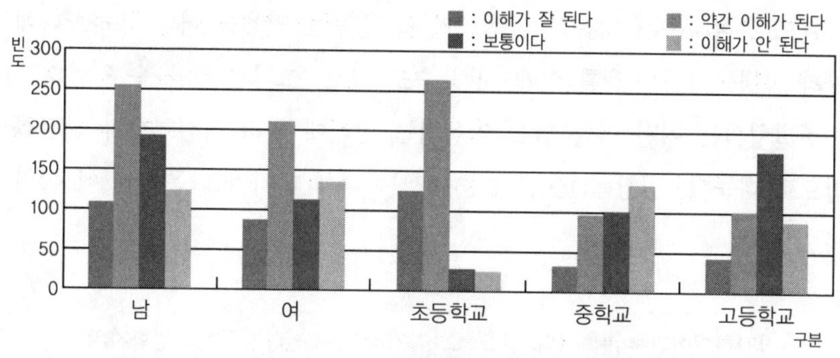

[그림 3-6] 교육적 설득 연설 내용의 이해 정도

이상을 종합하여 살펴보면, 여학생보다는 남학생이, 중·고등학생보다는 초등학생이, 학년별로는 초등학교 6학년이 교육적 설득 연설에 대하여 이해를 잘하고 있는 것으로 나타났다. 특히, 중학교 3학년의 경우가 이해를 가장 못하고 있는 것으로 나타난 것은 학생들이 교육적 설득 연설에 집중하기 않기 때문인 것으로 분석된다. 이런 의미에서 볼 때, 교육적 설득 연설을 실시하는 것도 중요하지만 학생들이 집중하여 경청하도록 하고 그에 따라 학생들에게 쉽게 이해할 수 있도록 하는 방안이 강구되어야 할 것이다.

또한 초등학교에서는 비교적 이해도 잘하고 경청도 잘하는 편이나 중·고등학교로 갈수록 경청도 잘 안 하고 이해도 잘 안 하는 것에 대한 원인 분석을 통하여 교육적 설득 연설의 개선 방안과 연계시켜야 할 것이다.

2.8. 교육적 설득 연설의 인용 내용에 대한 실태

상대방을 설득하고 이해시키기 위해서 연설을 실시할 때, 연사는 많은 내용을 인용하여 실시하게 된다. 특히, 학생들을 상대로 인성교육의 일환으로 실시하는 교육적 설득 연설의 경우는 인용을 어떻게 하느냐에 따라 학생들에게 이해를 쉽게 시킬 수도 있고, 그렇지 않을 수도 있다.

화법형식은 어떤 이의 말을 인용하는 방식에 따라 직접화법과 간접화법으로 나눈다. 김상대(1977 : 119)에서는 이에 대하여 다음과 같이 설명하고 있다.

> 직접화법이란 어떤 이의 말을 그 취지정도로 전하지 않고 원화자의 생생한 언어 형식을 그대로 전달함으로써 그 언어 행위의 극적재현dramatic represaentation)의 효과를 도모하는 형식인데 반하여, 간접화법이란 원화자의 말을 전달자의 입장에서 조정하여 그 취지 정도로 전달함으로써 언어에서 구체적 형식보다 추상적 개념을 위주로 반영하는 형식이다. 구조상으론 직접화법은 이질적 피전달부가 전달부에 삽입적으로 결합하는 형식이며, 간접화법은 전달부와 피전달부가 완전히 결합되어 전체 문장구조가 통일성을 지니는 형식이라 할 수 있다.

교장이 교육적 설득 연설을 할 때 어떤 내용을 인용하여 연설을 하는지 조사한 결과에 따르면, '어떤 내용을 인용하는지 잘 모르겠다'라고 답한 학생들이 의외로 많았다. 또한 동화나 우화라고 답한 경우도 많았는데, 이것은 교장들이 주로 인용하여 이야기 하는 것으로 학생들이 쉽게 이해 할 수 있는 소재를 찾기 때문인 것으로 분석된다. 조사 결과는 다음 〔표 3-18〕과 같다.

〔표 3-18〕에서 보는 바와 같이 교육적 설득 연설의 인용에 대한 실태에 대해 살펴보면 '잘 모르겠다'에 39.1%로 가장 많은 응답을 보였으며, 일화나 실화 인용 28.8%, 신문이나 텔레비전 뉴스 인용 15.4% 순으로 나타났다. 따라서 전체적으로 학생들은 교장의 교육적 설득 연설의 내용을 어디서 인용하고 있는지 모르는 학생이 가장 많은 것으로 타나났다.

[표 3-18] 교육적 설득 연설의 인용 내용에 대한 이해 실태

구 분		㉠	㉡	㉢	㉣	㉤	㉥	합 계	x^2(p)
성 별	남	199	49	15	57	92	264	676	11.392* (.004)
		29.4%	7.2%	2.2%	8.4%	13.6%	39.1%	100.0%	
	여	152	49	8	26	96	213	544	
		27.9%	9.0%	1.5%	4.8%	17.6%	39.2%	100.0%	
학교급별	초등학교	163	54	4	53	84	83	441	185.350*** (.000)
		37.0%	12.2%	.9%	12.0%	19.0%	18.8%	100.0%	
	중학교	70	38	10	24	31	192	365	
		19.2%	10.4%	2.7%	6.6%	8.5%	52.6%	100.0%	
	고등학교	118	6	9	6	73	202	414	
		28.5%	1.4%	2.2%	1.4%	17.6%	48.8%	100.0%	
학 년	초등학교 4학년	41	15	2	17	33	25	133	239.989*** (.000)
		30.8%	11.3%	1.5%	12.8%	24.8%	18.8%	100.0%	
	초등학교 5학년	63	17	0	16	21	21	138	
		45.7%	12.3%	.0%	11.6%	15.2%	15.2%	100.0%	
	초등학교 6학년	59	22	2	20	30	37	170	
		34.7%	12.9%	1.2%	11.8%	17.6%	21.8%	100.0%	
	중학교 1학년	21	4	3	7	10	63	108	
		19.4%	3.7%	2.8%	6.5%	9.3%	58.3%	100.0%	
	중학교 2학년	24	18	6	13	14	63	138	
		17.4%	13.0%	4.3%	9.4%	10.1%	45.7%	100.0%	
	중학교 3학년	25	16	1	4	7	66	119	
		21.0%	13.4%	.8%	3.4%	5.9%	55.5%	100.0%	
	고등학교 1학년	22	3	5	1	14	62	107	
		20.6%	2.8%	4.7%	.9%	13.1%	57.9%	100.0%	
	고등학교 2학년	15	0	2	0	14	42	73	
		20.5%	.0%	2.7%	.0%	19.2%	57.5%	100.0%	
	고등학교 3학년	81	3	2	5	45	98	234	
		34.6%	1.3%	.9%	2.1%	19.2%	41.9%	100.0%	
합 계		351	98	23	83	188	477	1220	
		28.8%	8.0%	1.9%	6.8%	15.4%	39.1%	100.0%	

*p<.01 ***p<.001

주) ㉠ 일화나 실화 인용   ㉡ 동화나 우화 인용   ㉢ 일상 유머 인용
　　㉣ 옛날이야기 인용   ㉤ 신문이나 텔레비전 뉴스 인용   ㉥ 잘 모르겠다.

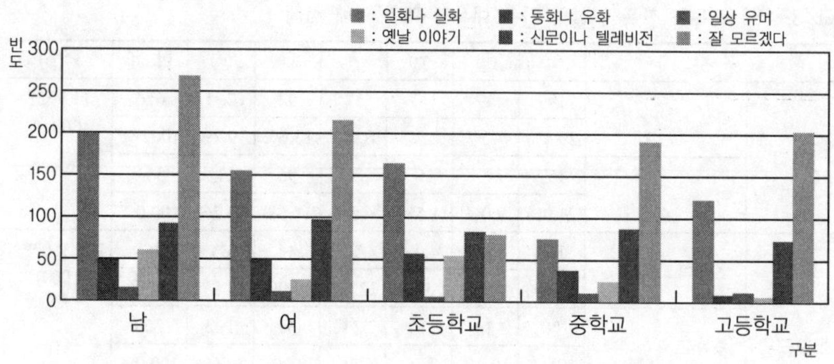

[그림 3-7] 교육적 설득 연설의 인용 내용에 대한 이해 실태

남학생은 신문이나 텔레비전 뉴스를 인용한다고 생각하는 경우가 13.6%로 나타났고, 여학생은 신문이나 텔레비전 뉴스를 인용한다고 생각하는 경우가 17.6%로 나타나 남학생보다 여학생이 더 높게 나타났으며, 통계적으로도 유의미한 차이를 보인다(p<.01).

학교 급별에 따른 실태에서는 '일화나 실화를 인용한다'에 초등학교학생이 37.0%, 중학교학생이 19.2%, 고등학교학생이 28.5% 반응을 보이고 있다. 반면, '잘 모르겠다'고 응답한 경우는 초등학교학생이 18.8%, 중학교학생이 52.6%, 고등학교학생이 48.8%로 중학교학생이 가장 높게 나타났으며 통계적으로도 유의미한 차이를 보인다(p<.001). 즉 초등학생의 경우 일화나 실화 인용과 신문과 텔레비젼을 인용한다고 인식하는 경향이 높았으나 중·고등학생의 경우에는 잘 모르겠다는 소극적인 인식 성향이 높게 나타났다. 이는 앞서 언급했듯이, 초등학교에 비하여 중·고등학교 학생들이 어떤 내용을 인용하는지 잘 모르고 있다기보다는 교육적 설득 연설을 듣는 자세가 초등학생들에 비하여 중·고등학생들이 적극적이지 못하다는 것을 나타내 주고 있다고 볼 수 있다.

한편 학년에 따라서는 일화나 실화 인용에 대하여 초등학교 4학년은

30.8%, 초등학교 5학년은 45.7%, 초등학교 6학년은 34.7%, 중학교 1학년은 19.4%, 중학교 2학년은 17.4%, 중학교 3학년은 21.0%, 고등학교 1학년은 20.6%, 고등학교 2학년은 20.5%, 고등학교 3학년은 34.6%로 초등학교 5학년이 가장 높게 나타났다. 반면 잘모르겠다고 반응한 경우는 초등학교 4학년이 18.8%, 초등학교 5학년은 15.2%, 초등학교 6학년은 21.8%, 중학교 1학년은 58.3%, 중학교 2학년은 45.7%, 중학교 3학년은 55.5%, 고등학교 1학년은 57.9%, 고등학교 2학년은 57.5%, 고등학교 3학년은 41.9%로 중학교 1학년이 가장 높게 나타났으며 통계적으로도 유의미한 차이를 보인다(p<.001).

종합적으로 살펴보면, '잘 모르겠다'는 반응이 가장 많았는데, 이는 앞서 언급했듯이, 학생들이 교장의 교육적 설득 연설에 대한 관심이 부족하고 또한 진지한 자세로 경청하려는 마음가짐이 부족하기 때문으로 분석된다. 또한 초등학교 학생들은 비교적 인용하는 내용을 잘 알고 있는 것으로 보아, 초등학교 교장들은 비교적 쉽게 교육적 설득 연설을 하고 있으며, 학생들 역시 교장의 교육적 설득 연설에 진지한 자세로 임하고 있다고 할 수 있다.

따라서 교장들은 교육적 설득 연설의 내용을 좀더 현실적이고 이해하기 쉬운 내용으로 할 필요가 있고, 학생들은 좀 더 진지한 자세로 경청할 때 교육적 설득 연설이 충실히 이루어질 것이다.

2.9. 교육적 설득 연설의 내용별 유형 실태

교육적 설득 연설은 어떤 내용을 인용하여 실시하느냐 하는 것도 중요하지만, 그 인용 내용을 어떻게 그날의 연설목적에 알맞게 가공하여 전달하느냐의 문제도 중요하다. 인용을 적절히 함은 물론, 그 인용 내용을 전달하고자 하는 내용으로 접근시키는 것도 또한 중요하다.

선행연구에서도 살펴보았듯이, 학생들은 매번 반복되는 교육적 설득 연설의 내용에 싫증을 쉽게 느끼게 된다. 따라서 교육적 설득 연설의 내용을 매번 새롭게 하여야 학생들의 흥미를 유발할 수 있는 것이다. 그러나 교육적 설득 연설의 내용을 매번 새롭게 한다는 것도 쉬운 일은 아니다.

[표 3-19] 교육적 설득 내용의 유형 실태

구 분		㉠	㉡	㉢	㉣	㉤	㉥	합 계	$x^2(p)$
성 별	남	415	17	123	19	26	76	676	61.925***
		61.4%	2.5%	18.2%	2.8%	3.8%	11.2%	100.0%	(.000)
	여	420	8	28	12	34	42	544	
		77.2%	1.5%	5.1%	2.2%	6.3%	7.7%	100.0%	
학교급별	초등학교	358	15	4	10	28	26	441	281.836***
		81.2%	3.4%	.9%	2.3%	6.3%	5.9%	100.0%	(.000)
	중학교	238	6	19	18	10	74	365	
		65.2%	1.6%	5.2%	4.9%	2.7%	20.3%	100.0%	
	고등학교	239	4	128	3	22	18	414	
		57.7%	1.0%	30.9%	.7%	5.3%	4.3%	100.0%	
학 년	초등학교 4학년	118	1	0	3	8	3	133	414.150***
		88.7%	.8%	.0%	2.3%	6.0%	2.3%	100.0%	(.000)
	초등학교 5학년	111	2	2	1	11	11	138	
		80.4%	1.4%	1.4%	.7%	8.0%	8.0%	100.0%	
	초등학교 6학년	129	12	2	6	9	12	170	
		75.9%	7.1%	1.2%	3.5%	5.3%	7.1%	100.0%	
	중학교 1학년	77	1	7	7	1	15	108	
		71.3%	.9%	6.5%	6.5%	.9%	13.9%	100.0%	
	중학교 2학년	82	5	9	4	6	32	138	
		59.4%	3.6%	6.5%	2.9%	4.3%	23.2%	100.0%	
	중학교 3학년	79	0	3	7	3	27	119	
		66.4%	.0%	2.5%	5.9%	2.5%	22.7%	100.0%	
	고등학교 1학년	67	1	22	0	11	6	107	
		62.6%	.9%	20.6%	.0%	10.3%	5.6%	100.0%	
	고등학교 2학년	59	1	6	2	0	5	73	
		80.8%	1.4%	8.2%	2.7%	.0%	6.8%	100.0%	
	고등학교 3학년	113	2	100	1	11	7	234	
		48.3%	.9%	42.7%	.4%	4.7%	3.0%	100.0%	
합 계		835	25	151	31	60	118	1220	
		68.4%	2.0%	12.4%	2.5%	4.9%	9.7%	100.0%	

***p<.001

주) ㉠ 학교생활에 대한 내용   ㉡ 부모님에 대한 내용
　　㉢ 학업성적에 대한 내용   ㉣ 그 계절에 대한 내용
　　㉤ 여가 시간 및 독서에 대한 내용   ㉥ 기타

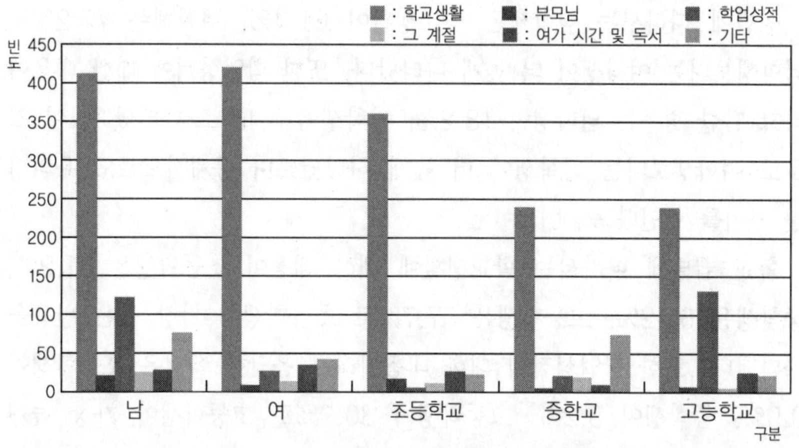

[그림 3-8] 교육적 설득 연설의 내용별 유형 실태

즉 교육적 설득 연설의 내용을 새롭게 하기 위한 노력을 하여야 함은 물론, 그 내용이 학생들의 일상생활 또는 관심사가 되어야 한다. 그것은 교육적 설득 연설을 듣는 대상이 학생임을 염두에 두어야 하기 때문이다. 그렇게 하기 위한 하나의 방안이 바로 적절한 인용이다.

결과적으로 적절한 인용을 통하여 내용을 어떻게 전달할 것인지 연구할 필요가 있다고 하겠다. 교육적 설득 연설의 내용에 대한 실태 조사 결과는 〔표 3-19〕와 같다.

위 〔표 3-19〕에서 보는 바와 같이 교육적 설득 연설의 내용이 무엇인지 묻는 질문에서 학생들은 학교 급별이나 성별 구분 없이 전체적으로 학교생활이 68.4%, 학업성적이 12.4%로 가장 높게 나타났다. 그 밖에 여가시간 및 독서에 대한 내용이 4.9%, 기타 9.7%로 나타났는데, 기타에는 친구에 대한 내용, 스포츠에 대한 내용, 유명영화에 대한 내용, 서적에 대한 내용 등이 주를 이루었다. 즉 교육적 설득 연설의 내용은 학교생활에 대한 내용이 주를 이루고 있긴 하지만, 비교적 다양한 내용으로 교육적 설득 연설이 이루어지고 있다고 분석된다.

성별에 따라서는 남학생은 학교생활이 61.4%, 여학생은 77.2%로 남학생보다는 여학생이 더 높게 나타났다. 또한 학업성적에 대한 내용이라고 답한 경우는 남학생이 18.2%, 여학생이 5.1%로 나타났다. 이 경우도 여학생보다는 남학생이 더 높게 나타났으며 통계적으로도 유의미한 차이를 보인다(p<.001).

학교 급별에 따라서는 학교생활에 대한 내용이 초등학생은 81.2%, 중학생은 65.2%, 고등학생은 57.7%로 초등학생이 가장 높은 반응을 나타냈다. 또한 학업성적에 대한 내용이라고 응답한 학생은 초등학생이 0.9%, 중학생이 5.2%, 고등학생이 30.9%로 고등학생이 가장 높게 나타났으며 통계적으로도 유의미한 차이를 보인다(p<.001). 즉 초등학생은 학교생활에 대한 내용이 가장 많았으며, 고등학생의 경우는 학업 성적에 대한 내용이라고 반응하여 초등학생과 고등학생의 인식 정도에는 많은 차이가 있는 것으로 나타났다. 이것은 비교적 학업에 대한 인식이 심하지 않은 초등학생은 학교생활 전반에 대하여 기본생활습관 등을 강조한 것으로 보이고, 고등학생은 대학입시와 직접 관련이 되기 때문에 학업성적에 대한 내용이 주를 이룬 것으로 보인다.

학년별 반응 정도에 따라서는 학교생활이 초등학교 4학년은 88.7%, 초등학교 5학년은 80.4%, 초등학교 6학년은 75.9%, 중학교 1학년은 71.3%, 중학교 2학년은 59.4%, 중학교 3학년은 66.4%, 고등학교 1학년은 62.6%, 고등학교 2학년은 80.8%, 고등학교 3학년은 48.3%로 다른 항목보다 높게 나왔으며, 이 항목에 대해서는 초등학교 4학년이 가장 높게 나타났다. 반면 학업성적에 대한 내용은 초등학교 4학년이 0.0%, 초등학교 5학년은 1.4%, 초등학교 6학년은 1.2%, 중학교 1학년은 6.5%, 중학교 2학년은 6.5%, 중학교 3학년은 2.5%, 고등학교 1학년은 20.6%, 고등학교 2학년은 8.2%, 고등학교 3학년은 42.7%로 고등학교 3학년이 가장 높게 나타났으며 통계적으로도 유의미한 차이를 보인다(p<.001).

즉 초등학교에서는 기본적인 내용을 교육적 설득 연설의 주제로 삼고 있으나, 중·고등학교로 갈수록 학업성적에 대한 내용을 비중 있게 다루는 것으로 볼 수 있는데, 대학입시와 무관하지 않다고 분석이 된다. 즉 우리나라의 학생과 교장은 고등학교 학생들로 하여금 학업성적을 높여서 대학진학을 꼭 하도록 해야 한다는 인식을 가지고 있다고 하겠다.

2.10. 교육적 설득 연설의 형식에 대한 실태

교육적 설득 연설을 효과적으로 하기 위해서는 연설의 형태를 어떻게 하느냐 하는 것이 매우 중요하다. 보통 연설이라면, 엄숙한 분위기에서 이루어지게 된다. 교장의 교육적 설득 연설은 학생을 상대로 한다는 의미에서 엄숙한 분위기는 더욱더 심화되게 된다. 이종래(1995 : 25)에서는 설득하는 방법에 대하여 다음과 같이 설명하고 있다.

> 이야기 가운데서 가장 어려운 것이 설득이다. 이것은 자기의 주장을 상대방에게 잘 알리고 동감시켜서, 필요하다면 행동으로 나타나게 하는 것이다. 그러나 사람에게는 각각의 생각이 있어서, 이야기에 따라서는 공감을 얻는 일이 용이하지 않다. 상대방에게 공감을 얻기 위해서는 생각 그 자체가 바를 뿐만 아니라, 사람의 가슴을 울리는 그 무엇이 있지 않으면 안 된다.

위의 설명에서처럼 담화 가운데 가장 어려운 것이 설득담화이다. 따라서 설득을 제대로 하기 위해 말로 표현하는 내용뿐 아니라, 연설을 할 때 어떤 형식으로 하느냐가 설득을 한다는 측면에서 매우 중요하다. 이것은 교육적 설득 연설을 통하여 학생들의 행동에 변화를 기대하기 때문인데, 어떤 형태로든지 변화를 이끌어내야 성공적인 교육적 설득 연설이 되는 것이다.

　　따라서 어떤 형식으로 학생들이 지루하지 않도록 교육적 설득 연설을 실시할 것인가에 대한 꾸준한 연구가 필요하다.

　　교육적 설득 연설의 형식에 대한 실태 조사 결과는 다음 〔표 3-20〕과 같다.

[표 3-20] 교육적 설득 연설의 형식에 대한 실태

구 분		㉠	㉡	㉢	㉣	합 계	$x^2(p)$
성 별	남	199	138	194	145	676	24.316***
		29.4%	20.4%	28.7%	21.4%	100.0%	(.000)
	여	214	115	96	119	544	
		39.3%	21.1%	17.6%	21.9%	100.0%	
학교급별	초등학교	164	126	107	44	441	159.728***
		37.2%	28.6%	24.3%	10.0%	100.0%	(.000)
	중학교	100	90	41	134	365	
		27.4%	24.7%	11.2%	36.7%	100.0%	
	고등학교	149	37	142	86	414	
		36.0%	8.9%	34.3%	20.8%	100.0%	
학 년	초등학교 4학년	66	38	21	8	133	238.526***
		49.6%	28.6%	15.8%	6.0%	100.0%	(.000)
	초등학교 5학년	41	36	46	15	138	
		29.7%	26.1%	33.3%	10.9%	100.0%	
	초등학교 6학년	57	52	40	21	170	
		33.5%	30.6%	23.5%	12.4%	100.0%	
	중학교 1학년	40	14	9	45	108	
		37.0%	13.0%	8.3%	41.7%	100.0%	
	중학교 2학년	32	47	16	43	138	
		23.2%	34.1%	11.6%	31.2%	100.0%	
	중학교 3학년	28	29	16	46	119	
		23.5%	24.4%	13.4%	38.7%	100.0%	
	고등학교 1학년	33	12	31	31	107	
		30.8%	11.2%	29.0%	29.0%	100.0%	
	고등학교 2학년	40	6	10	17	73	
		54.8%	8.2%	13.7%	23.3%	100.0%	
	고등학교 3학년	76	19	101	38	234	
		32.5%	8.1%	43.2%	16.2%	100.0%	
합 계		413	253	290	264	1220	
		33.9%	20.7%	23.8%	21.6%	100.0%	

***p<.001

주) ㉠ 설명하는 형식이다.　　㉡ 이야기 식으로 꾸며하신다.
　　㉢ 지시적으로 하신다.　　㉣ 어떻게 하는지 잘 모르겠다.

〔표 3-20〕에서 보는 바와 같이 교육적 설득 연설의 형식에 대해 살펴보면 전체적으로는 '설명하는 형식이다'가 33.9%로 가장 많은 응답을 보였으며, '지시적으로 하신다' 23.8%, '어떻게 하는지 잘 모르겠다' 21.6% 순으로 나타났다. 주목할 만한 것은 역시 '어떻게 하는지 잘 모르겠다'에 21.6%의 학생이 반응을 나타냈다는 것이다. 이것은 교육적 설득 연설에 무관심한 학생들이 상당수 있다는 것을 알려주는 것이다.

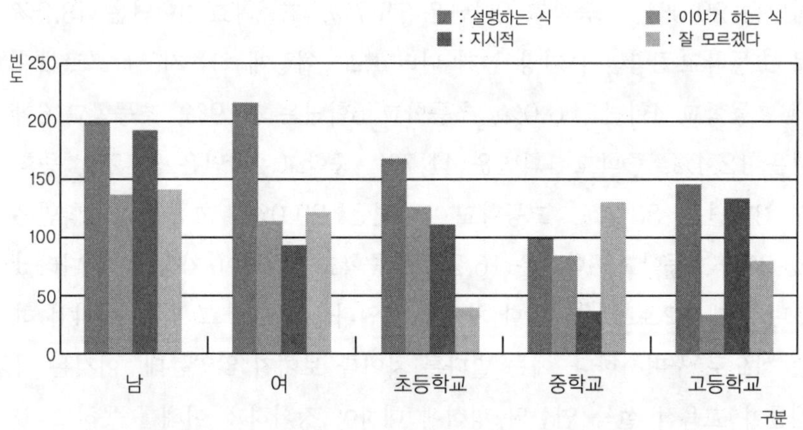

[그림 3-9] 교육적 설득 연설의 형식에 대한 실태

성별에 따라서는 '지시적으로 한다'에 대하여 남학생은 28.7%, 여학생은 17.6%로 여학생보다 남학생이 더 높게 나타났으며 통계적으로도 유의미한 차이를 보인다(p<.001). 즉 여학생이 볼 때는 설명하는 형식이라는 응답이 많았으며 남학생이 볼 때는 지시적으로 한다는 인식이 많았다.

학교 급별에 따라서는 '지시적으로 하신다'에 반응을 보인 학생은 초등학생이 24.3%, 중학생이 11.2%, 고등학생이 34.3%로 고등학교가 가장 높게 나타났다. 또한 '어떻게 하는지 잘 모르겠다'에 대한 응답은 초등학생이 10.0%, 중학생은 36.7%, 고등학생은 20.8%로 중학교가 가장 높게 나타났으며 통계적으로도 유의미한 차이를 보인다(p<.001). 즉 초등학생과 고등학생은 설명하는 형식이라는 응답이 많았으며 중학생은 잘 모르겠다는 소극적인 응답 성향이 높게 나타났다.

학년에 따라서는 '지시적으로 한다'에 초등학교 4학년은 15.8%, 초등학교 5학년은 33.3%, 초등학교 6학년은 23.5%, 중학교 1학년은 8.3%, 중학교 2학년은 11.6%, 중학교 3학년은 13.4%, 고등학교 1학년은 29.0%, 고등학교 2학년은 13.7%, 고등학교 3학년은 43.2%로 고등학교 3학년이 가장 높게 나타났고, '어떻게 하는지 잘 모르겠다'에 초등학교 4학년은 6.0%, 초등학교 5학년은 10.9%, 초등학교 6학년은 12.4%, 중학교 1학년은 41.7%, 중학교 2학년은 31.2%, 중학교 3학년은 38.7%, 고등학교 1학년은 29.0%, 고등학교 2학년은 23.3%, 고등학교 3학년은 16.2%로 중학교 1학년이 가장 높게 나타났으며 통계적으로도 유의미한 차이를 보인다(p<.001). 그 밖에 '이야기 하는 식으로 꾸며서한다' 에는 별다른 차이를 보이지 않았는데, 이것은 학생들이 교육적 설득 연설의 형식에 대하여 정확하게 이해를 못하고 있기 때문이라고 분석이 된다.

결과적으로 초등학교 학생들과 고등학교 학생들은 교육적 설득 연설을 '지시적으로 한다'에 가장 많은 반응을 보였고, 중학교 학생들의 경우는 '어떻게 하는지 잘 모르겠다'에 가장 많은 반응을 나타냈다.

중학교 학생들은 학교장의 교육적 설득 연설을 잘 경청하지 않으므로 어떻게 하는지 잘 모르고 교육적 설득 연설을 경청하는 것으로 분석이 된다.

2.11. 교육적 설득 연설 시 교장의 목소리에 대한 실태

교육적 설득 연설의 내용과 형식에 대하여 학생들이 반응을 다르게 나타냈는데, 이번에는 교육적 설득 연설의 목소리에 대한 반응을 살펴보기로 하겠다. 일반적으로 연설을 할 때의 목소리는 크고 우렁찬 것을 당연시하고 있다. 그러나 학생들을 상대로 하는 교육적 설득 연설의 경우는 설득을 하여 학생들로 하여금 오랫동안 기억에 남도록 해야 하기 때문에 크고 우렁찬 목소리로 한다고 해서 좋은 것만은 아닐 것이다. 이종천(1998 : 22)에서는 이에 대하여 다음과 같이 설명하고 있다.

> 이야기를 할 경우, 목소리는 그야말로 각인각색이어서 사람에 따라 다르다. 말이 분명하지 않은, 어미가 꺼져 들어가는 듯한 어조가 있는가 하면, 달콤한 성조도 있다. 커다랗고 잘 들리는 목소리, 작고 낮은 목소리, 강한 목소리, 약한 목소리 등 상당히 다르다. 그러나 이것도 유의하기에 따라서, 연습하기에 따라서 어느 정도 시정할 수 있다. 말을 할 때, 크게 울리는 목소리, 아름답고 탄력 있는 목소리가 약한 소리나 소곤거리는 소극적인 목소리, 말이 또렷하지 않은 탁한 목소리보다 느낌이 좋다는 것은 두말 할 나위도 없다.

이와 같이 대체적으로 목소리는 듣기 좋은 목소리가 있지만, 절대적인 것은 아니다. 연설하는 사람의 특성을 정확히 살려서 상대방이 편안하게 받아들일 수 있는 목소리로 연설을 한다면 설득효과까지 함께 얻을 수 있을 것이다. 목소리의 실태에 대한 조사결과는 〔표 3-21〕과 같다.

[표 3-21] 교육적 설득 연설 시 교장의 목소리에 대한 실태

구 분		㉠	㉡	㉢	㉣	㉤	합 계	x^2(p)
성 별	남	230	239	96	55	56	676	107.416***
		34.0%	35.4%	14.2%	8.1%	8.3%	100.0%	(.000)
	여	327	88	88	25	16	544	
		60.1%	16.2%	16.2%	4.6%	2.9%	100.0%	
학교급별	초등학교	252	130	48	6	5	441	109.881***
		57.1%	29.5%	10.9%	1.4%	1.1%	100.0%	(.000)
	중학교	146	70	64	43	42	365	
		40.0%	19.2%	17.5%	11.8%	11.5%	100.0%	
	고등학교	159	127	72	31	25	414	
		38.4%	30.7%	17.4%	7.5%	6.0%	100.0%	
학 년	초등학교 4학년	81	47	5	0	0	133	188.566***
		60.9%	35.3%	3.8%	.0%	.0%	100.0%	(.000)
	초등학교 5학년	68	46	21	1	2	138	
		49.3%	33.3%	15.2%	.7%	1.4%	100.0%	
	초등학교 6학년	103	37	22	5	3	170	
		60.6%	21.8%	12.9%	2.9%	1.8%	100.0%	
학 년	중학교 1학년	48	25	15	8	12	108	188.566***
		44.4%	23.1%	13.9%	7.4%	11.1%	100.0%	(.000)
	중학교 2학년	56	29	25	15	13	138	
		40.6%	21.0%	18.1%	10.9%	9.4%	100.0%	
	중학교 3학년	42	16	24	20	17	119	
		35.3%	13.4%	20.2%	16.8%	14.3%	100.0%	
	고등학교 1학년	51	23	17	10	6	107	
		47.7%	21.5%	15.9%	9.3%	5.6%	100.0%	
	고등학교 2학년	36	5	20	5	7	73	
		49.3%	6.8%	27.4%	6.8%	9.6%	100.0%	
	고등학교 3학년	72	99	35	16	12	234	
		30.8%	42.3%	15.0%	6.8%	5.1%	100.0%	
합 계		557	327	184	80	72	1220	
		45.7%	26.8%	15.1%	6.6%	5.9%	100.0%	

***p<.001

주) ㉠ 부드럽게 이야기하듯이 한다. ㉡ 힘차고 연설하듯이 한다.
   ㉢ 굵고 구수한 목소리로 한다. ㉣ 힘없는 목소리로 조용히 한다. ㉤ 기타

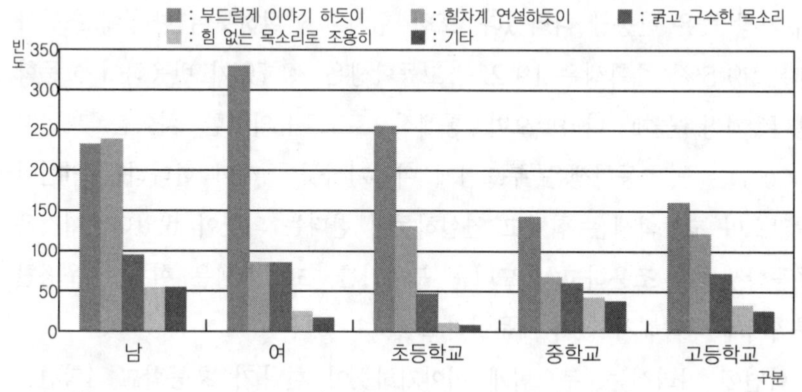

[그림 3-10] 교육적 설득 연설의 목소리에 대한 실태

교육적 설득 연설을 할 때 가장 듣기 좋은 목소리에 대한 실태조사의 결과를 살펴보면 '부드럽게 이야기하듯이 한다'가 45.7%로 가장 많은 응답을 보였으며 '힘차고 연설하듯이 한다' 26.8%, '굵고 구수한 목소리로 한다' 15.1% 순으로 나타났다. 반면, '힘없는 목소리로 조용히 한다'와 기타에는 6.6%와 5.9%가 응답하였다. 기타에서는 '무슨 말인지 알아들을 수없다'고 답한 경우가 많았는데, 마이크를 사용해도 목소리가 작아서 잘 알아들을 수 없는 경우도 있는 것으로 볼 수 있다.

성별에 따라서는 '부드럽게 이야기하듯이 한다'에 남학생은 34.0%, 여학생이 60.1%로 남학생보다 여학생이 더 높게 나타났고 힘차고 연설하듯이 한에 남학생은 35.4%, 여학생은 16.2%로 여학생보다 남학생이 더 높게 나타났으며 통계적으로도 유의미한 차이를 보인다(p<.001). 즉 여학생은 남학생보다 부드럽게 이야기하듯이 해야 한다라는 의견이 많았으며 남학생은 여학생보다 '힘차고 연설하듯이 한다'는 의견이 많았다. 이것은 남학생과 여학생의 정서적 차이에서 오는 결과로 분석이 된다.

학교 급별에 따라서는 '부드럽게 이야기하듯이 한다'에 초등학생은 57.1%가, 중학생은 40.0%, 고등학생은 38.4%가 응답하여 초등학생이 가장 높은 반응을 나타냈다. 또한 '힘차고 연설하듯이 한다'에 초등학생은 29.5%, 중학생은 19.2%, 고등학생은 30.7%가 반응하여 고등학생이 가장 높게 나타났으며 통계적으로도 유의미한 차이를 보인다 (p<.001). 즉 초등학생은 부드럽게 이야기하듯이 해야 한다라는 의견이 많았으며 고등학생은 힘차고 연설하듯이 한다는 의견이 많았다. 이것은 초등학생들은 조용하고 부드러운 분위기를, 고등학생은 힘차고 우렁찬 분위기에 익숙해져 있기 때문이라고 할 수 있다.

　학년에 따라서는 '부드럽게 이야기하듯이 한다'가 초등학교 4학년은 60.9%, 초등학교 5학년은 49.3%, 초등학교 6학년은 60.6%, 중학교 1학년은 44.4%, 중학교 2학년은 40.6%, 중학교 3학년은 35.3%, 고등학교 1학년은 47.7%, 고등학교 2학년은 49.3%, 고등학교 3학년은 30.8%로 초등학교 4학년이 가장 높게 나타났다. 또한 '힘차고 연설하듯이 한다'가 초등학교 4학년은 35.3%, 초등학교 5학년은 33.3%, 초등학교 6학년은 21.8%, 중학교 1학년은 23.1%, 중학교 2학년은 21.0%, 중학교 3학년은 13.4%, 고등학교 1학년은 21.5%, 고등학교 2학년은 6.8%, 고등학교 3학년은 42.3%로 고등학교 3학년이 가장 높게 나타났으며 통계적으로도 유의미한 차이를 보인다(p<.001).

　결과적으로 대체로 초·중·고등학생에게 공통적으로 부드럽게 이야기 하듯이 한다에 비교적 많은 반응을 보였다. 학생들은 힘차고 우렁찬 목소리 보다는 부드럽게 이야기 하는 형태의 교육적 설득 연설을 더 원하고 있다고 분석이 된다.

2.12. 교육적 설득 연설의 자세에 대한 실태

　사람들은 시각이 자유로와 청각보다도 여러 가지의 자극을 더 강하게 받게 된다. 따라서 교육적 설득 연설을 하는 교장의 태도는 곧 학생들에게 많은 영향을 끼치게 된다. 즉 교장이 이야기를 하는데, 어떤 자세로 연설을 하느냐에 따라 학생들의 경청 정도가 다르게 나타난다.

교장은 교육적 설득 연설을 할 때, 학생들에게 연설내용을 정확히 전달하고 쉽게 이해할 수 있도록 연설시에 자세를 어떻게 해야 할 것인가를 지속적으로 연구하여야한다. 학생들은 교사의 행동을 따라서 그대로 하려는 경향이 있다. 담임학생은 교사는 물론 교과담당 교사의 행동을 따라서 하게 된다. 이런 측면에서 볼 때, 학교장은 교육적 설득 연설을 할 때 필요 이상으로 많은 움직임을 한다거나, 너무 딱딱하게 부동자세로 하는 것보다는 자연스러움을 기반으로 하여 학생들에게 교육적 설득 연설의 효과를 배가시킬 수 있는 방법을 지속적으로 연구해야 한다.

교육적 설득 연설을 할 때 교장의 연설 자세에 대하여 조사한 결과는 다음 [표 3-22]와 같다.

[표 3-22] 교육적 설득 연설 연사의 자세에 대한 실태

구 분		㉠	㉡	㉢	합 계	x^2(p)
성 별	남	198	185	293	676	8.479*
		29.3%	27.4%	43.3%	100.0%	(.014)
	여	171	110	263	544	
		31.4%	20.2%	48.3%	100.0%	
학교급별	초등학교	138	104	199	441	21.859***
		31.3%	23.6%	45.1%	100.0%	(.000)
	중학교	122	62	181	365	
		33.4%	17.0%	49.6%	100.0%	
	고등학교	109	129	176	414	
		26.3%	31.2%	42.5%	100.0%	

학 년		㉠	㉡	㉢	계	47.290*** (.000)
	초등학교 4학년	46	38	49	133	
		34.6%	28.6%	36.8%	100.0%	
	초등학교 5학년	49	27	62	138	
		35.5%	19.6%	44.9%	100.0%	
	초등학교 6학년	43	39	88	170	
		25.3%	22.9%	51.8%	100.0%	
	중학교 1학년	36	16	56	108	
		33.3%	14.8%	51.9%	100.0%	
	중학교 2학년	46	28	64	138	
		33.3%	20.3%	46.4%	100.0%	
	중학교 3학년	40	18	61	119	
		33.6%	15.1%	51.3%	100.0%	
	고등학교 1학년	27	32	48	107	
		25.2%	29.9%	44.9%	100.0%	
	고등학교 2학년	25	11	37	73	
		34.2%	15.1%	50.7%	100.0%	
	고등학교 3학년	57	86	91	234	
		24.4%	36.8%	38.9%	100.0%	
합 계		369	295	556	1220	
		30.2%	24.2%	45.6%	100.0%	

*p<.05 ***p<.001

주) ㉠ 거의 부동자세로 한다.　　㉡ 손짓이나 몸동작을 많이 하는 편이다.
　　㉢ 특별히 정해진 자세가 없다.

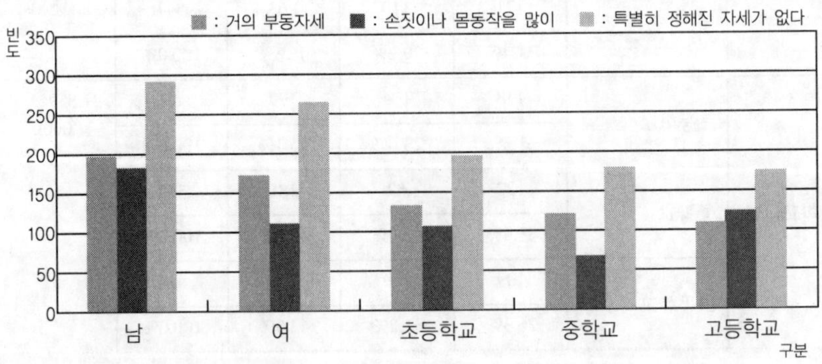

[그림 3-11] 교육적 설득 연설 연사의 자세에 대한 실태

교육적 설득 연설을 할 때의 자세에 대해 살펴보면 '특별히 정해진 자세가 없다'에 45.6%로 가장 많은 응답을 보였으며 '거의 부동자세로 한다.'에 30.2%, '손짓이나 몸동작을 많이 하는 편'에 24.2% 순으로 나타났다.

성별에 따라서는 '손짓이나 몸동작을 많이 하는 편'에 남학생은 27.4%, 여학생은 20.2%로 응답하였다. 여학생보다 남학생이 볼 때, 교육적 설득 연설 시에 손짓이나 몸동작을 더 많이 하는 것으로 나타났으며 통계적으로도 유의미한 차이를 보인다($p<.05$).

학교 급별에 따라서는 '손짓이나 몸동작을 많이 하는 편이다'에 초등학교는 23.6%, 중학교는 17.0%, 고등학교는 31.2%로 고등학교가 가장 높게 나타났으며 통계적으로도 유의미한 차이를 보인다($p<.001$). 즉 초등학생과 중학생은 거의 부동자세로 한다는 의견이 많았으나 고등학생은 몸동작을 많이 하는 편이다라는 의견이 많았다.

학년에 따라서는 '손짓이나 몸동작을 많이 하는 편'이 초등학교 4학년은 28.6%, 초등학교 5학년은 19.6%, 초등학교 6학년은 22.9%, 중학교 1학년은 14.8%, 중학교 2학년은 20.3%, 중학교 3학년은 15.1%, 고등학교 1학년은 29.9%, 고등학교 2학년은 15.1%, 고등학교 3학년은 36.8%로 전체적으로는 고등학교 3학년이 가장 높게 나타났다. 초등학교는 4학년이, 중학교는 2학년이 '손짓이나 몸동작을 많이 하는 편'으로 인식하고 있는 것으로 나타났다.

'특별히 정해진 자세가 없다'에 초등학교 4학년은 36.8%, 초등학교 5학년은 44.9%, 초등학교 6학년은 51.8%, 중학교 1학년은 51.9%, 중학교 2학년은 46.4%, 중학교 3학년은 51.3%, 고등학교 1학년은 44.9%, 고등학교 2학년은 50.7%, 고등학교 3학년은 38.9%로 중학교 1학년이 가장 높게 나타났으며 통계적으로도 유의미한 차이를 보인다($p<.001$).

2.13. 교육적 설득 연설시 착용 복장에 대한 실태

교육적 설득 연설의 자세나 목소리와 함께 교육적 설득 연설시의 착용복장도 연설효과를 배가시키기 위한 중요한 수단 중의 하나이다. 교육적 설득 연설시의 착용복장에 대한 조사결과는 다음 〔표 3-23〕과 같다.

교육적 설득 연설을 할 때 교장의 착용 복장에 대해 살펴보면 '넥타이를 맨 정장(양복) 차림'이 76.6%, '넥타이를 매지 않은 정장(양복) 차림'이 12.6%로 나타났다. 그 밖에 잠바나 티셔츠 등 간편한 차림이 7.0%, 운동복(트레이닝복 차림)이 3.7%로 나타났다. 교육적 설득 연설을 하는 교장이 '넥타이를 맨 정장(양복) 차림'으로 교육적 설득 연설을 하는 것으로 보인다.

성별에 따라서는 남자는 넥타이를 맨 정장(양복) 차림이 69.2%, 여자는 85.8%로 남학생보다 여학생이 더 높게 나타났으며 통계적으로도 유의미한 차이를 보인다(p<.001). 즉 여학생은 남학생보다 정장 차림을 선호하였으며 남학생은 여학생보다 캐주얼한 차림을 선호하였다. 이를 확대해석하면, 남학생들은 복장에 대하여 크게 신경을 쓰지 않는 평소의 인식이 교육적 설득 연설의 복장에 대한 질문에서도 그대로 나타났고, 여학생 역시 평소의 인식이 그대로 조사 결과에서 나타났다고 볼 수 있다.

학교 급별에 따라서는 초등학생은 넥타이를 맨 정장(양복) 차림이 82.5%, 중학생은 69.9%, 고등학생은 76.3%로 초등학생의 경우가 가장 높게 나타났으며 통계적으로도 유의미한 차이를 보인다(p<.001). 즉 초등학생이 정장차림을 가장 선호하는 것을 알 수 있었다.

학년에 따라서는 넥타이를 맨 정장(양복)차림이 초등학교 4학년은 76.7%, 초등학교 5학년은 84.8%, 초등학교 6학년은 85.3%, 중학교 1학년은 71.3%, 중학교 2학년은 70.3%, 중학교 3학년은 68.1%, 고등학교 1학년은 79.4%, 고등학교 2학년은 87.7%, 고등학교 3학년은 71.4%로 고등학교 2학년이 가장 높게 나타났으며 통계적으로도 유의미한 차이를 보인다(p<.001).

[표 3-23] 교육적 설득 연설 연사의 복장에 대한 선호도 실태

구 분		㉠	㉡	㉢	㉣	합 계	x^2(p)
성 별	남	468	101	69	38	676	54.111***
		69.2%	14.9%	10.2%	5.6%	100.0%	(.000)
	여	467	53	17	7	544	
		85.8%	9.7%	3.1%	1.3%	100.0%	
학교급별	초등학교	364	54	21	2	441	40.373***
		82.5%	12.2%	4.8%	.5%	100.0%	(.000)
	중학교	255	50	31	29	365	
		69.9%	13.7%	8.5%	7.9%	100.0%	
	고등학교	316	50	34	14	414	
		76.3%	12.1%	8.2%	3.4%	100.0%	
학 년	초등학교 4학년	102	21	9	1	133	61.973***
		76.7%	15.8%	6.8%	.8%	100.0%	(.000)
	초등학교 5학년	117	17	4	0	138	
		84.8%	12.3%	2.9%	.0%	100.0%	
	초등학교 6학년	145	16	8	1	170	
		85.3%	9.4%	4.7%	.6%	100.0%	
	중학교 1학년	77	13	12	6	108	
		71.3%	12.0%	11.1%	5.6%	100.0%	
	중학교 2학년	97	22	7	12	138	
		70.3%	15.9%	5.1%	8.7%	100.0%	
학 년	중학교 3학년	81	15	12	11	119	61.973***
		68.1%	12.6%	10.1%	9.2%	100.0%	(.000)
	고등학교 1학년	85	11	7	4	107	
		79.4%	10.3%	6.5%	3.7%	100.0%	
	고등학교 2학년	64	5	3	1	73	
		87.7%	6.8%	4.1%	1.4%	100.0%	
	고등학교 3학년	167	34	24	9	234	
		71.4%	14.5%	10.3%	3.8%	100.0%	
합 계		935	154	86	45	1220	
		76.6%	12.6%	7.0%	3.7%	100.0%	

***p<.001
주) ㉠ 넥타이를 맨 정장(양복)차림　　㉡ 넥타이를 매지 않은 정장(양복)차림
　　㉢ 잠바나 티셔츠 등 간편한 차림　　㉣ 운동복(트레이닝 복) 차림

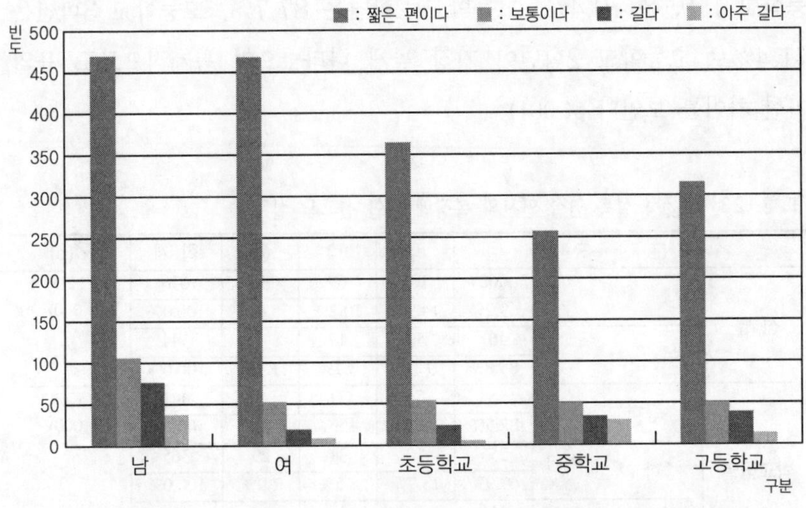

[그림 3-12] 교육적 설득 연설 연사의 복장에 대한 선호도 실태

2.14. 교육적 설득 연설 경청시 가장 싫증나는 경우에 대한 실태

연설은 듣는 청자가 소수이든 다수이든, 설명을 하든 설득을 하든 청자 그룹이 가지고 있는 흥미와 배경을 고려하지 않으면 안 된다. 화자가 말하려고 한 주제에 항상 청자의 흥미를 결부시키는 일이 반드시 용이하지 않기 때문이다(전영우, 2003 : 58).

일반적으로 연설은 한 사람이 많은 청중을 대상으로 하여 일방적으로 자기가 말하고자 하는 내용을 설득, 보고, 환담하는 형식을 빌려서 하게 되는데, 교육적 설득 연설은 자기의 견해를 주장하고 이해시켜 청중을 설득시키는 데 목적이 있다(김이종, 1999 : 12). 따라서 교육적 설득 연설도 설득 연설의 범주에 포함되는 연설이기 때문에 아무리 좋은 내용이라고 해도, 이를 경청하는 학생들의 호응도가 떨어지면 그 효과는 반감되는 것이다.

　교육적 설득 연설의 특성을 살리기 위해서 학교장은 학생들의 상태를 정확히 이해하고 연설을 하여야 한다. 학생들의 상태라고 하면, 그날의 날씨나 기온 등이 해당될 수 있다. 즉 학생들이 교육적 설득 연설을 진지하게 들을 수 있는 자세가 되어 있느냐가 중요하다.

　교육적 설득 연설을 하는 학교장은 연설을 할 때, 말하고자 하는 바를 참신한 이미지를 담은 말과 덜 자극적인 부드러운 말, 호소력이 담긴 말을 찾아 표현·전달할 수 있도록 준비를 게을리 말아야 한다. 말 속에 담겨 있는 정직하고 솔직함, 감동력, 호소력, 설득력, 친화력, 신뢰성, 상호 이해력, 심성의 아름다움 등을 함께 느낄 수 있는 말을 해야 한다(김이종, 1999. 27-28). 이러한 노력을 하게 된다면 교육적 설득 연설을 듣는 학생들은 진지하게 경청을 하게 된다. 교육적 설득 연설을 하는 것도 중요하지만, 그 교육적 설득 연설을 듣는 학생들의 호응을 얻는 것은 더욱더 중요하다.

　교육적 설득 연설을 들을 때, 가장 싫증나는 경우가 어떤 경우인지 조사한 결과 비교적 다양한 의견을 보였다. 조사 결과는 다음의 〔표 3-24〕와 같다.

　교육적 설득 연설을 들을 때 가장 싫증나는 경우에 대해 살펴보면 '연설시간이 너무 길 때'에 47.9%로 가장 많은 응답을 보였으며 '날씨가 너무 춥거나 더울 때' 14.5%, '마이크 성능이 안 좋을 때' 13.2% 순으로 나타났다.

　학교 급별에 따라서는 '마이크 성능이 안 좋을 때'에 초등학교는 23.8%, 중학교는 11.0%, 고등학교는 3.9%로 초등학교가 가장 높게 나타났고, '연설시간이 너무 길 때'에 초등학교는 39.0%, 중학교는 47.7%, 고등학교는 57.5%로 고등학교가 가장 높게 나타났으며 통계적으로도 유의미한 차이를 보인다($p < .001$). 즉 초등학생은 '연설 내용에 이해가 안

갈 때'나 '마이크 성능이 안 좋을 때'라는 응답이 많았으나 중·고등학생의 경우 '연설 시간이 너무 길 때'라는 응답 성향이 많았다. 이것은 초등학생의 경우는 비교적 교육적 설득 연설을 잘 경청하는 편이나 중·고등학교로 갈수록 빨리 끝나기를 바라기 때문으로 볼 수 있다.

[표 3-24] 교육적 설득 연설 경청시 가장 싫증나는 경우에 대한 실태

구 분		㉠	㉡	㉢	㉣	㉤	㉥	㉦	합계	$x^2(p)$
성 별	남	43	89	319	101	20	59	45	676	1.838 (.934)
		6.4%	13.2%	47.2%	14.9%	3.0%	8.7%	6.7%	100.0%	
	여	31	72	265	76	11	49	40	544	
		5.7%	13.2%	48.7%	14.0%	2.0%	9.0%	7.4%	100.0%	
학교급별	초등학교	49	105	172	33	12	31	39	441	142.805*** (.000)
		11.1%	23.8%	39.0%	7.5%	2.7%	7.0%	8.8%	100.0%	
	중학교	9	40	174	70	10	36	26	365	
		2.5%	11.0%	47.7%	19.2%	2.7%	9.9%	7.1%	100.0%	
	고등학교	16	16	238	74	9	41	20	414	
		3.9%	3.9%	57.5%	17.9%	2.2%	9.9%	4.8%	100.0%	
학 년	초등학교 4학년	24	33	46	8	4	9	9	133	258.476*** (.000)
		18.0%	24.8%	34.6%	6.0%	3.0%	6.8%	6.8%	100.0%	
	초등학교 5학년	17	38	59	8	1	1	14	138	
		12.3%	27.5%	42.8%	5.8%	.7%	.7%	10.1%	100.0%	
	초등학교 6학년	8	34	67	17	7	21	16	170	
		4.7%	20.0%	39.4%	10.0%	4.1%	12.4%	9.4%	100.0%	
학 년	중학교 1학년	2	26	49	11	7	5	8	108	258.476*** (.000)
		1.9%	24.1%	45.4%	10.2%	6.5%	4.6%	7.4%	100.0%	
	중학교 2학년	4	7	72	31	1	15	8	138	
		2.9%	5.1%	52.2%	22.5%	.7%	10.9%	5.8%	100.0%	
	중학교 3학년	3	7	53	28	2	16	10	119	
		2.5%	5.9%	44.5%	23.5%	1.7%	13.4%	8.4%	100.0%	
	고등학교 1학년	4	5	73	7	1	10	7	107	
		3.7%	4.7%	68.2%	6.5%	.9%	9.3%	6.5%	100.0%	
	고등학교 2학년	5	3	40	9	3	8	5	73	
		6.8%	4.1%	54.8%	12.3%	4.1%	11.0%	6.8%	100.0%	
	고등학교 3학년	7	8	125	58	5	23	8	234	
		3.0%	3.4%	53.4%	24.8%	2.1%	9.8%	3.4%	100.0%	
합 계		74	161	584	177	31	108	85	1220	
		6.1%	13.2%	47.9%	14.5%	2.5%	8.9%	7.0%	100.0%	

***p<.001

주) ㉠ 연설내용이 이해가 잘 안 갈 때   ㉡ 마이크 성능이 안 좋을 때
   ㉢ 연설시간이 너무 길 때   ㉣ 날씨가 너무 춥거나 더울 때
   ㉤ 발음이 부정확할 때   ㉥ 필요 없는 군더더기 말을 자주 할 때
   ㉦ 학생의 컨디션이 좋지 않을 때

학년에 따라서는 '마이크 성능이 안 좋을 때'에 초등학교 4학년은 24.8%, 초등학교 5학년은 27.5%, 초등학교 6학년은 20.0%, 중학교 1학년은 24.1%, 중학교 2학년은 5.1%, 중학교 3학년은 5.9%, 고등학교 1학년은 4.7%, 고등학교 2학년은 4.1%, 고등학교 3학년은 3.4%로 초등학교 5학년이 가장 높게 나타났고, '연설 시간이 너무 길 때'에 초등학교 4학년은 34.6%, 초등학교 5학년은 42.8%, 초등학교 6학년은 39.4%, 중학교 1학년은 45.4%, 중학교 2학년은 52.2%, 중학교 3학년은 44.5%, 고등학교 1학년은 68.2%, 고등학교 2학년은 54.8%, 고등학교 3학년은 53.4%로 고등학교 1학년이 가장 높게 나타났으며 통계적으로도 유의미한 차이를 보인다($p<.001$).

한편 성별에 따라서는 교육적 설득 연설의 시간이 길 때와 날씨가 너무 춥거나 더울 때에 남학생과 여학생이 거의 비슷한 비율의 반응을 보였고, 통계적으로 유의미한 차이는 보이지 않았다.

전체적으로 살펴본다면 학생들은 교육적 설득 연설의 시간을 짧게 하는 것을 가장 많이 원하고 있는 것으로 볼 수 있다. 또한 날씨가 너무 춥거나 더울 때 교육적 설득 연설을 실시하는 것에 대해서도 부정적인 인식을 가지고 있는 것으로 나타났다.

특히, 초등학생보다는 중·고등학교 학생에서 교육적 설득 연설 시간에 대하여 민감한 반응을 보이고 있다는 것은 중·고등학교의 교육적 설득 연설에 문제가 많다는 것을 나타내 주는 것이다. 물론, 시간의 길이에 대한 기준이 명확하지는 않지만, 많은 학생이 반응을 보인 것은 실제의 시간이 길어서 라기보다는 학생들이 교육적 설득 연설 자체에 지루하다는 인식을 가지고 있기 때문일 것이다.

따라서 교육적 설득 연설은 학교장의 입장에서 연설방법이나 시기를 정할 것이 아니고, 학생들의 입장에서 정해야한다. 향후 교육적 설득 연설의 개선 방안을 세울 때 이러한 점을 참고하여 방안을 세워야 한다.

2.15. 교육적 설득 연설 경청시 마음이 편안해지는 경우에 대한 실태

교육적 설득 연설을 경청할 때 싫증이 나는 경우도 있지만, 마음이 편안해지는 경우도 있을 것이다. 이는 교육적 설득 연설 경청시 싫증나는 경우를 해소할 수 있는 방안을 찾는다면 학생들의 마음이 편해지도록 할 수 있을 것이다. 앞서 언급했듯이, 교육적 설득 연설을 실시할 때 교장의 입장에서 일방적으로 연설을 실시하는 것은 바람직하지 않다.

보통 어떤 사람의 상태를 화자가 의도한 대로 다른 상태로 바꾸는 것이 설득이다. 그러나 완전히 다른 상태로 바꾸어지는 결과를 얻는 설득은 여러 가지 설득 유형 가운데 하나일 뿐이다(Kathleen K. Reardon, 임칠성 역, 1997 : 192). 즉 현재의 학생들의 마음을 완전히 바꾸었다고 해도 그것은 교육적 설득 연설로 인해 100%의 설득을 이끌어 냈다고 볼 수 없는 것이다.

교육적 설득 연설을 경청하는 학생들의 기분을 최고조로 만족하도록 하기 위해서는 연설의 기법을 통해서 만족도를 높일 수도 있으며, 앞서 나타난 것처럼 연설 시간을 조절하여 만족도를 높일 수도 있을 것이다. 그러나 연설 시간의 조절은 교육적 설득 연설을 실시하는 학교장의 의사 전달이 충분히 안 될 가능성도 있다. 따라서 종합적으로 학생들을 파악하여 교육적 설득 연설을 실시해야 할 것이다. 교육적 설득 연설 경청시 가장 기분이 좋아지는 경우데 대하여 조사한 결과는 〔표 3-25〕와 같다.

교육적 설득 연설을 경청할 때 기분이 좋아지고 마음이 편안해지는 경우에 대해 살펴보면 '짧은 시간에 끝날 때'에 59.3%, '유머를 섞어서 말씀하실 때'에 10.2%로 나타났다. 이는 교육적 설득 연설 경청시 가장 싫증나는 경우가 교육적 설득 연설의 시간이 길 때에 가장 많은 반응을 보인 것과 밀접한 관련이 있는 것으로 볼 수 있다. 싫증나는 경우와 기분이 좋아지는 경우 모두 교육적 설득 연설의 시간에 영향을 받음을 알 수 있다.

성별에 따라서는 '짧은 시간에 끝날 때'에 남학생은 61.4%, 여학생은 56.8%가 반응을 보여 여학생보다 남학생이 시간에 대하여 더 민감하게 반응하고 있는 것으로 나타났으며 통계적으로도 유의미한 차이를 보인다(p<.01).

[표 3-25] 교육적 설득 연설 경청시 마음이 편안해지는 경우에 대한 실태

구 분		㉠	㉡	㉢	㉣	㉤	㉥	㉦	합 계	$x^2(p)$
성 별	남	415	33	53	36	52	30	57	676	18.927**
		61.4%	4.9%	7.8%	5.3%	7.7%	4.4%	8.4%	100.0%	(.004)
	여	309	24	25	23	53	43	67	544	
		56.8%	4.4%	4.6%	4.2%	9.7%	7.9%	12.3%	100.0%	
학교급별	초등학교	161	33	27	41	74	52	53	441	205.245***
		36.5%	7.5%	6.1%	9.3%	16.8%	11.8%	12.0%	100.0%	(.000)
	중학교	263	11	29	14	16	6	26	365	
		72.1%	3.0%	7.9%	3.8%	4.4%	1.6%	7.1%	100.0%	
	고등학교	300	13	22	4	15	15	45	414	
		72.5%	3.1%	5.3%	1.0%	3.6%	3.6%	10.9%	100.0%	
학 년	초등학교 4학년	35	14	7	12	27	23	15	133	267.849***
		26.3%	10.5%	5.3%	9.0%	20.3%	17.3%	11.3%	100.0%	(.000)
	초등학교 5학년	51	11	5	13	20	18	20	138	
		37.0%	8.0%	3.6%	9.4%	14.5%	13.0%	14.5%	100.0%	
	초등학교 6학년	75	8	15	16	27	11	18	170	
		44.1%	4.7%	8.8%	9.4%	15.9%	6.5%	10.6%	100.0%	
	중학교 1학년	68	2	7	8	9	3	11	108	
		63.0%	1.9%	6.5%	7.4%	8.3%	2.8%	10.2%	100.0%	
	중학교 2학년	101	3	12	5	3	2	12	138	
		73.2%	2.2%	8.7%	3.6%	2.2%	1.4%	8.7%	100.0%	
	중학교 3학년	94	6	10	1	4	1	3	119	
		79.0%	5.0%	8.4%	.8%	3.4%	.8%	2.5%	100.0%	
	고등학교 1학년	70	6	5	0	5	5	16	107	
		65.4%	5.6%	4.7%	.0%	4.7%	4.7%	15.0%	100.0%	
	고등학교 2학년	56	2	0	2	2	5	6	73	
		76.7%	2.7%	.0%	2.7%	2.7%	6.8%	8.2%	100.0%	
	고등학교 3학년	174	5	17	2	8	5	23	234	
		74.4%	2.1%	7.3%	.9%	3.4%	2.1%	9.8%	100.0%	
합 계		724	57	78	59	105	73	124	1220	
		59.3%	4.7%	6.4%	4.8%	8.6%	6.0%	10.2%	100.0%	

**p<.01 ***p<.001

주) ㉠ 짧은 시간에 끝날 때 ㉡ 연설 내용 인용을 잘 하셨을 때 ㉢ 날씨가 좋을 때
㉣ 목소리도 좋고 마이크 성능이 좋을 때 ㉤ 연설주제가 분명하고 이해가 잘 될 때
㉥ 웃는 모습으로 말씀하실 때 ㉦ 유머를 섞어서 말씀하실 때

학교 급별에 따라서는 '짧은 시간에 끝날 때'에 초등학생은 36.5%, 중학생은 72.1%, 고등학생은 72.5%로 고등학생의 경우가 가장 높게 나타났고, '교육적 설득 연설의 주제가 분명하고 이해가 잘 될 때'에 초등학생은 16.8%, 중학생은 4.4%, 고등학생은 3.6%로 초등학생의 경우가 가장 높게 나타났으며, 통계적으로도 유의미한 차이를 보인다(p<.001). 즉 초등학생은 중·고등학생보다 교육적 설득 연설 내용에 이해가 잘 될 때나 웃는 모습으로 이야기 할 때라는 의견이 상대적으로 많았으나 중·고등학생의 경우에는 짧은 시간에 끝날 때라는 인식이 많았다. 이것은 기본적으로 초등학생보다는 중·고등학생이 교육적 설득 연설을 들음으로써 그 내용을 이해하고 따르려는 경향이 부족하기 때문이라고 분석이 된다.

학년에 따라서는 '짧은 시간에 끝날 때'에 초등학교 4학년은 26.3%, 초등학교 5학년은 37.0%, 초등학교 6학년은 44.1%, 중학교 1학년은 63.0%, 중학교 2학년은 73.2%, 중학교 3학년은 79.0%, 고등학교 1학년은 65.4%, 고등학교 2학년은 76.7%, 고등학교 3학년은 74.4%로 중학교 3학년이 가장 높게 나타났고, '연설주제가 분명하고 이해가 잘 될 때'에 초등학교 4학년은 20.3%, 초등학교 5학년은 14.5%, 초등학교 6학년은 15.9%, 중학교 1학년은 8.3%, 중학교 2학년은 2.2%, 중학교 3학년은 3.4%, 고등학교 1학년은 4.7%, 고등학교 2학년은 2.7%, 고등학교 3학년은 3.4%로 초등학교 4학년이 가장 높게 나타났으며 통계적으로도 유의미한 차이를 보인다(p<.001).

결과적으로 초등학교에서 중·고등학교로 갈수록 연설 시간의 길고 짧음에 관심이 많아지고 있고, 교육적 설득 연설의 주제와 이해 여부에서도 역시 같은 반응을 보이고 있다. 즉 중·고등학교 학생들에게는 현재의 상태에서 어떠한 교육적 설득 연설을 실시해도 관심 밖이 될 것이다.

따라서 교육적 설득 연설의 관심도와 그에 대한 반응도를 높이기 위해서는 초등학교 보다는 중·고등학교 학생들을 중심으로 연구하여 개선점을 찾아야 한다.

2.16. 교육적 설득 연설 연사의 말투에 대한 인식 실태

앞으로 교육적 설득 연설은 청중이 학생이다. 학생들에게는 지루하지 않게 교육적 설득 연설을 하려면 연설 시간을 줄이고 듣기 좋은 말투로 연설을 하여야 한다.

다음의 〔표 3-26〕에서 보는 바와 같이 교육적 설득 연설을 할 때의 말투에 대해 살펴보면 '표준어를 주로 사용한다'에 88.9%로 나타났다. 그 밖에 '사투리를 많이 사용한다' 3.3%, '표준어와 사투리를 섞어서 사용한다'에 5.4%, '외래어를 많이 사용한다'에 0.9%, '학생들이 좋아하는 유행어를 많이 사용한다'에 1.5% 순으로 반응을 보이고 있다.

성별에 따라서는 '표준어를 주로 사용한다'에 남학생은 85.2%, 여학생은 93.6%로 남학생보다 여학생이 더 높게 나타났으며, 통계적으로도 유의미한 차이를 보인다(p<.001). 즉 학교장이 교육적 설득 연설에서 표준어를 사용하는 것으로 여학생들이 더 많이 인식하고 있다.

학교 급별에 따라서는 '표준어를 주로 사용한다'에 초등학생은 95.0%, 중학생은 87.1%, 고등학생은 84.1%로 초등학교가 가장 높게 나타났으며 통계적으로도 유의미한 차이를 보인다(p<.001). 이것은 초등학교 교장들이 학생들로 하여금 이해를 잘 할 수 있도록 자세히 설명하듯이 교육적 설득 연설을 실시하기 때문이라고 볼 수 있다. 그 밖에 비표준어를 많이 사용한다고 응답한 경우는 초등학생이 0.9%, 중학생 5.2%, 고등학생 4.1%로 나타났다. 초등학생들은 비표준어를 거의 사용하지 않는

다고 보고 있었다. 표준말과 사투리를 섞어서 사용한다고 응답한 학생들은 초등학생은 2.7%, 중학생 4.4%, 고등학생 9.2%로 나타났다. 초등학교에서 중·고등학교로 갈수록 사투리를 많이 쓰는 것으로 나타났다.

학년에 따라서는 '표준어를 주로 사용한다'에 초등학교 4학년은 97.7%, 초등학교 5학년은 93.5%, 초등학교 6학년은 94.1%, 중학교 1학년은 83.3%, 중학교 2학년은 87.0%, 중학교 3학년은 90.8%, 고등학교 1학년은 78.5%, 고등학교 2학년은 87.7%, 고등학교 3학년은 85.5%의 반응을 보였다. 초등학교 4학년이 가장 높게 나타났으며 통계적으로도 유의미한 차이를 보였다($p < .001$).

[표 3-26] 교육적 설득 연설시 말투에 대한 실태

구 분		㉠	㉡	㉢	㉣	㉤	합 계	$x^2(p)$
성 별	남	576	29	46	10	15	676	23.841***
		85.2%	4.3%	6.8%	1.5%	2.2%	100.0%	(.000)
	여	509	11	20	1	3	544	
		93.6%	2.0%	3.7%	.2%	.6%	100.0%	
학교급별	초등학교	419	4	12	3	3	441	39.714***
		95.0%	.9%	2.7%	.7%	.7%	100.0%	(.000)
	중학교	318	19	16	6	6	365	
		87.1%	5.2%	4.4%	1.6%	1.6%	100.0%	
	고등학교	348	17	38	2	9	414	
		84.1%	4.1%	9.2%	.5%	2.2%	100.0%	
학 년	초등학교 4학년	130	1	1	0	1	133	69.426***
		97.7%	.8%	.8%	.0%	.8%	100.0%	(.000)
	초등학교 5학년	129	1	5	2	1	138	
		93.5%	.7%	3.6%	1.4%	.7%	100.0%	
	초등학교 6학년	160	2	6	1	1	170	
		94.1%	1.2%	3.5%	.6%	.6%	100.0%	
	중학교 1학년	90	3	8	4	3	108	
		83.3%	2.8%	7.4%	3.7%	2.8%	100.0%	
	중학교 2학년	120	10	4	2	2	138	
		87.0%	7.2%	2.9%	1.4%	1.4%	100.0%	
	중학교 3학년	108	6	4	0	1	119	
		90.8%	5.0%	3.4%	.0%	.8%	100.0%	
	고등학교 1학년	84	8	11	1	3	107	
		78.5%	7.5%	10.3%	.9%	2.8%	100.0%	
	고등학교 2학년	64	3	6	0	0	73	
		87.7%	4.1%	8.2%	.0%	.0%	100.0%	
학 년	고등학교 3학년	200	6	21	1	6	234	69.426***
		85.5%	2.6%	9.0%	.4%	2.6%	100.0%	(.000)
합 계		1085	40	66	11	18	1220	
		88.9%	3.3%	5.4%	.9%	1.5%	100.0%	

***p<.001
주) ㉠ 표준어를 주로 사용한다. ㉡ 비표준어를 많이 사용한다.
　 ㉢ 표준어와 비표준어를 섞어서 사용한다. ㉣ 외래어를 많이 사용한다.
　 ㉤ 학생들이 좋아하는 유행어를 많이 사용한다.

그 밖에 '비표준어를 많이 사용한다'에는 초등학교 4학년이 0.8%, 초등학교 5학년이 0.7%, 초등학교 6학년이 1.2%였다. 또한 중학교 1학년은 2.8%, 중학교 2학년 7.2%, 중학교 3학년이 5.0%로 나타났고, 고등학교는 1학년이 7.5%, 고등학교 2학년4.1%, 고등학교 3학년이 2.6%로 나타났다. '표준어와 비표준어를 섞어서 사용한다'와 '외래어를 많이 사용한다' 등에도 소수이지만 학생들이 응답을 했다. 같은 학교에 다니는 학생들 사이에서도 서로 다른 응답이 나왔다는 것은 학생들이 비표준어와 표준어를 명확히 구분하지 못하는 경우가 실제로 존재하고 있다는 것을 나타내 주는 것이다.

결과적으로 현재 학교장들은 교육적 설득 연설에서 대부분이 표준어를 사용하고 있으며, 소수의 교장은 비표준어와 외래어, 학생들이 좋아하는 유행어를 사용하고 있다고 할 수 있다. 즉 학교장들의 말투는 교육적 설득 연설의 경청에 그다지 큰 영향을 주지 않고 있다고 분석이 된다.

2.17. 교육적 설득 연설 후 행동변화 정도에 대한 실태

일반적으로 연설에서 청중은 무엇을 목적으로 말하는 것인가에 신경 써야 하는 이야기를 좋아하지 않는다(전영우, 2003 : 62). 청중은 아이디어와 이야기를 일목요연하게 직접 전개 시켜 주기를 원한다. 이야기 목적을 직접 표현할 필요까지는 없어도 연설자는 연설의 목적이 선명해야 하고 모호해서는 안 된다.

교육적 설득 연설의 경우도 목적이 있고 이에 의해서 이루어지게 된다. 이 목적은 앞서 살펴본 바와 같이 보통 학생들에게 실천을 독려하는 내용이 주를 이룬다. 학교생활에 관한 이야기, 학업성적에 관한 이야기 등이 교육적 설득 연설의 주 내용이 되고 그것이 곧 교육적 설득 연설의 목적이 되기도 한다.

학생들에게 실천을 목적으로 교육적 설득 연설을 실시할 때, 어떤 정보제공의 말을 듣고 학교장의 이야기를 잘 이해했을 때, 학생들은 자신의 사고와 행동에 분명 영향을 받게 되는 것이다. 그러나 교육적 설득 연설의 목적이 단순히 정보를 제공한다든가 상대방에 이해를 구하는 것이 주목적일 때는 이것은 부차적인 것이 된다(전영우, 2003 : 64). 따라서 학교장은 교육적 설득 연설 실시에 있어 학생들이 자신의 사고와 행동에 영향을 받을 수 있도록 분명한 의도와 분명한 목적을 가지고 교육적 설득 연설에 임해야 한다.

교육적 설득 연설을 듣고 난 후 학생들이 어느 정도 그 내용을 실천에 옮기기 위해 노력하는지에 대하여 실시한 조사 결과를 다음 〔표 3-27〕에 정리하였다.

[표 3-27] 교육적 설득 연설 경청 후 행동변화 정도에 대한 실태

구 분		㉠	㉡	㉢	㉣	합 계	x^2(p)
성 별	남	38	244	156	238	676	6.597 (.086)
		5.6%	36.1%	23.1%	35.2%	100.0%	
	여	35	231	116	162	544	
		6.4%	42.5%	21.3%	29.8%	100.0%	
학교급별	초등학교	39	290	80	32	441	289.990*** (.000)
		8.8%	65.8%	18.1%	7.3%	100.0%	
	중학교	13	78	81	193	365	
		3.6%	21.4%	22.2%	52.9%	100.0%	
	고등학교	21	107	111	175	414	
		5.1%	25.8%	26.8%	42.3%	100.0%	

학 년		㉠	㉡	㉢	㉣	계	
	초등학교 4학년	17	93	22	1	133	316.519*** (.000)
		12.8%	69.9%	16.5%	.8%	100.0%	
	초등학교 5학년	12	97	19	10	138	
		8.7%	70.3%	13.8%	7.2%	100.0%	
	초등학교 6학년	10	100	39	21	170	
		5.9%	58.8%	22.9%	12.4%	100.0%	
	중학교 1학년	4	19	31	54	108	
		3.7%	17.6%	28.7%	50.0%	100.0%	
	중학교 2학년	6	31	26	75	138	
		4.3%	22.5%	18.8%	54.3%	100.0%	
	중학교 3학년	3	28	24	64	119	
		2.5%	23.5%	20.2%	53.8%	100.0%	
	고등학교 1학년	4	19	34	50	107	
		3.7%	17.8%	31.8%	46.7%	100.0%	
	고등학교 2학년	2	21	19	31	73	
		2.7%	28.8%	26.0%	42.5%	100.0%	
	고등학교 3학년	15	67	58	94	234	
		6.4%	28.6%	24.8%	40.2%	100.0%	
합 계		73	475	272	400	1220	
		6.0%	38.9%	22.3%	32.8%	100.0%	

***p<.001
주) ㉠ 많이 있다. ㉡ 가끔 있다.
 ㉢ 거의 없다. ㉣ 전혀 없다.

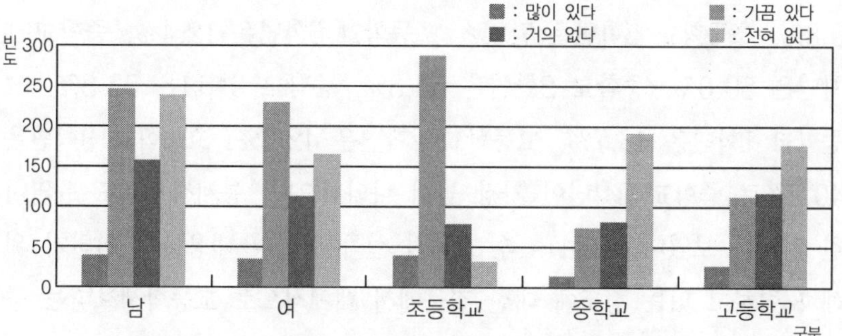

[그림 3-13] 교육적 설득 연설 후 행동변화 정도에 대한 실태

〔표 3-27〕에서 보는 바와 같이 교육적 설득 연설을 듣고 그 말을 실천하기 위해 노력해 본 경험에 대해 살펴보면 '가끔 있다'에 38.9%로 가장 많은 응답을 보였으며 '전혀 없다'에 32.8%, '거의 없다'에 22.3% 순으로 나타났다. 따라서 '전혀 없다'와 '거의 없다'를 실천해 본 경험이 없는 것으로 볼 때, 55% 정도가 실천하기 위해 노력하지 않는 것으로 나타났다.

학교 급별에 따라서는 중학생과 고등학생은 '전혀 없다'라는 반응이 52.9%와 42.3%이었으나 초등학생은 '전혀 없다'는 응답이 7.3%에 불과하였다. 반면 '가끔있다'에 응답 비율은 초등학생이 65.8%로 가장 높게 나타났으며, 중학교와 고등학교는 21.4%와 25.8%로 나타나 통계적으로도 유의미한 차이를 보였다($p < .001$). 즉 초등학생은 실천을 위해 노력한다는 인식이 많았으나 중·고등학생의 경우 그렇지 않다는 부정적인 인식을 가지고 있는 경우가 더 높게 나타났다.

학년에 따라서는 '가끔 있다'에 초등학교 4학년은 69.9%, 초등학교 5학년은 70.3%, 초등학교 6학년은 58.8%, 중학교 1학년은 17.6%, 중학교 2학년은 22.5%, 중학교 3학년은 23.5%, 고등학교 1학년은 17.8%, 고등학교 2학년은 28.8%, 고등학교 3학년은 28.6%로 초등학교 5학년이 가장 높게 나타났다. '전혀 없다'에 초등학교 4학년은 0.8%, 초등학교 5학년은 7.2%, 초등학교 6학년은 12.4%, 중학교 1학년은 50.0%, 중학교 2학년은 54.3%, 중학교 3학년은 53.8%, 고등학교 1학년은 46.7%, 고등학교 2학년은 42.5%, 고등학교 3학년은 40.2%로 중학교 2학년이 가장 높게 나타났으며, 통계적으로도 유의미한 차이를 보였다($p < .001$). 즉 교육적 설득 연설의 내용을 실천하기 위해 노력하고 있는 정도에 대한 질문에서 대체적으로 고등학생보다는 중학생이, 중학생보다는 초등학생이 실천을 위해서 더 많은 노력을 하는

것으로 나타났다. 이 부분에서 교육적 설득 연설의 문제점이 여실히 드러나고 있다. 즉 초등학교의 경우에는 학생들이 교육적 설득 연설을 잘 듣고 있으며 또한 그 내용을 실천하려고 노력도 상당히 많이 하고 있으나, 중·고등학교의 경우는 교육적 설득 연설에 부정적인 인식을 가지고 있는 것이 교육적 설득 연설의 문제점인 것이다. 초등학교가 중·고등학교에 비해 교육적 설득 연설의 상대적 횟수가 많은 것과 교육적 설득 연설의 관심도 사이에 관계가 있는지에 대해서는 좀더 후속 연구가 따라야 할 것이다.

한편 성별에 따라서는 유의미한 차이를 보이지 않았다. 즉 교육적 설득 연설의 내용을 실천하려는 노력의 정도는 학교 급별에 따라서는 차이가 있었으나, 성별에 따라서는 큰 차이가 없었다.

2.18. 교육적 설득 연설 경청 후 그 내용을 이야기해 본 경험에 대한 실태

일반적으로 학생들은 어떤 내용을 들었을 때, 서로간의 대화를 통해 정보교환을 활발하게 하는 편이다. 연설을 실시한 후 학생들이 친구들과 그 내용을 이야기할 기회가 많다면 연설 효과는 배가될 것이다. 이들이 교육적 설득 연설을 듣고 그 내용에 대하여 친구들과 대화를 나눈 적이 있는가에 대한 설문 조사 결과는 다음 〔표 3-28〕과 같다.

[표 3-28] 교육적 설득 연설 경청 후 그 내용을 이야기해 본 경험에 대한 실태

구 분		㉠	㉡	㉢	㉣	합 계	x^2(p)
성 별	남	66	27	177	406	676	20.335***
		9.8%	4.0%	26.2%	60.1%	100.0%	(.000)
	여	72	11	190	271	544	
		13.2%	2.0%	34.9%	49.8%	100.0%	
학교급별	초등학교	86	17	179	159	441	137.651***
		19.5%	3.9%	40.6%	36.1%	100.0%	(.000)
	중학교	23	10	59	273	365	
		6.3%	2.7%	16.2%	74.8%	100.0%	
	고등학교	29	11	129	245	414	
		7.0%	2.7%	31.2%	59.2%	100.0%	
학 년	초등학교 4학년	35	7	57	34	133	187.338***
		26.3%	5.3%	42.9%	25.6%	100.0%	(.000)
	초등학교 5학년	36	7	54	41	138	
		26.1%	5.1%	39.1%	29.7%	100.0%	
	초등학교 6학년	15	3	68	84	170	
		8.8%	1.8%	40.0%	49.4%	100.0%	
	중학교 1학년	6	3	10	89	108	
		5.6%	2.8%	9.3%	82.4%	100.0%	
	중학교 2학년	9	4	22	103	138	
		6.5%	2.9%	15.9%	74.6%	100.0%	
	중학교 3학년	8	3	27	81	119	
		6.7%	2.5%	22.7%	68.1%	100.0%	
	고등학교 1학년	8	3	29	67	107	
		7.5%	2.8%	27.1%	62.6%	100.0%	
	고등학교 2학년	4	2	20	47	73	
		5.5%	2.7%	27.4%	64.4%	100.0%	
	고등학교 3학년	17	6	80	131	234	
		7.3%	2.6%	34.2%	56.0%	100.0%	
합 계		138	38	367	677	1220	
		11.3%	3.1%	30.1%	55.5%	100.0%	

***p<.001

주) ㉠ 가끔 나눈다.　　　　　㉡ 자주 나눈다.
　　㉢ 거의 나누지 않는다.　　㉣ 이야기를 나누어 본 적이 전혀 없다.

위 〔표 3-28〕에서 보는 바와 같이, 교육적 설득 연설을 듣고 난 후 친구들과 연설 내용에 대해 이야기를 나눈 경험에 대해 조사한 결과를 살펴보면 '이야기를 나누어 본 적이 전혀 없다'에 55.5%로 가장 많은 응답을 보였으며 '거의 나누지 않는다' 30.1%, '가끔 나눈다' 11.3% 순으로 나타났다. 반면, '자주 나눈다'는 3.1%로 나타나 교육적 설득 연설의 내용이 학생들의 대화 주제가 거의 되지 못하는 것으로 나타났다.

성별에 따라서는 '전혀 없다'에 남학생은 60.1%, 여학생은 49.8%로 여학생보다 남학생이 더 높게 나타나서 부정적인 면이 강한 것으로 보이며 통계적으로도 유의미한 차이를 보였다(p〈.001).

학교 급별에 따라서는 '거의 나누지 않는다'에 초등학교학생은 40.6%, 중학교학생은 16.2%, 고등학교학생은 31.2%로 초등학교학생이 가장 높게 반응을 보이고 있으며, '전혀 없다'에 초등학교학생은 36.1%, 중학교학생은 74.8%, 고등학교학생은 59.2%로 중학교학생이 가장 높게 반응을 보이고 있으며 통계적으로도 유의미한 차이를 보였다 (p〈.001). 즉 중학생이 가장 부정적인 성향을 보이고 있다. 특이할 만한 것은 다른 설문항목에서는 비교적 초등학생들이 긍정적으로 나타났으나, 이 항목에서는 초등학교 학생들의 부정적인 응답이 많았다는 것이다. 이것은 초등학교의 경우 교육적 설득 연설의 결과가 다른 학교급에 비하여 양호한 편이나, 낙관적이지 않다는 것을 시사해 주고 있다.

학년에 따라서는 '거의 나누지 않는다'에 초등학교 4학년생은 42.9%, 초등학교 5학년생은 39.1%, 초등학교 6학년생은 40.0%, 중학교 1학년생은 9.3%, 중학교 2학년생은 15.9%, 중학교 3학년생은 22.7%, 고등학교 1학년생은 27.1%, 고등학교 2학년생은 27.4%, 고등학교 3학년생은 34.2%로 초등학교 4학년생이 가장 높게 나타났고'전혀 없다'에 초등학교 4학년생은 25.6%, 초등학교 5학년생은 29.7%, 초등학교

6학년생은 49.4%, 중학교 1학년생은 82.4%, 중학교 2학년생은 74.6%, 중학교 3학년생은 68.1%, 고등학교 1학년생은 62.6%, 고등학교 2학년생은 64.4%, 고등학교 3학년생은 56.0%로 중학교 1학년생이 가장 많이 응답하고 있으며 통계적으로도 유의미한 차이를 보인다(p<.001).

결과적으로 학생들이 교육적 설득 연설내용이 좋거나 나쁘거나 관계없이 서로 이야기를 나누지 않고 있다는 것은 그동안의 교육적 설득 연설이 효과적이지 못했다는 것을 시사해 준다. 따라서 학생들의 교육적 설득 연설을 처음부터 검토하여 활성화 방안을 마련하는 것이 가장 중요한 과제이다.

2.19. 교육적 설득 연설 중 좋은 연설을 들었을 때의 반응방법

의사소통능력(communicative competence)이란 정도의 문제이긴 하지만, 구체적인 의사소통 상황에 적절하게 대응하면서 음성 언어 사용과정을 통해서 언어 활동의 화행적 목적과 관계적 목적을 동시에 효율적으로 달성할 수 있는 능력을 말한다(원진숙, 2003 : 112). 원진숙은 의사소통 능력에 대하여 다음과 같이 추가적인 설명을 하고 있다.

이러한 능력을 갖춘 사람은 상대방의 기대나 요구를 고려하여 적절하고 효과적인 메시지를 선택하여 말하고 다른 사람이 말하는 것에 민감하게 반응 할 줄 알 뿐만 아니라 이러한 의사소통 능력을 지닌 사람들은 그렇지 않은 사람에 비해 감정이입 능력, 객관적 관점 확보능력, 관계 규범에 대한 민감도, 대화 상황에 대한 지식 정도 상위인지 능력, 상황 운영의 전략, 효과적 듣기 기술, 말하기 불안대처 기술 등을 갖추고 있다고 이해되고 있다.

연설을 들을 때 청중들은 다양한 반응을 나타낸다. 따라서 연설자는 의사소통 능력을 갖추고 있어야 효과적인 연설을 할 수 있다. 그만큼 연설자와 청중의 의사소통은 매우 중요한 것이다. 대부분의 사람들은 보통의 대화에서는 대부분 의사소통에 별다른 문제가 없다. 그러나 많은 사람과의 대화에서는 의사소통 능력이 떨어지게 되며, 그로 인하여 연설이 제대로 이루어지지 못하는 경우가 있다.

학교장의 교육적 설득 연설에서도 의사소통이 가장 중요하다. 학생들에게서 좋은 반응을 얻어낸다면 그 연설은 의사소통이 충분히 이루어진 연설이 될 것이다. 그러나 학생들이 지루해하기만 하고 아무런 반응을 보이지 않을 경우 그 연설은 성공했다고 볼 수 없다.

학생들은 학교장의 교육적 설득 연설에서 그 내용이 마음에 와 닿고 감동적이거나, 자신이 받아들일 준비가 되어 있다면 좋은 반응을 나타내게 되는 것이다. 학생들의 반응을 이끌어내기 위한 방안을 찾는 것도 교육적 설득 연설에서 매우 중요하다. 교육적 설득 연설을 들을 때, 감동적이거나 재미있는 내용이 있을 때 학생들은 어떻게 반응하는 것이 적절한지에 대해서 조사한 결과는 다음의 [표 3-29]와 같다.

[표 3-29] 교육적 설득 연설 중 좋은 내용을 들었을 때의 반응 방법

구 분		㉠	㉡	㉢	㉣	합 계	$x^2(p)$
성 별	남	233	79	310	54	676	22.768***
		34.5%	11.7%	45.9%	8.0%	100.0%	(.000)
	여	255	68	189	32	544	
		46.9%	12.5%	34.7%	5.9%	100.0%	
학교급별	초등학교	157	23	217	44	441	128.265***
		35.6%	5.2%	49.2%	10.0%	100.0%	(.000)
	중학교	133	27	178	27	365	
		36.4%	7.4%	48.8%	7.4%	100.0%	
	고등학교	198	97	104	15	414	
		47.8%	23.4%	25.1%	3.6%	100.0%	

		㉠	㉡	㉢	㉣	계	
학 년	초등학교 4학년	54	7	55	17	133	152.037***
		40.6%	5.3%	41.4%	12.8%	100.0%	(.000)
	초등학교 5학년	57	8	62	11	138	
		41.3%	5.8%	44.9%	8.0%	100.0%	
	초등학교 6학년	46	8	100	16	170	
		27.1%	4.7%	58.8%	9.4%	100.0%	
	중학교 1학년	43	7	50	8	108	
		39.8%	6.5%	46.3%	7.4%	100.0%	
	중학교 2학년	45	12	68	13	138	
		32.6%	8.7%	49.3%	9.4%	100.0%	
	중학교 3학년	45	8	60	6	119	
		37.8%	6.7%	50.4%	5.0%	100.0%	
	고등학교 1학년	54	18	32	3	107	
		50.5%	16.8%	29.9%	2.8%	100.0%	
학 년	고등학교 2학년	34	19	18	2	73	152.037***
		46.6%	26.0%	24.7%	2.7%	100.0%	(.000)
	고등학교 3학년	110	60	54	10	234	
		47.0%	25.6%	23.1%	4.3%	100.0%	
합 계		488	147	499	86	1220	
		40.0%	12.0%	40.9%	7.0%	100.0%	

***p<.001
주) ㉠ 박수를 친다.　　　　　　　　　㉡ 박수를 치고 환호를 한다.
　　㉢ 그냥 묵묵히 듣고만 있는다.　　㉣ 다함께 일어나서 인사를 한다.

　[표 3-29]에서 보는 바와 같이 교육적 설득 연설 중 좋은 내용을 들었을 때에 어떻게 반응하는 것이 적당한 반응인지 학생들이 인식하는 경우에 대해 살펴보면, '그냥 묵묵히 듣고 있다'에 40.9%로 가장 많은 응답을 보였으며 '박수를 친다'에 40.0%, '박수를 치고 환호 한다'에 12.0% 순으로 나타났다. 또한 '다함께 일어나서 인사를 한다'에 반응을 보인 비율도 7.0%로 나타나 특이한 반응을 보여야 한다는 반응도 있었다. 대체로 특별한 반응을 나타내기보다 그냥 묵묵히 듣고 있는 것이 좋다는 반응으로 보겠다.

성별에 따라서는 '박수를 친다'에 남학생은 34.5%, 여학생은 46.9%가 반응을 보여 남학생보다 여학생이 더 많은 방응을 보이고, 남학생의 경우는 '그냥 묵묵히 듣고 있다'에 45.9%, 여학생은 34.7%로 여학생보다 남학생이 더 많은 반응을 보이고 있으며 통계적으로도 유의미한 차이를 보인다(p⟨.001).

학교 급별에 따라서는 '그냥 묵묵히 듣고 있다'에 초등학생과 중학생이 고등학생교다 더 높은 반응을 보이고 고등학생은 '박수를 치고 환호한다'에가 23.4%로 가장 높게 나타났으며 통계적으로도 유의미한 차이를 보인다(p⟨.001). 즉 고등학생은 박수를 친다는 의견이 많았으나 초·중학생은 그냥 묵묵히 듣고 있다는 반응이 많았다. 교육적 설득 연설에 대하여 반응을 나타내는 것은 초·중학생보다는 고등학생이 더 적극적이라고 볼 수 있다.

학년에 따라서는 '박수를 친다'에 초등학교 4학년생은 40.6%, 초등학교 5학년생은 41.3%, 초등학교 6학년생은 27.1%, 중학교 1학년생은 39.8%, 중학교 2학년생은 32.6%, 중학교 3학년생은 37.8%, 고등학교 1학년생은 50.5%, 고등학교 2학년생은 46.6%, 고등학교 3학년생은 47.0%로 고등학교 1학년생이 가장 많은 반응을 보이고, '그냥 묵묵히 듣고 있다'에 초등학교 4학년생은 41.4%, 초등학교 5학년생은 44.9%, 초등학교 6학년생은 58.8%, 중학교 1학년생은 46.3%, 중학교 2학년생은 49.3%, 중학교 3학년생은 50.4%, 고등학교 1학년생은 29.9%, 고등학교 2학년생은 24.7%, 고등학교 3학년생은 23.1%로 초등학교 6학년생이 가장 많은 반응을 보이고 통계적으로도 유의미한 차이를 보인다(p⟨.001).

2.20. 가장 영향을 끼친 교훈을 들려준 대상

학생들은 교육적 설득 연설을 들을 기회가 많다. 특히, 초·중학교 학생들은 고등학교 학생들에 비해 교육적 설득 연설을 들을 기회가 상대적으로 많다. 이렇게 많은 교육적 설득 연설을 들을 기회가 있지만, 어떤 곳에서 또는 누구로부터 들은 이야기를 가장 오래도록 기억하고 마음 속에 담아 둘 수 있을 것인지는 명확하지 않다. 다만, 현재의 시점에서 학생들의 심리 상태에 따라서 어느 경우의 교육적 설득 연설이 기억에 오래남고 자신의 마음속에 오래 담아 둘 수 있을지에 대한 것은 조사가 가능하였다.

이 조사 문항의 의의는 학생들이 자신과 관련된 중요한 이야기를 쉽게 할 수 있는 상대가 누구인지 예측할 수 있는 문항이기도 하다는 데에도 있다. 즉 감수성이 예민한 학생들의 입장에서는 부모나 교사 보다는 친구나 선배들을 상대로 이야기를 털어 놓는 경향이 강하기 때문이다.

설문조사결과로는 이야기를 털어놓는 상대와 듣는 상대에는 별다른 관계가 없는 것으로 나타났다. 즉 이야기를 들었을 때, 가장 오랫동안 기억에 남을 것 같은 상대는 부모님과 선배나 친구이었다. 일반적으로 이야기를 하는 상대는 부모보다는 친구가 더 많지만, 듣는 것은 친구나 선배보다는 부모가 더 많다는 것은 의미 있다 할 것이다. 즉 학생들은 부모로부터 듣는 이야기를 매우 소중하게 생각하고 있다고 할 수 있다.

다음 [표 3-30]에서 보는 바와 같이 '오랫동안 기억에 남을 것 같은 이야기를 들은 상대'에 대해 살펴보면, 부모님(가족)의 말씀이 27.4%로 가장 많은 응답을 보였으며 선배나 친구로부터 들은 이야기가 23.3%, 독서를 통하여 읽은 이야기는 14.9% 순으로 나타났다. 이들 세 경우가 65.6%를 차지하고 있는 것으로 보아 가장 많은 영향을 주고 있음을 알 수 있다.

이를 성별에 따라 분석해 보면 남학생은 선배나 친구로부터 들은 이야기가 19.1%, 여학생은 28.5%로 나타나 남학생보다 여학생 쪽이 더 높게 나타났으며 통계적으로도 유의미한 차이를 보인다(p<.001).

[표 3-30] 가장 영향을 끼친 교훈을 들려준 대상

구 분		㉠	㉡	㉢	㉣	㉤	㉥	㉦	합 계	x^2(p)
성 별	남	95	93	189	129	37	101	32	676	34.245***
		14.1%	13.8%	28.0%	19.1%	5.5%	14.9%	4.7%	100.0%	(.000)
	여	54	76	145	155	30	81	3	544	
		9.9%	14.0%	26.7%	28.5%	5.5%	14.9%	.6%	100.0%	
학교급별	초등학교	94	55	158	55	26	51	2	441	148.205***
		21.3%	12.5%	35.8%	12.5%	5.9%	11.6%	.5%	100.0%	(.000)
	중학교	30	51	88	90	18	62	26	365	
		8.2%	14.0%	24.1%	24.7%	4.9%	17.0%	7.1%	100.0%	
	고등학교	25	63	88	139	23	69	7	414	
		6.0%	15.2%	21.3%	33.6%	5.6%	16.7%	1.7%	100.0%	
학 년	초등학교 4학년	36	15	49	10	9	14	0	133	211.561***
		27.1%	11.3%	36.8%	7.5%	6.8%	10.5%	.0%	100.0%	(.000)
	초등학교 5학년	36	14	55	13	6	12	2	138	
		26.1%	10.1%	39.9%	9.4%	4.3%	8.7%	1.4%	100.0%	
	초등학교 6학년	22	26	54	32	11	25	0	170	
		12.9%	15.3%	31.8%	18.8%	6.5%	14.7%	.0%	100.0%	
	중학교 1학년	6	15	28	27	5	19	8	108	
		5.6%	13.9%	25.9%	25.0%	4.6%	17.6%	7.4%	100.0%	
	중학교 2학년	15	24	30	34	5	22	8	138	
		10.9%	17.4%	21.7%	24.6%	3.6%	15.9%	5.8%	100.0%	
	중학교 3학년	9	12	30	29	8	21	10	119	
		7.6%	10.1%	25.2%	24.4%	6.7%	17.6%	8.4%	100.0%	
	고등학교 1학년	5	6	24	49	7	14	2	107	
		4.7%	5.6%	22.4%	45.8%	6.5%	13.1%	1.9%	100.0%	
	고등학교 2학년	8	18	15	19	4	9	0	73	
		11.0%	24.7%	20.5%	26.0%	5.5%	12.3%	.0%	100.0%	
	고등학교 3학년	12	39	49	71	12	46	5	234	
		5.1%	16.7%	20.9%	30.3%	5.1%	19.7%	2.1%	100.0%	
합 계		149	169	334	284	67	182	35	1220	
		12.2%	13.9%	27.4%	23.3%	5.5%	14.9%	2.9%	100.0%	

***p<.001

주) ㉠ 교장 선생님의 말씀　　　　　　㉡ 담임선생님이나 교과 선생님의 말씀
　　㉢ 부모님(가족)의 말씀　　　　　　㉣ 선배나 친구로부터 들은 이야기
　　㉤ 교회나 성당 또는 절에서 들은 이야기　　㉥ 독서를 통하여 읽은 이야기　　㉦ 기타

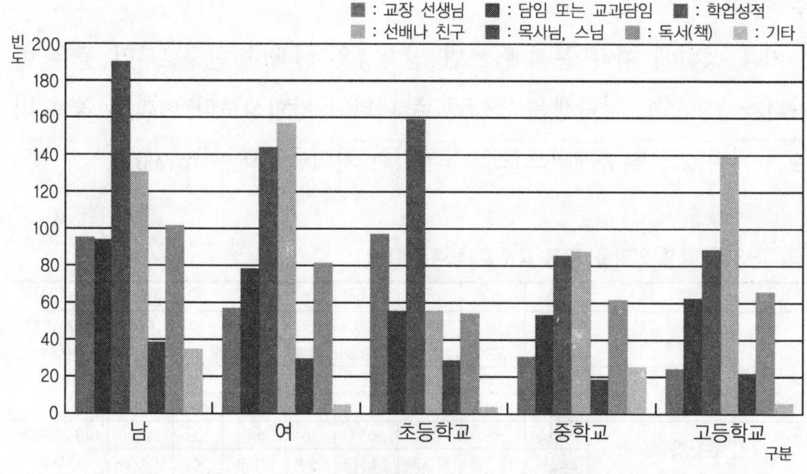

[그림 3-14] 가장 영향을 끼친 교훈을 들려준 대상

학교 급별에 따라서는 교장 선생님의 연설 말씀이라고 답한 경우는 초등학생이 21.3%, 중학생은 8.2%, 고등학생은 6.0%로 초등학생의 경우가 가장 높게 나타났고, 선배나 친구로부터 들은 이야기가 초등학생은 12.5%, 중학생은 24.7%, 고등학생은 33.6%로 고등학생이 가장 높게 나타났으며 통계적으로도 유의미한 차이를 보인다(p<.001). 즉 초등학생에게는 교장선생님의 연설 말씀이 매우 중요하게 작용하고 있다고 볼 수 있으며, 중·고등학생은 선배나 친구로부터 들은 이야기가 기억에 남는다고 인식하여 선배나 친구와의 관계가 매우 중요함을 잘 나타내 주고 있다.

학년에 따라서는 '교장선생님의 연설 말씀'에 초등학교 4학년생은 27.1%, 초등학교 5학년생은 26.1%, 초등학교 6학년생은 12.9%, 중학교 1학년생은 5.6%, 중학교 2학년생은 10.9%, 중학교 3학년생은 7.6%, 고등학교 1학년생은 4.7%, 고등학교 2학년생은 11.0%, 고등학교 3학년생은 5.1%로 초등학교 4학년생이 가장 높게 나타났고 '선배나 친구로부터 들은 이야기'에 초등학교 4학년생은 7.5%, 초등학교 5학년생은 9.4%, 초등학교 6학년생은 18.8%, 중학교 1학년생은 25.0%, 중학교 2학년생은 24.6%, 중학교 3학년생은 24.4%, 고등학교 1학년생은 45.8%, 고등학교 2학년생은 26.0%, 고등학교 3학년생은 30.3%로 고등학교 1학년생이 가장 많은 반응을 보이고 있다. 이것은 통계적으로도 유의미한 차이를 보인다($p < .001$).

제 4 장

교육적 설득 연설의 개선 방안

　지금까지 교육적 설득 연설의 실태에 대하여 살펴보았다. 여기에서 나타난 문제점을 토대로 교육적 설득 연설의 개선 방안에 대해 고찰하기로 한다.

1. 교장이 인식하는 교육적 설득 연설의 개선 방안

　현재 학교장은 학교에서 실시되고 있는 대부분의 교육적 설득 연설을 담당하고 있다. 학교행사 때는 물론, 정기적인 조회와 비정기적인 조회나 시상 때도 교육적 설득 연설의 몫은 학교장이다. 따라서 교장이 인식하는 개선방안이 곧 교육적 설득 연설의 개선방안이 될 수 있다.

1.1. 교육적 설득 연설의 횟수

교육적 설득 연설의 실태에서 나타났듯이, 교육적 설득 연설의 횟수를 어떻게 정하느냐는 교육적 설득 연설을 실시하는 과정에서 매우 중요한 과제이다. 횟수가 절대적인 것은 아니지만 교육적 설득 연설의 성공 여부에 영향을 미치는 것은 주지의 사실이다. 즉 교육적 설득 연설의 횟수가 너무 많아도 적절하지 못하고, 너무 적어도 적절하다고 할 수 없다. 따라서 가장 적절한 교육적 설득 연설의 횟수를 찾는 것이 무엇보다 중요하다.

그러나 어떻게 횟수를 정하든지 그 교육적 설득 연설을 듣는 청자인 학생들의 의식이 뒤따라야 효과적인 교육적 설득 연설이 가능할 것이다. 앞서 살펴본 실태에서처럼 학생들이 함께하지 않는 교육적 설득 연설은 아무런 의미가 없기 때문이다. 따라서 학생들의 적극적인 호응이 교육적 설득 연설의 성공 열쇠이다.

교장들에게 현재 학교에서 실시되는 교육적 설득 연설의 실제 횟수와 관계없이, 가장 이상적이라고 생각하는 교육적 설득 연설의 횟수에 대하여 면담을 실시하였다. 면담 결과는 다음 [표 4-1]과 같다.

[표 4-1] 교육적 설득 연설 횟수의 개선 방안   N=30(단위 : %)

설득 연설의 횟수	초등학교	중학교	고등학교	계
월 1회	3.3	10.0	10.0	23.3
월 2회	6.7	–	–	6.7
월 3회	–	–	–	–
매주 1회	23.3	16.7	–	40
필요할 때마다	–	6.7	23.3	30

위 〔표 4-1〕에서 알 수 있듯이, 교장들은 가장 바람직한 교육적 설득 연설의 횟수에 대하여 비교적 다양한 의견을 내놓았다. 그러나 현재 실시되고 있는 교육적 설득 연설의 횟수에 비하여 이상적인 연설 횟수는 현재보다 더 많아져야 한다는 데에는 별다른 이견이 없었다. 일반적으로 고등학교를 제외하고는 매주 1회 실시하는 방안이 가장 이상적이라고 답하였다. 고등학교의 경우는 대학입시의 영향 때문인지 필요할 때마다 실시하는 방안에 가장 많이 응답하였다. 주 1회나 월 2~3회라고 응답한 경우는 한명도 없었고, 월 1회에 3명의 교장이 응답하였다.

고등학교의 경우에는 교육적 설득 연설의 실태와 이상적인 연설 횟수에 대하여 같은 결과가 나왔으나, 초등학교의 경우는 매주 1회 교육적 설득 연설을 해야 한다는 답이 실태에서보다 1명이 더 많이 나왔다. 중학교의 경우 역시, 실태에서는 월 1회가 8명이었으나, 이상적으로 생각하는 연설 횟수에서는 매주 1회가 5명으로 가장 많이 답하였다.

전체적으로 보더라도, 매주 1회 실시하는 방안이 좋다고 생각하는 교장이 모두 12명으로 '필요할 때마다'라고 답한 9명을 앞서고 있다. 따라서 교장들은 현재의 교육적 설득 연설 횟수보다는 좀 더 많은 기회를 갖기를 원하는 것을 시사해 주고 있다. 이러한 결과는 교장의 입장에서는 교육적 설득 연설을 좀 더 자주 하고 싶지만, 여러 가지 여건상 어렵다고 느낀다고 볼 수 있다. 현재의 교육적 설득 연설의 횟수를 더 늘릴 수 있는 방안이 마련되어야 하며, 특히 교육적 설득 연설을 자연스럽게 할 수 있는 여건 조정이 무엇보다 중요하다.

1.2. 연설 소요 시간

앞서 실태에서 알아본 바와 같이, 현재 학교장들의 1회 교육적 설득 연설을 대체로 3분 이내에 마치고 있는 것으로 나타났다. 그러나 실제로는 이 시간은 비교적 짧다고 생각하고 있었다. 그 이유를 교장들은 추가 면담에서 대체로 교육적 설득 연설의 목적에 따른 그 날의 연설 내용을 전달하기에 충분하지 못하다고 응답하였다. 교육적 설득 연설의 시간을 어느 정도 해야 가장 이상적인가에 대하여 면담을 실시하였다. 면담 결과 각급학교 교장은 대체로 시간을 좀 더 늘려야 한다는 의견을 많이 가지고 있었다. 구체적인 면담결과는 다음 [표 4-2]와 같다.

[표 4-2] 교육적 설득 연설의 적절한 시간　　　　　　　　　　　　　　N=30(단위 : %)

구 분	초등학교	중학교	고등학교	계
3분 이내가 좋다.	6.7	6.7	13.3	26.7
3~5분은 되어야 한다.	13.3	20.0	16.7	50.0
5분 이상 되어야 한다.	10.0	3.3	–	13.3
꼭 시간에 구애받지 않고 자유롭게 해야 한다	3.3	3.3	3.4	10.0

위 [표 4-2]에서 보듯이, 학교장들은 교육적 설득 연설의 가장 적당한 시간으로 3~5분정도를 꼽았다. 이는 현재 실제로 실시하고 있는 교육적 설득 연설 시간에 대한 실태에서 나타난 3분 이내보다는 다소 증가한 시간이다. 이는 현재 대체로 많이 실시하고 있는 3분 이내의 시간으로는 충분치 않다는 것을 나타내 주는데, 이에 대한 추가 면담에서 학교장들은 3분 이내의 교육적 설득 연설은 학생들 편에서는 적당할지 몰라도 학교장의 입장에서 본다면, 하고 싶은 교육적 설득 연설의 내용을 충분히 전달하기에는 부족한 시간이라고 답하였다. 특히, 말이 늦다고 답한 교장은 3분이면 내용 도입도 다하지 못하는 시간이라고 하였다.

반면 5분 이상은 되어야 한다고 답한 교장 중, 초등학교장이 3명이나 있었다. 중학교장도 1명이 있었으나, 고등학교장은 여기에 답한 경우가 없었다. 이는 초등학교의 경우 대체로 학교장의 교육적 설득 연설에 대하여 끝까지 잘 경청하고 있다는 것을 나타내 주는 결과이다. 그러나 고등학교의 경우는 3분 이상이 될 경우 학생들이 잘 듣지 않기 때문에 5분 이상의 시간은 무리라는 것을 나타내 준다고 할 수 있다. 사정이 그렇다고 해도 고등학교장 역시 추가 면담 결과에 의하면 시간을 좀더 많이 할 수 있다면 다양한 교육적 설득 연설을 하는 데에 많은 도움이 될 것이라고 인식하고 있다.

결론적으로 교육적 설득 연설을 다양하게 하고, 학생들에게 충분히 전달하기 위해서는 3~5분 정도의 시간이 필요하며, 이를 위해서는 학교장들이 사전에 만반의 준비를 한 다음 교육적 설득 연설에 임해야 한다.

1.3. 교육적 설득 연설의 내용

현재 교장의 교육적 설득 연설은 주로 정기적으로 이루어지는 전체조회나 각종 행사시에 주로 이루어지고 있다. 따라서 이를 좀 더 발전적인 방향으로 개선하기 위해서는 어떻게 하여야 할 것인지에 대해서 면담을 실시하였다. 이에 대하여 교장들은 비교적 다양한 의견을 가지고 있었다. 면담 결과는 다음 [표 4-3]과 같다.

[표 4-3] 교육적 설득 연설의 내용　　　　　　　　　　　　　　　　N=30(단위 : %)

설득 연설의 개선 방안	빈 도
인성 계발 및 탈교과적인 내용에 대해 연설한다.	66.7
학생들에게 전문적 특기 등을 발휘하도록 다양하게 실시되어야 한다.	10.0
학업성적 향상방안에 대해 연설한다.	16.6
주어진 여건에서 최선을 다하는 것이 중요하다.	6.7

위 [표 4-3]에서 알 수 있듯이 교육적 설득 연설의 개선 방향으로 '인성계발 및 탈 교과적인 내용을 지도 하도록 해야 한다'라고 답한 교장이 20명으로 가장 많았다. 전체 면담교장 중에 66.7%가 답하여 가장 높은 빈도를 보인다.

반면 소수 의견으로는 '학생들에게 전문적 특기 등을 발휘하도록 다양하게 실시되어야 한다'라고 답한 교장이 3명, '학업성적 향상방안에 대해 연설한다.'라고 답한 교장이 5명 있었다. 그리고 '주어진 여건에서 최선을 다하는 것이 중요하다'라고 답한 교장도 2명이 있었다.

교육적 설득 연설의 개선 방안에 대한 면담 결과 교장들은 '인성계발 및 탈 교과적인 내용을 지도 하도록 해야 한다'와 '학업성적 향상방안에 대해 연설한다.'라는 방안을 가장 선호하는 발전방향으로 보고 있었다. 이는 현재의 교육적 설득 연설이 틀에 박힌 형식에 얽매어 실시되고 있다는 것을 잘 나타내주고 있으며, 교육적 설득 연설이 인성교육의 한 축으로 자리 잡아야 하는 필요성을 강하게 인식하고 있다고 볼 수 있다.

따라서 시간이나 횟수에 얽매이지 않고 교육적 설득 연설을 자연스럽게 실시할 수 있는 방안이 마련되어야 할 것이며, 인성교육의 방안 중 하나로 교육적 설득 연설을 많이 이용할 수 있는 방안도 함께 마련되어야 할 것이다.

2. 학생이 인식하는 교육적 설득 연설의 개선 방안

이 절에서는 학생들이 인식하는 교육적 설득 연설의 개선방향에 대하여 살펴보고자 한다.

2.1. 교육적 설득 연설의 횟수

앞서 실태에서 알아본 바와 같이 현재 각급학교에서 실시하고 있는 전교생 조회 횟수는 대체로 초등학교 〉 중학교 〉 고등학교의 순이었다. 즉 초등학교보다는 중학교, 중학교보다는 고등학교의 전교생 조회 횟수가 더 적게 나타났다.

실태조사의 결과를 토대로 이번에는 학생들이 생각하고 있는 가장 이상적인 교육적 설득 연설의 횟수에 대하여 조사를 실시하였다. 현재 실제로 실시하고 있는 교육적 설득 연설의 횟수와 이상적인 횟수가 관계가 있는지 분석해 보았다.

송순(2001 : 215)에서는 학교장의 교육적 설득 연설 횟수의 현황 조사를 학교장을 상대로 조사하였다. 그 결과 학교장의 51.0%가 월 1~2회 학교장 훈화를 실시한다고 응답하였고, 33.9%가 월 3~4회 정도 훈화를 실시한다는 반응을 보였으며, 6.8%는 월 5~6회 훈화를 실시한다는 반응을 보인 것으로 나타났다. 또한 그의 연구결과 학교 급별 훈화 횟수는 초등학교가 중·고등학교에 비하여 상대적으로 더 많은 것으로 나타났다.[1] 이러한 결과는 교장들을 상대로 조사된 결과로 학생들이 인식하는 이상적인 교육적 설득 연설의 횟수와는 비교적 거리가 먼 것이었다. 즉 교장들은 교육적 설득 연설의 횟수를 가급적 많이 하려는 경향이 있고, 학생들은 교육적 설득 연설의 횟수를 가급적 적게 해야 한다는 반응을 보였다.

이상적인 교육적 설득 연설의 횟수에 대한 조사 결과는 다음 〔표 4-4〕

---

1) 그의 연구에서는 대부분의 중등학교에서는 월 1-2회인 것에 비하여 초등학교에서는 10.2%가 월 5-6회의 훈화를 실시하는 것으로 나타났다. 이러한 결과는 교장들을 상대로 조사된 결과이지만, 실제로 이번 연구에서도 교장들은 교육적 설득 연설의 이상적인 횟수를 고등학교를 제외하고는 매주 1회 정도를 꼽았다.

와 같다.

전교생 조회의 적당한 횟수에 대해 살펴보면 '필요할 때마다'에 30.2%로 가장 많은 응답을 보였으며, 1주일에 1회 25.8%, 1달에 1회 22.4%순으로 나타났다. 그 밖에 2주일에 1회 7.5%, 3주일에 1회 2.5%로 나타나 교육적 설득 연설의 횟수가 많아질수록 응답률은 낮아지는 경향을 보였다. 기타에 응답한 경우는 11.7%로 나타났는데, 기타 항목은 주로 교육적 설득 연설 자체를 없애야 한다는 의견이 대부분이었다.

성별에 따라서는 '필요할 때마다 실시해야 한다'에 남학생은 27.8%, 여학생은 33.1%로 남학생보다 여학생이 더 높게 나타났으며 통계적으로도 유의미한 차이를 보인다(p<.001). 즉 남학생보다 여학생이 '필요할 때마다 교육적 설득 연설을 실시해야 한다'고 인식하고 있어, 교육적 설득 연설에 대하여 여학생이 더 긍정적인 인식을 가지고 있다고 볼 수 있다. 그러나 1주일에 1회와 한 달에 1회는 남·여 학생의 응답비율이 비슷하게 나타났다.

[표 4-4] 전교생 조회의 적당한 횟수

구 분		㉠	㉡	㉢	㉣	㉤	㉥	합 계	x^2(p)
성 별	남	162	40	21	155	188	110	676	39.214*** (.000)
		24.0%	5.9%	3.1%	22.9%	27.8%	16.3%	100.0%	
	여	153	51	9	118	180	33	544	
		28.1%	9.4%	1.7%	21.7%	33.1%	6.1%	100.0%	
학교급별	초등학교	273	56	6	41	45	20	441	632.550*** (.000)
		61.9%	12.7%	1.4%	9.3%	10.2%	4.5%	100.0%	
	중학교	20	15	9	132	105	84	365	
		5.5%	4.1%	2.5%	36.2%	28.8%	23.0%	100.0%	
	고등학교	22	20	15	100	218	39	414	
		5.3%	4.8%	3.6%	24.2%	52.7%	9.4%	100.0%	

학 년		㉠	㉡	㉢	㉣	㉤	㉥	계	
	초등학교 4학년	95	10	0	12	11	5	133	676.908*** (.000)
		71.4%	7.5%	.0%	9.0%	8.3%	3.8%	100.0%	
	초등학교 5학년	84	20	1	11	9	13	138	
		60.9%	14.5%	.7%	8.0%	6.5%	9.4%	100.0%	
	초등학교 6학년	94	26	5	18	25	2	170	
		55.3%	15.3%	2.9%	10.6%	14.7%	1.2%	100.0%	
	중학교 1학년	5	5	6	41	30	21	108	
		4.6%	4.6%	5.6%	38.0%	27.8%	19.4%	100.0%	
	중학교 2학년	9	4	3	49	35	38	138	
		6.5%	2.9%	2.2%	35.5%	25.4%	27.5%	100.0%	
	중학교 3학년	6	6	0	42	40	25	119	
		5.0%	5.0%	.0%	35.3%	33.6%	21.0%	100.0%	
	고등학교 1학년	6	6	5	21	58	11	107	
		5.6%	5.6%	4.7%	19.6%	54.2%	10.3%	100.0%	
	고등학교 2학년	6	4	1	16	42	4	73	
		8.2%	5.5%	1.4%	21.9%	57.5%	5.5%	100.0%	
	고등학교 3학년	10	10	9	63	118	24	234	
		4.3%	4.3%	3.8%	26.9%	50.4%	10.3%	100.0%	
합 계		315	91	30	273	368	143	1220	
		25.8%	7.5%	2.5%	22.4%	30.2%	11.7%	100.0%	

***p<.001

주) ㉠ 1주일에 1회 정도 ㉡ 2주일에 1회 정도 ㉢ 3주일에 1회 정도
　 ㉣ 1개월에 1회 정도 ㉤ 특별히 정해진 기간 없이 필요할 때마다
　 ㉥ 기타

　학교 급별에 따라서는 중학교와 고등학교는 한 달에 1회라는 응답이 초등학교보다 더 높게 나타났고 초등학교는 1주일에 1회가 61.9%로 가장 높게 나타나 통계적으로도 유의미한 차이를 보인다(p<.001). 즉 초등학생은 비교적 교육적 설득 연설을 자주 하기를 원하는 것으로 나타났으나, 중·고등학생의 경우는 필요할 때마다와 한 달에 1번 정도를 선호하는 경향을 보인다.

　학년에 따라서는 '1주일에 1회'가 초등학교 4학년생은 71.4%, 초등학교 5학년생은 60.9%, 초등학교 6학년생은 55.3%, 중학교 1학년생

은 4.6%, 중학교 2학년생은 6.5%, 중학교 3학년생은 5.0%, 고등학교 1학년생은 5.6%, 고등학교 2학년생은 8.2%, 고등학교 3학년생은 4.3%로 초등학교 4학년생이 가장 높게 나타나 전체적인 결과와 비슷하게 나타났다. 또 '필요할 때마다'는 초등학교 4학년생이 8.3%, 초등학교 5학년생은 6.5%, 초등학교 6학년생은 14.7%, 중학교 1학년생은 27.8%, 중학교 2학년생은 25.4%, 중학교 3학년생은 33.6%, 고등학교 1학년생은 54.2%, 고등학교 2학년생은 57.5%, 고등학교 3학년생은 50.4%로 고등학교 2학년생이 가장 높게 나타났으며 통계적으로도 유의미한 차이를 보인다($p < .001$). 이 경우에도, 초등학생의 경우보다는 중·고등학교로 갈수록 교육적 설득 연설의 횟수에 대해 부정적으로 인식하고 있었다.

결과를 정리하면 학생들 중에는 가급적 교육적 설득 연설의 횟수를 적게 했으면 좋겠다는 인식을 많이 가지고 있었으며, 소수이긴 하지만 교육적 설득 연설을 없애야 한다는 의견도 있었다. 이를 교장들의 인식과 비교해 보면 서로 상반된 결과를 보여주고 있다. 교장들은 매주 1회 정도의 교육적 설득 연설을 해야만이 효과적인 교육적 설득 연설이 가능하다고 보고 있으나, 학생들은 정해진 횟수보다는 필요할 때만 교육적 설득 연설을 실시해야 한다고 보고 있었다. 따라서 이들의 인식 차이를 어떻게 해소하느냐가 향후 교육적 설득 연설을 효과적으로 실시하는 방안을 찾는 열쇠가 될 것이다.

결론적으로 교육적 설득 연설의 청자는 학생이기 때문에 학교장들이 원하는 매주 1회보다는 학생들이 원하는 방향으로 교육적 설득 연설을 개선해 나가되, 학생들이 교육적 설득 연설에 관심을 갖도록 다양한 방법을 연구하고 조금씩 교육적 설득 연설의 횟수를 증가해 나가는 것이 바람직하다.

2.2. 교육적 설득 연설의 적당한 시간

교육적 설득 연설의 횟수에 대하여 학생들은 상당히 부정적인 입장을 가지고 있었다. 즉 교육적 설득 연설의 횟수를 가급적 적게 하는 것이 현재로서는 효과적인 교육적 설득 연설의 방향이라고 하겠다. 그러나 교장들은 연설 횟수를 가급적 많이 갖기를 원하고 있어 학생들과는 상반된 결과가 나왔다는 것은 앞 절에서 이미 살펴본 바 있다.

학교장들은 앞서 살펴본 바와 같이, 교육적 설득 연설의 시간을 3~5분이 적당하다고 인식하고 있었다. 그러나 실제로는 그보다 더 많은 시간이 필요하지만, 학생들이 지루해하기 때문에 최소한 3~5분을 제시하였다. 교장들의 입장에서는 시간이 짧지만 학생들의 지루함을 덜기 위해서는 그 시간으로 교육적 설득 연설을 효과적으로 하겠다는 것으로 볼 수 있다.

그러나 학생들은 교육적 설득 연설의 횟수에서와 마찬가지로 교장과는 다르게 인식하고 있었다. 가급적 시간을 짧게 하기를 원하는 것으로 나타났다. 1회 교육적 설득 연설에 걸리는 시간으로 적당하다고 생각하는 시간에 대한 조사 결과는 다음 〔표 4-5〕와 같다.

교육적 설득 연설의 적당한 시간에 대해 살펴보면 '짧을수록 좋다'가 54.3%, '조금 길어도 연설내용이 좋으면 괜찮다'가 27.3%로 나타났다. 또한 '5분 이상 10분 이내가 적당하다'가 9.3%, '내용이 충실하다면 연설시간은 길어도 괜찮다'고 응답한 경우도 9.1%가 된다.

학교 급별에 따라서는 중학교와 고등학교는 '빠를수록 좋다'는 응답이 73.7%와 67.1%로 나타나, 초등학교의 26.3%보다 더 높게 나타났고, 초등학교는 '연설내용이 좋으면 괜찮다'에 39.9%가 응답하여 가장 높게 나타났으며, 통계적으로도 유의미한 차이를 보인다(p<.001). 즉 중·고등학생의 경우가 초등학생의 경우보다 짧을수록 좋다는 쪽에 인식이 높게 나타났다.

[표 4-5] 교육적 설득 연설의 적당한 시간

구 분		㉠	㉡	㉢	㉣	합계	x^2(p)
성 별	남	365	180	63	68	676	1.826
		54.0%	26.6%	9.3%	10.1%	100.0%	(.609)
	여	298	153	50	43	544	
		54.8%	28.1%	9.2%	7.9%	100.0%	
학교급별	초등학교	116	176	75	74	441	238.913***
		26.3%	39.9%	17.0%	16.8%	100.0%	(.000)
	중학교	269	56	17	23	365	
		73.7%	15.3%	4.7%	6.3%	100.0%	
	고등학교	278	101	21	14	414	
		67.1%	24.4%	5.1%	3.4%	100.0%	
학 년	초등학교 4학년	25	56	27	25	133	258.232***
		18.8%	42.1%	20.3%	18.8%	100.0%	(.000)
	초등학교 5학년	40	56	23	19	138	
		29.0%	40.6%	16.7%	13.8%	100.0%	
	초등학교 6학년	51	64	25	30	170	
		30.0%	37.6%	14.7%	17.6%	100.0%	
	중학교 1학년	71	18	11	8	108	
		65.7%	16.7%	10.2%	7.4%	100.0%	
	중학교 2학년	106	21	4	7	138	
		76.8%	15.2%	2.9%	5.1%	100.0%	
	중학교 3학년	92	17	2	8	119	
		77.3%	14.3%	1.7%	6.7%	100.0%	
	고등학교 1학년	75	23	5	4	107	
		70.1%	21.5%	4.7%	3.7%	100.0%	
	고등학교 2학년	55	13	4	1	73	
		75.3%	17.8%	5.5%	1.4%	100.0%	
	고등학교 3학년	148	65	12	9	234	
		63.2%	27.8%	5.1%	3.8%	100.0%	
합 계		663	333	113	111	1220	
		54.3%	27.3%	9.3%	9.1%	100.0%	

***p<.001
주) ㉠ 짧을수록 좋다(3분 이내).
　　㉡ 조금 길어도 연설문이 좋으면 괜찮다(5분 이내).
　　㉢ 5분 이상 10분 이내가 적당하다.
　　㉣ 내용이 충실하다면 연설시간은 길어도 괜찮다.

　학년에 따라서는 '짧을수록 좋다'에 초등학교 4학년생은 18.8%, 초등학교 5학년생은 29.0%, 초등학교 6학년생은 30.0%, 중학교 1학년생은 65.7%, 중학교 2학년생은 76.8%, 중학교 3학년생은 77.3%, 고등학교 1학년생은 70.1%, 고등학교 2학년생은 75.3%, 고등학교 3학년생은 63.2%로 나타나 대체로 초등학교보다는 중학교, 중학교보다는 고등 학교에서 더 높게 나타났으며, 이 중 중학교 3학년생이 가장 높게 나타났다. 또한 '연설내용이 좋으면 괜찮다'에는 초등학교 4학년생이 42.1%, 초등학교 5학년생은 40.6%, 초등학교 6학년생은 37.6%, 중학교 1학년생은 16.7%, 중학교 2학년생은 15.2%, 중학교 3학년생은 14.3%, 고등학교 1학년생은 21.5%, 고등학교 2학년생은 17.8%, 고등학교 3학년생은 27.8%로 나타나 대체로 중·고등학교 보다는 초등학교에서 높은 응답률을 보였으며, 초등학교 4학년생이 가장 높게 나타나 통계적으로도 유의미한 차이를 보인다($p < .001$).

이 결과는 앞서 살펴본 바와 같이 학생들이 교육적 설득 연설에 대하여 지루하게 느끼고는 있으나, 필요성은 인식하고 있다는 것을 잘 나타내 주는 것이다.

성별에 따라서는 성별에 관계없이 '짧을수록 좋다'에 남학생은 54.0%, 여학생은 54.8%로 나타나 남·여 모두 과반수 이상의 응답률을 보였다. 즉 남·여학생 모두 비슷한 경향을 보여 유의미한 차이를 보이지 않았다.

조사 결과를 정리하면, 교육적 설득 연설의 시간은 짧을수록 좋다는 학생들이 가장 많았고, 초등학생보다는 중학생이, 중학생보다는 고등학생에서 이러한 현상이 두드러지게 나타났다.

교육적 설득 연설을 실시함에 있어서, 학교장들은 가급적 짧은 시간에 어떤 방법으로 학생들에게 효과적인 교육적 설득 연설을 실시하느냐 하는 것이 향후 교육적 설득 연설의 성공 여부를 결정짓는 중요한 열쇠가 된다.

2.3. 교육적 설득 연설의 인용내용

교육적 설득 연설을 자주 실시하지 못하고 있는 현실에서 한 번의 교육적 설득 연설은 학생들에게 인성교육 등을 실시할 수 있는 매우 중요한 기회이다. 따라서 교육적 설득 연설의 기법은 물론 내용에도 많은 신경을 써야 한다. 학생들에게 교육적 설득 연설의 내용을 오랫동안 기억시켜 소기의 성과를 얻어야 하기 때문이다.

교육적 설득 연설에서 우선적으로 정해야 할 일은 주제이다. '어느 것을 말할 것인가'라는 주제를 정확히 파악해 두어야 한다. 이것이 확고하지 않으면 내용이 모호하게 되어 듣는 학생들 쪽에서도 무엇을 말하려하는지 잘 모르게 된다. 주제가 정해지면, 그 주제에 맞게 내용을 구성하는 일이다. 먼저 내용의 골자가 되는 것을 골라내어 그것을 어떻게 구성하면 가장 효과적인가를 생각하는 일이다(언어과학 진흥회편, 1999 : 17).

효과적인 방법 중의 하나가 적절한 인용을 하면서 교육적 설득 연설을 실시하는 것이다. 그 주제에 맞는 내용을 곁들인다는 것은 이해를 돕는 데에도 도움을 주고, 학생들에게 지루함을 덜어주는 역할도 하게 되기 때문이다. 예를 들어 강연인 경우에나 축사인 경우에는 유머를 곁들이는 것이 효과적이다. 특히 동창회와 친목의 뜻이 담긴 회합에서는 스스럼없는 이야기가 훨씬 좋을 것이다. 그러나 축하 송별 등의 경우에는 유머를 곁들이는 것도 좋지만, 대체로 근엄한 편이 더 호감을 주게 된다(언어과학 진흥회편, 1999 : 21).

위와 같이 곁들이는 말이 꼭 유머가 아니어도, 때에 따라서는 일화나 동화 등의 내용을 인용하는 것도 좋은 방법이다. 교육적 설득 연설의 목적이 학생들로 하여금 뭔가 변화를 주기 위한 것이라면 여러 방법을 동원해서라도 학생들이 자신의 마음속에 받아들이도록 하여야 한다. 어떤 내용을 인용하여 교육적 설득 연설을 하느냐가 매우 중요한 이유가 바로 여기에 있는 것이다.

교육적 설득 연설을 할 때 어떤 내용을 인용해서 연설을 하면 가장 재미있고, 이해가 빠르며 오랫동안 기억에 남을 것으로 생각하는가에 대한 조사결과는 다음 〔표 4-6〕과 같다.

교육적 설득 연설을 할 때 가장 재미있고 오랫동안 기억에 남을 것 같은 인용 내용에 대해 살펴보면 '잘 모르겠다'가 32.2%로 가장 많은 응답을 보였으며 '일화나 실화 인용'과 '일상 유머 인용'이 각각 20.1%, '동화나 우화 인용' 10.1% 순으로 나타났다. 또한 '옛날이야기' 10.0%, '신문이나 텔레비전 뉴스 인용'이 7.5%로 나타났다.

[표 4-6] 교육적 설득 연설에서 인용해야 할 내용

구 분		㉠	㉡	㉢	㉣	㉤	㉥	합 계	x^2(p)
성 별	남	134	55	116	74	50	247	676	22.397*** (.000)
		19.8%	8.1%	17.2%	10.9%	7.4%	36.5%	100.0%	
	여	111	68	129	48	42	146	544	
		20.4%	12.5%	23.7%	8.8%	7.7%	26.8%	100.0%	
학교급별	초등학교	103	59	59	88	48	84	441	164.609*** (.000)
		23.4%	13.4%	13.4%	20.0%	10.9%	19.0%	100.0%	
	중학교	58	32	72	18	14	171	365	
		15.9%	8.8%	19.7%	4.9%	3.8%	46.8%	100.0%	
	고등학교	84	32	114	16	30	138	414	
		20.3%	7.7%	27.5%	3.9%	7.2%	33.3%	100.0%	
학 년	초등학교 4학년	34	23	12	26	14	24	133	195.302*** (.000)
		25.6%	17.3%	9.0%	19.5%	10.5%	18.0%	100.0%	
	초등학교 5학년	34	15	22	30	17	20	138	
		24.6%	10.9%	15.9%	21.7%	12.3%	14.5%	100.0%	
	초등학교 6학년	35	21	25	32	17	40	170	
		20.6%	12.4%	14.7%	18.8%	10.0%	23.5%	100.0%	
학 년	중학교 1학년	12	12	25	4	5	50	108	195.302*** (.000)
		11.1%	11.1%	23.1%	3.7%	4.6%	46.3%	100.0%	
	중학교 2학년	28	11	23	9	4	63	138	
		20.3%	8.0%	16.7%	6.5%	2.9%	45.7%	100.0%	
	중학교 3학년	18	9	24	5	5	58	119	
		15.1%	7.6%	20.2%	4.2%	4.2%	48.7%	100.0%	
	고등학교 1학년	14	9	25	5	9	45	107	
		13.1%	8.4%	23.4%	4.7%	8.4%	42.1%	100.0%	
	고등학교 2학년	11	9	25	1	5	22	73	
		15.1%	12.3%	34.2%	1.4%	6.8%	30.1%	100.0%	
	고등학교 3학년	59	14	64	10	16	71	234	
		25.2%	6.0%	27.4%	4.3%	6.8%	30.3%	100.0%	
합 계		245	123	245	122	92	393	1220	
		20.1%	10.1%	20.1%	10.0%	7.5%	32.2%	100.0%	

***p<.001
주) ㉠ 일화나 실화 인용　　　　　　㉡ 동화나 우화 인용
　　㉢ 일상 유머 인용　　　　　　　㉣ 옛날이야기
　　㉤ 신문이나 텔레비전 뉴스 인용　㉥ 잘 모르겠다.

　성별에 따라서는 '일상 유머 인용이 좋다'고 응답한 학생 중 남학생은 17.2%, 여학생은 23.7%로 남학생보다 여학생이 더 높게 나타났다. 반면 '잘 모르겠다'고 응답한 경우는 남학생이 36.5%, 여학생은 26.8%로 여학생보다 남학생이 더 높게 나타났으며 통계적으로도 유의미한 차이를 보인다(p<.001).

　학교 급별에 따라서는 중학교와 고등학교는 '잘 모르겠다'는 응답이 33.0%로 나타나 초등학교보다 더 높게 나타났고 초등학교의 경우는 '옛날이야기'가 20.0%로 가장 높게 나타났으며 통계적으로도 유의미한 차이를 보인다(p<.001). 즉 초등학생은 동화나 옛날이야기를 선호하였으나 중·고등학생의 경우 잘 모르겠다는 소극적인 응답이 많았다.

　학년에 따라서는 '일상 유머 인용'에 대하여 초등학교 4학년생은 9.0%, 초등학교 5학년생은 15.9%, 초등학교 6학년생은 14.7%, 중학교 1학년생은 23.1%, 중학교 2학년생은 16.7%, 중학교 3학년생은 20.2%, 고등학교 1학년생은 23.4%, 고등학교 2학년생은 34.2%, 고등학교 3학년생은 27.4%로 고등학교 2학년생이 가장 높게 나타났고 초등학교 4학년생은 '잘 모르겠다'가 18.0%, 초등학교 5학년생은 14.5%, 초등학교 6학년생은 23.5%, 중학교 1학년생은 46.3%, 중학교 2학년생은 45.7%, 중학교 3학년생은 48.7%, 고등학교 1학년생은 42.1%, 고등학교 2학년생은 30.1%, 고등학교 3학년생은 30.3%로 중학교 3학년생이 가장 높게 나타났으며 통계적으로도 유의미한 차이를 보인다(p<.001).

　결론적으로 어떤 내용을 인용해야 가장 기억에 오래 남을지에 대하여

잘 모르는 학생이 많다는 것은 그동안 학교장의 교육적 설득 연설에 특징적인 것이 없었다고 볼 수 있다. 즉 학생들이 오랫동안 기억할 만한 교육적 설득 연설을 듣지 못하였다고 하겠다. 이를 좀 더 확대해서 해석하면, 그동안의 교육적 설득 연설이 학생들의 입장을 고려하여 교육적 설득 연설이 이루어진 것이 아니고 일방적으로 학교장의 입장에서 교육적 설득 연설이 이루어졌다고 보겠다.

이러한 조사결과로 볼 때, 향후의 교육적 설득 연설은 인용 내용을 학생들이 선호하는 방향으로 바꿔 나가되, 학생들에게 오랫동안 기억될 수 있는 내용으로 인용을 하여야 한다.

2.4. 교육적 설득 연설을 듣기 좋은 계절

사람의 기분은 날씨에 따라서도 많이 변하지만, 계절에 따라서도 많은 변화를 가져오게 된다. 일반적으로 각 계절의 특징이 있듯이, 교육적 설득 연설을 듣는 데에도 듣고 기분이 좋은 계절이 있고 그렇지 않은 계절도 있게 되는 것이다. 기분이 좋은 계절에는 연설 내용을 많이 이해하고 그 내용의 실천을 위해서 노력할 것이며 기억에도 오래 남을 것이다. 그러나 계절적으로 기분이 좋지 않을 경우는 교육적 설득 연설내용을 잘 경청하지 않게 되고, 기억도 오래 하지 못할 것이다.

물론 계절과 날씨는 밀접한 관계가 있기 때문에 따로 떼어놓고 살펴보기는 어렵다. 따라서 너무 더운 날씨나 너무 추운 날씨는 교육적 설득 연설을 실시하기에 적절하지 않다고 볼 수 있다. 일반적으로는 봄과 가을의 날씨가 교육적 설득 연설을 듣기에 적절한 계절이다.

학생들이 선호하는 계절이 있기 때문에 학교장의 입장에서는 교육적 설득 연설을 가급적 선호하는 계절 위주로 해야 하겠지만, 부득이하게 선호하지 않는 계절에도 교육적 설득 연설을 실시해야 할 때가 있게 된다. 가령 졸업식이나 방학식 때는 계절적으로 여름 또는 겨울이 된다. 이렇게 부득이한 경우를 위해서 학교장들은 더 많은 신경과 노력을 기울이지 않으면 안 된다. 즉 연설 내용이나 인용에 관한 것들을 선호하는 계절보다 훨씬 더 준비하여야 한다.

교육적 설득 연설을 들을 때, 머릿속에 가장 잘 들어올 것으로 생각되는 계절을 학생들에게 설문조사를 실시하였다. 학생들도 날씨가 가장 좋은 봄과 가을을 많이 선호하는 것으로 나타났다. 조사결과는 다음 〔표 4-7〕과 같다.

학생들이 교육적 설득 연설을 들을 때 머릿속에 가장 잘 들어오고 오랫동안 기억에 남을 것 같은 계절에 대해 살펴보면 '가을'이 50.0%로 가장 많은 응답을 보였으며 '봄'이 23.9%, '겨울'이 13.2% 순으로 나타났다. 반면 '여름'은 12.9%로 나타나 응답률이 가장 낮았다.

성별에 따라서는 남학생은 '여름'이 15.2%, 여학생은 9.9%로 여학생보다 남학생이 더 높게 나타났으며, '가을'은 남학생이 48.4%, 여학생은 52%로 나타나 남학생은 여학생보다 여름을 선호하였으며, 여학생은 남학생의 경우와는 달리 '가을'을 선호하였고, 통계적으로도 유의미한 차이를 보인다($p < .05$). 또한 봄은 남학생이 22.5%, 여학생은 25.7%로 나타났고, '겨울'의 경우는 남학생이 13.9%, 여학생이 12.3%로 나타나서 통계적으로 유의미한 차이는 없었다. 결과적으로 보면, 교육적 설득 연설을 듣기에 가장 효과적인 계절로 봄과 가을을 가장 선호하고 있으며, 남학생과 여학생에 따라서 통계적으로 유의미한 차이를 나타내는 계절도 있었다.

[표 4-7] 교육적 설득 연설을 듣기에 가장 좋은 계절

구 분		㉠	㉡	㉢	㉣	합 계	x^2(p)
성 별	남	152	103	327	94	676	9.315*
		22.5%	15.2%	48.4%	13.9%	100.0%	(.025)
	여	140	54	283	67	544	
		25.7%	9.9%	52.0%	12.3%	100.0%	
학교급별	초등학교	108	88	178	67	441	49.977***
		24.5%	20.0%	40.4%	15.2%	100.0%	(.000)
	중학교	72	39	203	51	365	
		19.7%	10.7%	55.6%	14.0%	100.0%	
	고등학교	112	30	229	43	414	
		27.1%	7.2%	55.3%	10.4%	100.0%	
학 년	초등학교 4학년	37	36	43	17	133	74.826***
		27.8%	27.1%	32.3%	12.8%	100.0%	(.000)
	초등학교 5학년	32	24	58	24	138	
		23.2%	17.4%	42.0%	17.4%	100.0%	
	초등학교 6학년	39	28	77	26	170	
		22.9%	16.5%	45.3%	15.3%	100.0%	
	중학교 1학년	27	13	52	16	108	
		25.0%	12.0%	48.1%	14.8%	100.0%	
	중학교 2학년	21	17	76	24	138	
		15.2%	12.3%	55.1%	17.4%	100.0%	
	중학교 3학년	24	9	75	11	119	
		20.2%	7.6%	63.0%	9.2%	100.0%	
	고등학교 1학년	24	9	61	13	107	
		22.4%	8.4%	57.0%	12.1%	100.0%	
학 년	고등학교 2학년	18	6	40	9	73	74.826***
		24.7%	8.2%	54.8%	12.3%	100.0%	(.000)
	고등학교 3학년	70	15	128	21	234	
		29.9%	6.4%	54.7%	9.0%	100.0%	
합 계		292	157	610	161	1220	
		23.9%	12.9%	50.0%	13.2%	100.0%	

*p<.05 ***p<.001

주) ㉠ 봄   ㉡ 여름   ㉢ 가을   ㉣ 겨울

학교 급별에 따라서는 초등학교와 중학교, 고등학교에서 '가을'이 가장 좋다는 응답이 가장 높게 나타났다. 초등학교의 경우는 '여름'에도 20.0%로 높게 나타났으며 통계적으로도 유의미한 차이를 보인다(p<.001). 즉 초등학생은 '여름'을 선호하는 응답비율이 중학교·고등학교에 비하여 월등히 높게 나타났다. '봄'과 '가을'을 선호하는 경향도 초등학교와 중·고등학교의 경우가 서로 차이가 있었다. 대체로 초등학생의 경우는 날씨의 영향을 덜 받는 것으로 조사되었고 중·고등학생의 경우는 날씨의 영향에 매우 민감하게 반응하였다.

학년에 따라서는 '여름'이 초등학교 4학년생은 27.1%, 초등학교 5학년생은 17.4%, 초등학교 6학년생은 16.5%, 중학교 1학년생은 12.0%, 중학교 2학년생은 12.3%, 중학교 3학년생은 7.6%, 고등학교 1학년생은 8.4%, 고등학교 2학년생은 8.2%, 고등학교 3학년생은 6.4%로 초등학교 4학년생이 가장 높게 나타났고 가을이 초등학교 4학년생은 32.3%, 초등학교 5학년생은 42.0%, 초등학교 6학년생은 45.3%, 중학교 1학년생은 48.1%, 중학교 2학년생은 55.1%, 중학교 3학년생은 63.0%, 고등학교 1학년생은 57.0%, 고등학교 2학년생은 54.8%, 고등학교 3학년생은 54.7%로 중학교 3학년생이 가장 높게 나타났으며 통계적으로도 유의미한 차이를 보인다(p<.001).

정리하면, 초등학교의 경우는 4학년생이 '여름'을 선호하는 정도가 높게 나타났고, 학년이 올라가고 중·고등학교로 갈수록 '여름'을 선호하는 정도는 현저히 떨어졌다. 반면 '가을'을 선호하는 경향은 초등학교나 고등학교보다는 중학교에서 가장 선호하는 것으로 나타났다.

향후의 교육적 설득 연설을 실시함에 있어서 특별한 경우를 제외하고는 여름과 겨울을 지양하고 봄과 가을을 많이 이용하는 것이 바람직하다.

2.5. 교육적 설득 연설에 효과적인 행사

교육적 설득 연설에서도 학생들에게 막힘없이 교묘하게 이야기하여 호감을 얻는다는 것은 별다른 의미가 없다. 때로는 막히면서 이야기를 하더라고 학생들의 마음을 사로잡고 감동을 주는 것이 의미 있는 교육적 설득 연설이 되는 것이다.

학교에는 각종 행사가 많이 있다. 국가에서 정한 국경일은 물론이고 학교 나름대로 실시하는 공통적인 행사가 있다.

공통적으로 대부분의 학교에서 이루어지고 있는 행사와 관련하여 학생들에게 가장 기억이 오래되고 머릿속에 잘 들어오는 행사는 어떤 행사인지 조사하였다. 이에 대한 조사결과는 다음 〔표 4-8〕과 같다.

교육적 설득 연설을 들을 때 머릿속에 가장 잘 들어오고 오랫동안 기억에 남을 것 같은 행사에 대하여 조사한 결과를 살펴보면 '방학식 하는 날'이 34.8%로 가장 많은 응답을 보였으며, '입학식이나 졸업식 때' 34.7%, '특별한 행사' 17.5% 순으로 나타났다. 반면 정기적으로 이루어지는 조회와 개학식 때에 대한 반응은 낮게 나타나서 선호하지 않는 것으로 나타났다.

성별에 따라서는 남학생은 '입학식이나 졸업식 때'가 32.2%로 가장 높은 응답을 보였고, 여학생은 '입학식이나 졸업식 때'에 37.7%의 반응을 나타내어 남학생보다 여학생이 입학식이나 졸업식 때에 듣는 교육적 설득 연설의 내용이 오랫동안 기억되고 머릿속에 잘 들어온다고 반응하였으며, 통계적으로도 유의미한 차이를 보인다(p<.05).

학교 급별에 따라서는 초등학교는 방학식 하는 날이 41.3%, 중학교는 40.5%, 고등학교는 22.9%로 초등학교가 가장 높게 나타났고, 초등학교는 입학식이나 졸업식 때가 24.3%, 중학교는 36.2%, 고등학교는

44.4%로 고등학교가 가장 높게 나타났으며 통계적으로도 유의미한 차이를 보인다(p<.001). 즉 초등학생과 중학생은 방학식 하는 날이라는 응답이 많았으며 고등학생은 입학식이나 졸업식이라는 응답이 많이 나타났다.

[표 4-8] 교육적 설득 연설에 효과적인 행사

구 분		㉠	㉡	㉢	㉣	㉤	합 계	x^2(p)
성 별	남	78	107	249	24	218	676	12.829*
		11.5%	15.8%	36.8%	3.6%	32.2%	100.0%	(.012)
	여	46	107	176	10	205	544	
		8.5%	19.7%	32.4%	1.8%	37.7%	100.0%	
학교급별	초등학교	56	89	182	7	107	441	81.442***
		12.7%	20.2%	41.3%	1.6%	24.3%	100.0%	(.000)
	중학교	33	35	148	17	132	365	
		9.0%	9.6%	40.5%	4.7%	36.2%	100.0%	
	고등학교	35	90	95	10	184	414	
		8.5%	21.7%	22.9%	2.4%	44.4%	100.0%	
학 년	초등학교 4학년	20	30	46	2	35	133	113.591***
		15.0%	22.6%	34.6%	1.5%	26.3%	100.0%	(.000)
	초등학교 5학년	13	28	64	4	29	138	
		9.4%	20.3%	46.4%	2.9%	21.0%	100.0%	
	초등학교 6학년	23	31	72	1	43	170	
		13.5%	18.2%	42.4%	.6%	25.3%	100.0%	
	중학교 1학년	9	8	41	9	41	108	
		8.3%	7.4%	38.0%	8.3%	38.0%	100.0%	
	중학교 2학년	13	14	60	5	46	138	
		9.4%	10.1%	43.5%	3.6%	33.3%	100.0%	
	중학교 3학년	11	13	47	3	45	119	
		9.2%	10.9%	39.5%	2.5%	37.8%	100.0%	
학 년	고등학교 1학년	4	26	23	4	50	107	113.591***
		3.7%	24.3%	21.5%	3.7%	46.7%	100.0%	(.000)
	고등학교 2학년	12	11	23	0	27	73	
		16.4%	15.1%	31.5%	.0%	37.0%	100.0%	
	고등학교 3학년	19	53	49	6	107	234	
		8.1%	22.6%	20.9%	2.6%	45.7%	100.0%	
합 계		124	214	425	34	423	1220	
		10.2%	17.5%	34.8%	2.8%	34.7%	100.0%	

*p<.05 ***p<.001
주) ㉠ 정기적으로 이루어지는 전교생 조회 때 ㉡ 특별한 행사
   ㉢ 방학식 하는 날 ㉣ 개학식 하는 날 ㉤ 입학식이나 졸업식 때

학년에 따라서는 '방학식 하는 날'이 초등학교 4학년생은 34.6%, 초등학교 5학년생은 46.4%, 초등학교 6학년생은 42.4%, 중학교 1학년생은 38.0%, 중학교 2학년생은 43.5%, 중학교 3학년생은 39.5%, 고등학교 1학년생은 21.5%, 고등학교 2학년생은 31.5%, 고등학교 3학년생은 20.9%로 초등학교 5학년생이 가장 높게 나타났고, '입학식이나 졸업식 때'에 초등학교 4학년생은 26.3%, 초등학교 5학년생은 21.0%, 초등학교 6학년생은 25.3%, 중학교 1학년생은 38.0%, 중학교 2학년생은 33.3%, 중학교 3학년생은 37.8%, 고등학교 1학년생은 46.7%, 고등학교 2학년생은 37.0%, 고등학교 3학년생은 45.7%가 반응을 보여 고등학교 1학년생이 가장 높게 나타났으며 통계적으로도 유의미한 차이를 보인다(p<.001).

학생들이 교육적 설득 연설에서 가장 선호하는 행사는 입학식과 졸업식, 방학식 하는 날 등이다. 반면 개학식이나 학교에서 정기적으로 이루어지는 조회시간은 선호하지 않는 것으로 나타났다. 따라서 교육적 설득 연설을 실시할 때는 정기적인 조회보다는 특별한 행사가 있을 때에 초점을 맞춰 학생들에게 집중적인 연설이 이루어져야 한다.

2.6. 학생들이 선호하는 교육적 설득 연설의 내용

연설을 한다는 것은 연설을 할 목적이 있어서 하는 것이다. 그 목적이 이루어지지 않는다면 연설을 하는 의미가 없다. 어떤 사실을 이해시키려고 하는지, 무엇인가 해주기를 바라고 이야기하는 것인지, 상대의 감흥을 불러일으키려 하는 것인지, 또는 단지 즐거운 시간을 가지기 위해 레크레이션으로 말할 것인지 각각 목적이 있어야 한다(언어과학 진흥회 편, 1999 : 349).

이러한 목적을 생각하여 이야기하여야 할 내용을 정하고, 그 위에 그때의 목적에 알맞은 몇 가지의 화제 중에서 그때마다 상대에 맞는 화제를 선택해야 한다. 화제를 선택하는 척도로서 언어과학진흥회(1999 : 349-350)에서는 다음과 같은 것을 염두에 두고 고르기를 권하고 있다.

① 이 화제가 진실로 이야기하는 목적과 꼭 맞는 내용인가.
② 상대(듣는 사람·청중)가 이해하는 내용인가.
③ 상대에게 새로운 효과나 관심을 가지게 하는 화제인가.
④ 상대에게 재미나 새로운 발상으로서 흥미가 있는 화제인가.
⑤ 상대의 흥미를 끌게 하여 계속 듣게 할 수 있는 화제인가.
⑥ 이야기하는 내용을 자기가 충분히 소화하고 있으며, 앞에서 설명한 것이 이루어지도록 이야기 할 수 있는 화제인가.

어떤 행사 때의 교육적 설득 연설이든지, 그 연설의 목적을 정확히 인식한 다음에 그 목적에 맞는 내용으로 교육적 설득 연설을 준비하여야 한다. 준비 없이 그대로 이어지는 교육적 설득 연설은 학생들로 하여금 교육적 설득 연설에 대한 잘못된 가치관을 심어줄 염려가 있는 것이다.

교육적 설득 연설에서는 적당한 인용과 함께 전달하고자 하는 목적에 부합하는 내용의 교육적 설득 연설을 실시해야 한다. 이 목적을 어떻게 정하는가에 따라 교육적 설득 연설의 내용이 결정되게 된다. 따라서 교육적 설득 연설의 경우도 학생들에게 전달하여 짧은 시간에 전달할 내용이 모두 포함되도록 내용이 어떤 내용인지 충분히 검토하고 교육적 설득 연설을 실시해야 한다고 본다. 교장의 교육적 설득 연설에서 앞으로는 어떤 내용으로 연설이 이루어져야 학생들의 호응이 높을 것인지 설문조사를 실시하여 알아보았다. 설문 결과는 다음 〔표 4-9〕와 같다.

교육적 설득 연설을 할 때 가장 좋은 내용에 대해 살펴보면 '학생들도 잘 할 수 있다고 희망을 주는 내용'이 32.3%로 가장 많은 응답을 보였으며, '학교생활 중 잘못된 점을 지적하고 고치도록 하는 내용' 22.8%, '앞으로 생활 태도를 어떻게 갖는 것이 좋다고 하는 내용' 17.4% 순으로 나타났으며, '우리학생들이 최고라고 칭찬을 자주 하는 내용'이 14.4%로 나타났다.

성별에 따라서는 '학생들도 잘 할 수 있다고 희망을 주는 내용'이 가장 좋은 내용이라고 답한 경우에, 남학생은 25.3%, 여학생은 41.0%로 남학생보다 여학생이 더 높게 나타났으며, 통계적으로도 유의미한 차이를 보인다($p < .001$).

학교 급별에 따라서는 '학교생활 중 잘못된 점을 지적하고 고치도록 하는 내용'이 초등학교는 33.8%, 중학교는 15.3%, 고등학교는 17.6%로 초등학교가 가장 높게 나타났고, '학생들도 잘 할 수 있다고 희망을 주는 내용'에서는 초등학교 27.7%, 중학교 26.8%, 고등학교 42.0%로 고등학교가 가장 높게 나타나서, 통계적으로도 유의미한 차이를 보인다($p < .001$). 즉 초등학생은 '잘못된 점을 지적하고 고치도록 하는 내용'을 선호하였으며 중학생은 '우리학생들이 최고라고 칭찬을 자주 하는 내용'을 선호하였고, 고등학생은 '학생들도 잘 할 수 있다고 희망을 주는 내용'을 선호하였다. 이것은 현재 초등학교의 경우는 '학생들의 잘못된 점을 지적하는 내용'의 교육적 설득 연설이 주를 이루고 있으며, 중학교는 '우리 학생들이 최고라고 칭찬하는 내용'이 주를 이루고 있다는 것을 잘 나타내 주고 있다. 또한 고등학교의 경우는 '학생들에게 희망을 주는 내용'이 주를 이루고 있다고 볼 수 있지만, 초·중학교에 비해서 교육적 설득 연설의 횟수가 상대적으로 적은 것을 감안하면 학생들의 주관적인 판단에서 나타난 응답이라고 볼 수 있다.

[표 4-9] 학생들이 가장 선호하는 교육적 설득 연설의 내용

구 분		㉠	㉡	㉢	㉣	㉤	합 계	x^2(p)
성 별	남	179	120	171	89	117	676	40.918*** (.000)
		26.5%	17.8%	25.3%	13.2%	17.3%	100.0%	
	여	99	92	223	71	59	544	
		18.2%	16.9%	41.0%	13.1%	10.8%	100.0%	
학교급별	초등학교	149	89	122	37	44	441	111.182*** (.000)
		33.8%	20.2%	27.7%	8.4%	10.0%	100.0%	
	중학교	56	55	98	66	90	365	
		15.3%	15.1%	26.8%	18.1%	24.7%	100.0%	
	고등학교	73	68	174	57	42	414	
		17.6%	16.4%	42.0%	13.8%	10.1%	100.0%	
학 년	초등학교 4학년	57	26	36	4	10	133	147.804*** (.000)
		42.9%	19.5%	27.1%	3.0%	7.5%	100.0%	
	초등학교 5학년	38	31	40	10	19	138	
		27.5%	22.5%	29.0%	7.2%	13.8%	100.0%	
	초등학교 6학년	54	32	46	23	15	170	
		31.8%	18.8%	27.1%	13.5%	8.8%	100.0%	
	중학교 1학년	20	17	26	18	27	108	
		18.5%	15.7%	24.1%	16.7%	25.0%	100.0%	
	중학교 2학년	25	21	32	25	35	138	
		18.1%	15.2%	23.2%	18.1%	25.4%	100.0%	
	중학교 3학년	11	17	40	23	28	119	
		9.2%	14.3%	33.6%	19.3%	23.5%	100.0%	
	고등학교 1학년	23	10	40	19	15	107	
		21.5%	9.3%	37.4%	17.8%	14.0%	100.0%	
학 년	고등학교 2학년	11	9	32	11	10	73	147.804*** (.000)
		15.1%	12.3%	43.8%	15.1%	13.7%	100.0%	
	고등학교 3학년	39	49	102	27	17	234	
		16.7%	20.9%	43.6%	11.5%	7.3%	100.0%	
합 계		278	212	394	160	176	1220	
		22.8%	17.4%	32.3%	13.1%	14.4%	100.0%	

***p<.001
주) ㉠ 학교생활 중 잘못된 점을 지적하고 고치도록 하는 내용
　　㉡ 앞으로 생활태도를 어떻게 갖는 것이 좋다고 하는 내용
　　㉢ 학생들도 잘 할 수 있다고 희망을 주는 내용
　　㉣ 그 계절이나 행사취지에 맞는 내용
　　㉤ 그 계절이나 행사취지에 맞는 내용
　　㉥ 우리 학생들이 최고라고 칭찬을 자주 하는 내용

결과적으로 학생들의 입장에서 평소에 익숙한 교육적 설득 연설 내용이 앞으로도 지속적으로 이어질 것이라고 인식하고 있다는 전제하에 이와 같은 응답비율이 나온 것으로 보인다.

학년에 따라서는 '학교생활 중 잘못된 점을 지적하고 고치도록 하는 내용'이 초등학교 4학년생은 42.9%, 초등학교 5학년생은 27.5%, 초등학교 6학년생은 31.8%, 중학교 1학년생은 18.5%, 중학교 2학년생은 18.1%, 중학교 3학년생은 9.2%, 고등학교 1학년생은 21.5%, 고등학교 2학년생은 15.1%, 고등학교 3학년생은 16.7%로 초등학교 4학년생이 가장 높게 나타났고 '학생들도 잘 할 수 있다고 희망을 주는 내용'에는 초등학교 4학년생은 27.1%, 초등학교 5학년생은 29.0%, 초등학교 6학년생은 27.1%, 중학교 1학년생은 24.1%, 중학교 2학년생은 23.2%, 중학교 3학년생은 33.6%, 고등학교 1학년생은 37.4%, 고등학교 2학년생은 43.8%, 고등학교 3학년생은 43.6%로 고등학교 2학년생이 가장 높게 나타났으며 통계적으로도 유의미한 차이를 보인다 (p<.001).

결론적으로 교육적 설득 연설의 내용 중 가장 좋다고 생각되는 내용에 대한 응답에서 '학생들도 잘 할 수 있다고 희망을 주는 내용'이 32.3%로 가장 많은 응답을 보였으나 나머지 항목에서도 어느 한 항목이 현저하게 낮게 나타나지 않았다. 따라서 설문지에 제시된 어느 내용으로 교육적 설득 연설을 해도 학생들에게는 많은 도움이 되고 또 호응을 얻을 수 있는 내용이라 할 수 있다. 한편 '학생들에게 희망을 주는 내용'이 좋다고 답한 학생들이 남학생보다 여학생 쪽에서 훨씬 더 높게 나타났으므로, 여학교에 재직 중인 교장들은 이런 점들을 특히 강조하여 교육적 설득 연설을 실시한다면 좀 더 효과적인 교육적 설득 연설이 될 것이다.

2.7. 교육적 설득 연설시 연사의 자세

연설이란 자기의 신념이나 지론 또는 자기가 소속된 단체가 갖고 있는 주의 및 입장 등을 정당한 것으로 주장하고 이를 청중에게 납득시키는 것이다. 그리고 연설은 넓은 장소에서 다수의 사람을 상대로 하는 것이다(전영우, 2003 : 344). 일반적인 연설의 예를 들어 보면, 국회의원이 의사당에서 하는 연설, 각종 선거 운동에서 후보자들이 하는 연설, 시민 대회 등에서의 연설, 교회에서의 연설, 가두연설, 학생들을 상대로 하는 교육적 설득 연설 등을 들 수 있을 것이다.

그 중에서 교육적 설득 연설은 일반적인 연설의 경우처럼 자기주장을 강조하여 납득시키는 데에 목적이 있다. 따라서 일반적인 연설과는 차별되는 방법을 동원하여 연설을 실시해야 한다. 자기주장을 관철시키기 위한 노력보다는 학생들을 설득시켜야 하기 때문이다. 설득을 시키기 위한 노력으로 연설자세에 변화를 주는 것도 좋은 방법 중의 하나이다. 학생들은 교장이 어떤 자세로 교육적 설득 연설을 해야 가장 좋다고 생각하는지 조사한 결과는 다음 〔표 4-10〕과 같다.

교육적 설득 연설을 할 때 가장 좋은 자세에 대한 학생들의 인식을 살펴보면 '손을 필요할 때 적당히 움직이면서 한다'에 48.9%로 가장 많은 응답을 보였으며, '필요할 때 온몸을 움직이면서 한다' 19.1%, '거의 부동자세로 한다' 14.2%, '시선을 한곳에 두고 한다' 11.9%, '자리를 조금씩 이동하면서 한다' 5.9% 순으로 나타났다. '손을 필요할 때 적당히 움직이면서 한다'가 가장 높게 나타났는데, 몸을 움직이는 것보다는 손을 적당히 쓰면서 교육적 설득 연설을 하는 것이 가장 좋은 방법이라고 학생들은 인식하고 있는 것으로 볼 수 있다. 즉 너무 심한 정도의 움직임이나 전혀 움직임이 없는 자세는 학생들이 좋아하지 않는다.

성별에 따라서는 '손을 필요할 때 적당히 움직이면서 한다'에 남학생은 42.5%, 여학생의 경우는 57.0%가 응답하여 남학생보다 여학생이 더 높게 나타났다. 반면 '거의 부동자세로 한다'에 남학생은 17.9%, 여학생은 9.6%로 여학생보다 남학생이 더 높게 나타났으며 통계적으로도 유의미한 차이를 보인다(p<.001).

[표 4-10] 교육적 설득 연설을 할 때 가장 좋은 자세

구 분		㉠	㉡	㉢	㉣	㉤	합 계	x^2(p)
성 별	남	96	287	43	129	121	676	35.175***
		14.2%	42.5%	6.4%	19.1%	17.9%	100.0%	(.000)
	여	49	310	29	104	52	544	
		9.0%	57.0%	5.3%	19.1%	9.6%	100.0%	
학교급별	초등학교	80	236	17	39	69	441	112.391***
		18.1%	53.5%	3.9%	8.8%	15.6%	100.0%	(.000)
	중학교	40	147	18	84	76	365	
		11.0%	40.3%	4.9%	23.0%	20.8%	100.0%	
	고등학교	25	214	37	110	28	414	
		6.0%	51.7%	8.9%	26.6%	6.8%	100.0%	
학 년	초등학교 4학년	25	73	3	8	24	133	137.959***
		18.8%	54.9%	2.3%	6.0%	18.0%	100.0%	(.000)
	초등학교 5학년	27	73	8	11	19	138	
		19.6%	52.9%	5.8%	8.0%	13.8%	100.0%	
	초등학교 6학년	28	90	6	20	26	170	
		16.5%	52.9%	3.5%	11.8%	15.3%	100.0%	
	중학교 1학년	15	37	7	30	19	108	
		13.9%	34.3%	6.5%	27.8%	17.6%	100.0%	
학 년	중학교 2학년	12	59	9	29	29	138	137.959***
		8.7%	42.8%	6.5%	21.0%	21.0%	100.0%	(.000)
	중학교 3학년	13	51	2	25	28	119	
		10.9%	42.9%	1.7%	21.0%	23.5%	100.0%	
	고등학교 1학년	6	53	8	31	9	107	
		5.6%	49.5%	7.5%	29.0%	8.4%	100.0%	
	고등학교 2학년	8	38	10	11	6	73	
		11.0%	52.1%	13.7%	15.1%	8.2%	100.0%	
	고등학교 3학년	11	123	19	68	13	234	
		4.7%	52.6%	8.1%	29.1%	5.6%	100.0%	
합 계		145	597	72	233	173	1220	
		11.9%	48.9%	5.9%	19.1%	14.2%	100.0%	

***p<.001
주) ㉠ 시선을 한 곳에 두고 한다.　　㉡ 손을 필요할 때 적당히 움직이면서 한다.
　　㉢ 자리를 조금씩 이동하면서 한다.　㉣ 필요할 때 온몸을 움직이면서 한다.
　　㉤ 거의 부동자세로 한다.

학교 급별에 따라서는 '필요할 때 온몸을 움직이면서한다'에 초등학교는 8.8%, 중학교는 23.0%, 고등학교는 26.6%로 고등학교가 가장 높게 나타났고, '거의 부동자세로 한다'에 초등학교는 15.6%, 중학교는 20.8%, 고등학교는 6.8%로 중학교가 가장 높게 나타났으며, 통계적으로도 유의미한 차이를 보인다(p<.001).

학년에 따라서는 '필요할 때 온몸을 움직이면서한다'에 초등학교 4학년생은 6.0%, 초등학교 5학년생은 8.0%, 초등학교 6학년생은 11.8%, 중학교 1학년생은 27.8%, 중학교 2학년생은 21.0%, 중학교 3학년생은 21.0%, 고등학교 1학년생은 29.0%, 고등학교 2학년생은 15.1%, 고등학교 3학년생은 29.1%로 고등학교 3학년생이 가장 높게 나타났는데, 초등학교보다는 중학교가 중학교보다는 고등학교로 갈수록 더 높아지고 있었다. '거의 부동자세로 한다'에는 초등학교 4학년생은 18.0%, 초등학교 5학년생은 13.8%, 초등학교 6학년생은 15.3%, 중학교 1학년생은 17.6%, 중학교 2학년생은 21.0%, 중학교 3학년생은 23.5%, 고등학교 1학년생은 8.4%, 고등학교 2학년생은 8.2%, 고등학교 3학년생은 5.6%로 중학교 3학년생이 가장 높게 나타났으며 통계적으로도 유의미한 차이를 보인다(p<.001). 이 경우는 고등학교에서 가장 낮게 나타났는데, 이는 고등학생의 경우에는 손을 적당히 움직이면서 한다에 많은 응답을 한 것과 깊이 관련이 있는 것으로 보인다.

교육적 설득 연설의 자세로 가장 선호하는 자세는 심한 움직임을 하지 않으면서 적당히 몸을 움직이면서 하는 것이다. 학교장들은 향후의 교육적 설득 연설에서 이러한 점을 참고하여 교육적 설득 연설의 자세를 개선해 나가야 할 것이다.

2.8. 교육적 설득 연설시 연사의 어투

연설을 할 때의 형태는 사람에 따라 다르게 나타난다. 또는 연설의 목적이 무엇인가에 따라서도 그 형태는 다르게 나타난다. 교육적 설득 연설을 할 때는 어떤 형태로 연설을 해야 가장 이상적인 연설이 될 것인가는 학교장 개개인에 따라 다르게 나타날 수 있을 것이다.

화자에 대한 청자의 첫째 요구는 알아듣기 쉽게 큰 소리로 말해 달라는 점이다. 화자의 신념과 활성은 음성을 통해 청자에게 확실한 인상을 새겨 준다. 그러나 작은 목소리로 말하면 화자에게 신념이 없다거나 화자의 이야기를 상대가 듣든 말든 상관없다는 의미로 새겨지게 된다. 때로 화자의 이야기를 상대가 꼭 듣게 하기 위해, 혹은 화자가 청자의 적극적인 호응을 얻기 위해 한 순간, 청자를 긴장시키는 일은 수동적인 태도를 능동적인 태도로 바꾸는 효과적인 방편이 된다(전영우, 2003 : 252).

앞서 살펴본 바와 같이, 연설을 어떤 어투로 하는가에 따라 듣는 사람들의 태도를 바꿔놓을 수도 있는 것이다. 이는 교육적 설득 연설도 마찬가지이다. 즉 학교장이 교육적 설득 연설을 어떤 형태로 하느냐에 따라 학생들의 호응도가 높아질 수도 있고 그렇지 않을 수고 있는 것이다. 이를 위해서 학교장은 교육적 설득 연설을 위한 사전 준비와 어떤 방법으로 전달을 할 것인가에 대한 충분한 검토가 이루어져야 할 것이다. 학생들이 호응하지 않는 형태를 고집하는 것 보다는 학생들의 눈높이에 맞춰 그에 알맞은 형태의 교육적 설득 연설을 실시해야 한다.

학생들이 가장 선호하는 바람직한 교육적 설득 연설의 어투에 대한 설문조사 결과를 다음 〔표 4-11〕에 나타내었다.

교육적 설득 연설을 할 때 가장 좋은 형태로 생각하는 응답 결과에 대해 살펴보면 '자세히 설명 하듯이'에 41.6%로 가장 많은 응답을 보였으며 '동화를 구연하듯이' 33.7%, '훈계 하듯이' 13.6% 순으로 나타났다. '웅변하듯이'는 11.1%로 나타나서 가장 낮은 응답을 보였다.

성별에 따라서는 남학생의 경우는 '동화를 구연하듯이'가 30.0%, 여학생의 경우는 38.2%로 남자보다 여자가 더 높게 나타났으며 통계적으로도 유의미한 차이를 보인다(p<.001).

 학교 급별에 따른 결과를 살펴보면 '자세히 설명하듯이'에 초등학교는 56.2%, 중학교는 27.4%, 고등학교는 38.6%로 초등학교가 가장 높게 나타났고 '동화를 구연하듯이'에 초등학교는 28.3%, 중학교는 43.8%, 고등학교는 30.4%로 중학교가 가장 높게 나타났으며, 통계적으로도 유의미한 차이를 보인다(p<.001). 즉 초등학교와 중학교의 경우는 학생들에게 이해하기 쉽도록 교육적 설득 연설을 실시하는 것으로 볼 수 있다.

 학년에 따라서는 '자세히 설명 하듯 이'가 초등학교 4학년생은 65.4%, 초등학교 5학년생은 55.1%, 초등학교 6학년생은 50.0%, 중학교 1학년생은 32.4%, 중학교 2학년생은 25.4%, 중학교 3학년생은 25.2%, 고등학교 1학년생은 38.3%, 고등학교 2학년생은 50.7%, 고등학교 3학년생은 35.0%로 초등학교 4학년생이 가장 높게 나타났고 '동화를 구연하듯이'에 초등학교 4학년생은 26.3%, 초등학교 5학년생은 28.3%, 초등학교 6학년생은 30.0%, 중학교 1학년생은 32.4%, 중학교 2학년생은 47.8%, 중학교 3학년생은 49.6%, 고등학교 1학년생은 35.5%, 고등학교 2학년생은 30.1%, 고등학교 3학년생은 28.2%로 중학교 3학년생이 가장 높게 나타났으며 통계적으로도 유의미한 차이를 보인다(p<.001). 특이할 만한 점은 '자세히 설명하듯이 해야 한다'에서 초등학교와 고등학교가 대체로 높게 나타났는데, 이것은 중학교 학생들의 경우는 교육적 설득 연설에 대하여 별다른 관심을 보이지 않는 것과 관계가 깊은 것으로 보인다. 즉 중학교 학생들의 경우는 어떻게 교육적 설득 연설을 하든지 별다른 관심이 없기 때문으로 볼 수 있다. 또한 '동화를 구연하듯이 해야 한다'라는 항목에서는 초등학교와 중학교의 경우는 비교적 긍정적인 반응을 나타냈지만, 고등학교의 경우는 비교적 낮은 반응을 나타냈다. 이것은 초등학교와 중학교의 경우와는 다소 차이가 있는 것으로 육체적 정신적 성장이 더 많이 이루어져 있기 때문에 성인을 상대로

할 때의 연설기법이 필요하다는 것을 잘 나타내 준다고 할 수 있다.

교육적 설득 연설의 형태는 자세히 설명하듯이 하는 방법과 동화를 구연하듯이 하는 방법이 가장 좋은 방법이나, 고등학교의 경우는 초·중학교와 달리 성인에 가까운 교육적 설득 연설의 기법 개발이 필요하다.

[표 4-11] 교육적 설득 연설을 할 때 가장 좋은 형태

구 분		㉠	㉡	㉢	㉣	합 계	x^2(p)
성 별	남	95	115	263	203	676	33.896*** (.000)
		14.1%	17.0%	38.9%	30.0%	100.0%	
	여	40	51	245	208	544	
		7.4%	9.4%	45.0%	38.2%	100.0%	
학교급별	초등학교	25	43	248	125	441	87.276*** (.000)
		5.7%	9.8%	56.2%	28.3%	100.0%	
	중학교	43	62	100	160	365	
		11.8%	17.0%	27.4%	43.8%	100.0%	
	고등학교	67	61	160	126	414	
		16.2%	14.7%	38.6%	30.4%	100.0%	
학 년	초등학교 4학년	2	9	87	35	133	130.320*** (.000)
		1.5%	6.8%	65.4%	26.3%	100.0%	
	초등학교 5학년	7	16	76	39	138	
		5.1%	11.6%	55.1%	28.3%	100.0%	
	초등학교 6학년	16	18	85	51	170	
		9.4%	10.6%	50.0%	30.0%	100.0%	
	중학교 1학년	11	27	35	35	108	
		10.2%	25.0%	32.4%	32.4%	100.0%	
	중학교 2학년	21	16	35	66	138	
		15.2%	11.6%	25.4%	47.8%	100.0%	
	중학교 3학년	11	19	30	59	119	
		9.2%	16.0%	25.2%	49.6%	100.0%	
	고등학교 1학년	13	15	41	38	107	
		12.1%	14.0%	38.3%	35.5%	100.0%	
	고등학교 2학년	6	8	37	22	73	
		8.2%	11.0%	50.7%	30.1%	100.0%	
	고등학교 3학년	48	38	82	66	234	
		20.5%	16.2%	35.0%	28.2%	100.0%	
합 계		135	166	508	411	1220	
		11.1%	13.6%	41.6%	33.7%	100.0%	

***p<.001
주) ㉠ 웅변하듯이 ㉡ 훈계하듯이 ㉢ 자세히 설명하듯이 ㉣ 동화를 구연하듯이

2.9. 교육적 설득 연설시 연사의 복장

이미 교육적 설득 연설의 실태에서 살펴본 바와 같이, 현재 학교장들이 교육적 설득 연설을 할 때의 착용 복장은 전체적으로는 넥타이를 맨 정장(양복)차림이 76.6%, 넥타이를 매지 않은 정장(양복)차림이 12.6%로 나타났다. 그밖에 잠바나 티셔츠 등 간편한 차림이 7.0%, 운동복(트레이닝복 차림)이 3.7%로 나타났다. 대체로 정장차림으로 교육적 설득 연설을 실시하고 있는 것이다.

그러나 이러한 결과가 곧 학생들이 선호하는 용의·복장이라고 보기는 어렵다. 학생들의 입장에서 보면, 꼭 정장차림이 아니라도 상관이 없는 것으로 생각하는 경우도 있었다. 특히, 중학교 학생들의 경우는 간편한 복장을 입어도 좋다는 응답이 다른 학교급에 비해서 상대적으로 많았었다.

또 한편 주목할 만한 것은 운동복이나 트레이닝 복 차림도 교육적 설득 연설시의 복장으로 무난하다고 보는 학생들도 있었다는 것이다. 이것은 학생들이 자유롭게 활동하고 싶어 하는 속성과 밀접한 관련이 있는 것으로 보인다.

교육적 설득 연설시 이상적인 용의·복장에 대한 자세한 조사결과는 다음 〔표 4-12〕와 같다.

교육적 설득 연설을 할 때 바람직한 용의, 복장의 형태에 대해 학생들의 인식을 살펴보면 전체적으로 넥타이를 맨 정장(양복) 차림이 46.6%, 복장보다는 내용이 중요하다고 생각한다가 29.1%로 나타났다. 또한 잠바나 셔츠 등 간편한 차림이 9.7%, 넥타이를 매지 않은 정장(양복)차림 7.2%, 운동복차림이 7.4%로 나타났다.

성별에 따라서는 넥타이를 맨 정장(양복)차림이 남학생은 43.5%, 여학생은 50.6%로 남학생보다 여학생이 더 높게 나타났으며, 이것은 통계적으로도 유의미한 차이를 보인다(p<.001). 이러한 결과가 나타난 것은 여학생들이 남학생보다 용의·복장 면에서 깔끔한 느낌을 주는 정장 차림의 복장을 더 선호하기 때문으로 분석된다.

학교 급별에 따라서는 넥타이를 맨 정장(양복)차림이 초등학교는 57.4%, 중학교는 40.3%, 고등학교는 40.8%로 초등학교가 가장 높게 나타났고, 운동복 차림이 초등학교는 1.8%, 중학교는 19.2%, 고등학교는 2.9%로 중학교가 가장 높게 나타났으며 통계적으로도 유의미한 차이를 보인다(p<.001). 특히, 중학교에서 운동복 차림이 비교적 많았다는 것은 주목할 만한 결과이다.

[표 4-12] 교육적 설득 연설시 연사의 복장

구분		㉠	㉡	㉢	㉣	㉤	합 계	x^2(p)
성 별	남	294	50	65	75	192	676	31.952***
		43.5%	7.4%	9.6%	11.1%	28.4%	100.0%	(.000)
	여	275	38	53	15	163	544	
		50.6%	7.0%	9.7%	2.8%	30.0%	100.0%	
학교급별	초등학교	253	31	24	8	125	441	142.237***
		57.4%	7.0%	5.4%	1.8%	28.3%	100.0%	(.000)
	중학교	147	27	40	70	81	365	
		40.3%	7.4%	11.0%	19.2%	22.2%	100.0%	
	고등학교	169	30	54	12	149	414	
		40.8%	7.2%	13.0%	2.9%	36.0%	100.0%	
학 년	초등학교 4학년	71	13	7	1	41	133	187.542***
		53.4%	9.8%	5.3%	.8%	30.8%	100.0%	(.000)
	초등학교 5학년	88	6	9	0	35	138	
		63.8%	4.3%	6.5%	.0%	25.4%	100.0%	
	초등학교 6학년	94	12	8	7	49	170	
		55.3%	7.1%	4.7%	4.1%	28.8%	100.0%	
	중학교 1학년	50	7	15	17	19	108	
		46.3%	6.5%	13.9%	15.7%	17.6%	100.0%	
	중학교 2학년	50	16	7	35	30	138	
		36.2%	11.6%	5.1%	25.4%	21.7%	100.0%	
	중학교 3학년	47	4	18	18	32	119	
		39.5%	3.4%	15.1%	15.1%	26.9%	100.0%	
	고등학교 1학년	44	5	17	4	37	107	
		41.1%	4.7%	15.9%	3.7%	34.6%	100.0%	
	고등학교 2학년	37	5	10	2	19	73	
		50.7%	6.8%	13.7%	2.7%	26.0%	100.0%	
	고등학교 3학년	88	20	27	6	93	234	
		37.6%	8.5%	11.5%	2.6%	39.7%	100.0%	
합 계		569	88	118	90	355	1220	
		46.6%	7.2%	9.7%	7.4%	29.1%	100.0%	

***p<.001
주) ㉠ 넥타이를 맨 정장(양복)차림　　　　㉡ 넥타이를 매지 않은 정장(양복)차림
　　㉢ 잠바나 티셔츠 등 간편한 차림　　　㉣ 운동복 차림
　　㉤ 복장보다는 내용이 중요하다.

　학년에 따라서는 넥타이를 맨 정장(양복)차림이 초등학교 4학년은 53.4%, 초등학교 5학년은 63.8%, 초등학교 6학년은 55.3%, 중학교 1학년은 46.3%, 중학교 2학년은 36.2%, 중학교 3학년은 39.5%, 고등학교 1학년은 41.1%, 고등학교 2학년은 50.7%, 고등학교 3학년은 37.6%로 초등학교 5학년이 가장 높게 나타났고, 초등학교의 경우가 대체로 높게 나타났다. 복장보다는 내용이 중요하다고 응답한 경우는, 초등학교 4학년이 30.8%, 초등학교 5학년은 25.4%, 초등학교 6학년은 28.8%, 중학교 1학년은 17.6%, 중학교 2학년은 21.7%, 중학교 3학년은 26.9%, 고등학교 1학년은 34.6%, 고등학교 2학년은 26.0%, 고등학교 3학년은 39.7%로 고등학교 3학년이 가장 높게 나타났으며 통계적으로도 유의미한 차이를 보인다($p < .001$).

　이상의 결과를 종합하면, 학생들이 가장 선호하는 용의·복장은 넥타이를 맨 정장(양복)차림이지만, 복장 보다는 교육적 설득 연설의 내용이 더 중요하다고 답한 경우도 29.1%로 비교적 높은 편이었다. 이 두 경우가 70% 이상으로 많은 응답비율을 보였다.

　따라서 학교장들은 교육적 설득 연설을 할 때, 가급적 넥타이를 맨 정장(양복)차림으로 교육적 설득 연설을 하도록 노력해야한다. 특히, 초등학교의 경우는 이에 대한 선호도가 높게 나타났으므로, 다른 학교급의 교장들보다 초등학교 교장들이 용의·복장에 대해 많은 신경을 써야 한다고 본다.

　한편 간편한 복장이나 심지어는 운동복 차림이라도 좋다는 의견도 일부 있었다는 것은, 용의·복장이 격식을 차리기보다 편리하게 착용하는

방향으로 학생들의 인식이 변화해 가고 있기 때문으로 분석할 수 있다. 따라서 교육적 설득 연설시 용의·복장은 꼭 정장이 아니어도 된다고 생각하는 학생들이 있다는 것을 꼭 염두에 두어야 할 것이다.

2.10. 교육적 설득 연설시 연사의 복장에 대한 관심도

앞에서는 용의·복장에 대한 인식을 토대로 개선 방안을 제시하였다. 실제로 교육적 설득 연설시에 학교장이 용의·복장에 어느 정도 신경을 써야 하는지에 대한 답은 없다. 그러나 얼마만큼 신경을 써야 하는지에 대한 것은 학생들을 통해서 알아볼 수 있다.

앞에서 살펴본 바와 같이 학생들은 교육적 설득 연설시 학교장의 용의·복장에 대하여 넥타이를 맨 정장(양복)차림을 대체로 선호하는 것으로 나타났다. 특별히 정장차림을 선호하는 이유는 정확하지 않은 것으로 보인다. 정장차림이 깔끔해 보이기 때문일 것이다. 그러나 용의·복장에는 전혀 관심이 없는 학생들도 있다는 것이 특이할 만한 점이었다.

따라서 용의·복장에 어느 정도 신경을 써야 하는지에 대해서도 학생들의 응답은 비교적 다양하게 나타났다. 즉 어느 정도 신경을 써야 한다고 인식하고 있는 학생들이 대체로 많은 편이었지만, 별로 신경을 쓰지 않아도 된다는 의견을 제시한 학생들도 상당수 있었다. 결국 이들의 답을 종합하여 이에 대한 개선 방안을 찾아야 할 것이다. 교육적 설득 연설시의 용의·복장 보다는 교육적 설득 연설의 내용에 더 많은 신경을 써야 할 것이다. 조사결과는 다음 〔표 4-13〕과 같다.

교육적 설득 연설을 할 때 용의·복장에 대해 신경을 어느 정도 써야 하는지에 대해 살펴보면 '어느 정도 신경을 써야 한다고 생각한다'에 50.4%로 가장 많이 응답하였으며, '별로 신경을 쓰지 않아도 된다고 생

각한다'에 38.6%, '항상 신경을 써야 한다고 생각한다'에 11.0%의 순
으로 나타났다. 응답학생들의 절반 정도가 어느 정도는 신경을 써야 한
다고 생각하고 있었으나, 별로 신경 쓰지 않아도 된다는 응답도 비교적
많은 학생들에게서 나타났다.

한편 성별에 따라서는 '어느 정도 신경을 써야 한다고 생각한다'에 남
학생은 45.1%, 여학생은 57.0%로 남학생보다는 여학생이 더 높게 인
식하고 있는 것으로 나타났으며 통계적으로도 유의미한 차이를 보인다
(p<.001). 이것은 용의·복장의 형태에서 넥타이를 맨 정장(양복)차림을
해야 한다고 답한 학생 중 여학생이 남학생보다 더 많은 반응을 보인
것과 관련이 있는 것으로 보인다.

[표 4-13] 교육적 설득 연설시 연사의 복장에 대한 관심도

구 분		㉠	㉡	㉢	합 계	x^2(p)
성 별	남	287	305	84	676	17.110***
		42.5%	45.1%	12.4%	100.0%	(.000)
	여	184	310	50	544	
		33.8%	57.0%	9.2%	100.0%	
학교급별	초등학교	149	255	37	441	20.677***
		33.8%	57.8%	8.4%	100.0%	(.000)
	중학교	160	154	51	365	
		43.8%	42.2%	14.0%	100.0%	
	고등학교	162	206	46	414	
		39.1%	49.8%	11.1%	100.0%	
학 년	초등학교 4학년	44	79	10	133	25.892***
		33.1%	59.4%	7.5%	100.0%	(.056)
	초등학교 5학년	48	76	14	138	
		34.8%	55.1%	10.1%	100.0%	
	초등학교 6학년	57	100	13	170	
		33.5%	58.8%	7.6%	100.0%	
	중학교 1학년	45	45	18	108	
		41.7%	41.7%	16.7%	100.0%	
	중학교 2학년	61	61	16	138	
		44.2%	44.2%	11.6%	100.0%	
	중학교 3학년	54	48	17	119	
		45.4%	40.3%	14.3%	100.0%	
	고등학교 1학년	39	59	9	107	
		36.4%	55.1%	8.4%	100.0%	
학 년	고등학교 2학년	27	37	9	73	25.892***
		37.0%	50.7%	12.3%	100.0%	(.056)
	고등학교 3학년	96	110	28	234	
		41.0%	47.0%	12.0%	100.0%	
합 계		471	615	134	1220	
		38.6%	50.4%	11.0%	100.0%	

***p<.001
주) ㉠ 별로 신경을 쓰지 않아도 된다고 생각한다.
　 ㉡ 어느 정도 신경을 써야 한다고 생각한다.
　 ㉢ 항상 신경을 써야 한다고 생각한다.

학교 급별에 따라서는 '별로 신경을 쓰지 않아도 된다고 생각한다'에는 초등학교는 33.8%, 중학교는 43.8%, 고등학교는 39.1%로 중학교가 가장 높게 나타났고, '어느 정도 신경을 써야 한다고 생각한다'에는 초등학교 57.8%, 중학교는 42.2%, 고등학교는 49.8%로 초등학교가 가장 높게 나타났으며, 통계적으로도 유의미한 차이를 보인다(p<.001). 초등학교 학생들이 교육적 설득 연설시 용의·복장에 어느 정도 신경을 써야 한다고 보는 것은 현재의 복장에 대한 실태에서 나타난 결과와 밀접한 관련이 있는 것으로 볼 수 있다. 즉 교육적 설득 연설시의 용의·복장 실태에서 넥타이를 맨 정장(양복)차림이 82.5%의 압도적인 반응을 나타냈다. 자주 보는 용의·복장이 깔끔하고 보기 좋은 용의·복장이었기 때문에 신경을 어느 정도 써야 한다고 보는 것이다.

학년에 따라서는 학년에 관계없이 모든 학년에서 어느 정도 신경을 써야 한다는 응답이 과반수 이상으로 나타나 서로 비슷한 경향을 보였으며 유의미한 차이를 보이지 않았다.

교육적 설득 연설시에 용의·복장에 어느 정도 신경을 써야 하겠지만, 용의·복장에 집착할 필요까지는 없는 것으로 볼 수 있다. 따라서 앞서 언급했듯이 교육적 설득 연설 시에는 다른 조건을 맞추기 위한 노력보다는 교육적 설득 연설의 내용을 충실히 준비하여 학생들의 호응을 얻도록 하는 것이 무엇보다 중요하다.

2.11. 교육적 설득 연설의 방법

보통 일선학교에서는 주로 학교장의 교육적 설득 연설을 통하여 연설을 실시하고 있다. 그러나 학교장이 학생들에게 교육적 설득 연설을 직접 하는 것만이 교육적 설득 연설의 바람직한 방법은 아닐 것이다. 또한 학생들에게 인성교육의 한 측면으로 교육적 설득 연설을 실시해야 한다고 볼 때, 다른 방안을 찾는 것도 중요하다. 즉 교육적 설득 연설이 아니더라도 인성교육을 충분히 실시할 수 있을 것이다. 따라서 교육적 설득 연설의 대안을 찾는 것도 중요한 의미를 갖는 것이다. 현재의 교육적 설득 연설을 통한 인성교육은 학교장이 거의 전담하고 있다. 이렇게 교육적 설득 연설이 앞으로도 지속적으로 학교장의 전유물이 된다면 학생들에게 편협된 가치관을 형성시킬 수 있는 우려가 있다. 이를 해소하기 위해서도 현재와 같은 교육적 설득 연설을 통한 인성교육은 대안을 찾아야 하는 것이다.

현재와 같은 교육적 설득 연설의 대안에 대하여 학생들은 어떻게 인식하고 있는지에 대하여 설문조사를 실시하였다. 설문조사에서 학생들은 다양한 의견을 제시하였다. 그 중에서 가장 선호도가 높은 대안은 가정통신문을 이용하여 교육적 설득 연설을 대신하면 된다는 것이었다.

학생들이 인식하고 있는 교육적 설득 연설의 방법에 대하여 제시된 조사결과는 다음 〔표 4-14〕와 같다.

다음 〔표 4-14〕에서 보는 바와 같이 현재의 교육적 설득 연설방법에 대한 대안에 대해 살펴보면 '가정통신문을 이용한다'에 38.4%로 가장 많은 응답비율을 보였으며, '학급에서 담임선생님 위주로 연설을 실시한다'에는 23.6%, '교장선생님의 교육적 설득 연설 모습을 동영상으로 찍어서 학교 홈페이지 등에 올린다'에 17.1%의 학생들이 응답하였다. 교육적 설득 연설의 대안으로 학생들은 가정통신문을 이용하는 것에 가장 높은 호응도를 나타냈다.

학교 급별에 따라서는 '가정통신문을 이용한다'에 초등학교는 39.0%, 중학교는 38.4%, 고등학교는 37.9로 역시 가장 높은 응답비율을 보였다. 다음으로는 '학급에서 담임 선생님 위주로 교육적 설득 연설을 실시한다'에 많은 응답비율을 나타냈는데, 초등학교는 20.4%, 중학교는 22.2%, 고등학교는 28.3%로 고등학교가 가장 높게 나타났으며 통계적으로도 유의미한 차이를 보인다(p<.001).

학년에 따라서는 '교장선생님의 교육적 설득 연설 모습을 동영상으로 찍어서 학교 홈페이지 등에 올린다'에 초등학교 4학년생은 24.8%, 초등학교 5학년생은 20.3%, 초등학교 6학년생은 19.4%, 중학교 1학년생은 12.0%, 중학교 2학년생은 17.4%, 중학교 3학년생은 23.5%, 고등학교 1학년생은 13.1%, 고등학교 2학년생은 26.0%, 고등학교 3학년생은 7.3%로 고등학교 2학년생이 가장 높게 나타났고, '가정통신문을 이용한다'에 초등학교 4학년생은 41.4%, 초등학교 5학년생은 37.0%, 초등학교 6학년생은 38.8%, 중학교 1학년생은 42.6%, 중학교 2학년생은 38.4%, 중학교 3학년생은 34.5%, 고등학교 1학년생은 45.8%, 고등학교 2학년생은 30.1%, 고등학교 3학년생은 36.8%로 고등학교 1학년생이 가장 높게 나타났으며 통계적으로도 유의미한 차이를 보인다(p<.01).

[표 4-14] 교육적 설득 연설의 방법

구 분		㉠	㉡	㉢	㉣	㉤	합 계	x^2(p)
성 별	남	164	104	270	64	74	676	6.341
		24.3%	15.4%	39.9%	9.5%	10.9%	100.0%	(.175)
	여	124	105	199	65	51	544	
		22.8%	19.3%	36.6%	11.9%	9.4%	100.0%	
학교급별	초등학교	90	94	172	52	33	441	25.438***
		20.4%	21.3%	39.0%	11.8%	7.5%	100.0%	(.001)
	중학교	81	65	140	31	48	365	
		22.2%	17.8%	38.4%	8.5%	13.2%	100.0%	
	고등학교	117	50	157	46	44	414	
		28.3%	12.1%	37.9%	11.1%	10.6%	100.0%	
학 년	초등학교 4학년	21	33	55	17	7	133	60.139**
		15.8%	24.8%	41.4%	12.8%	5.3%	100.0%	(.002)
	초등학교 5학년	32	28	51	17	10	138	
		23.2%	20.3%	37.0%	12.3%	7.2%	100.0%	
	초등학교 6학년	37	33	66	18	16	170	
		21.8%	19.4%	38.8%	10.6%	9.4%	100.0%	
	중학교 1학년	23	13	46	13	13	108	
		21.3%	12.0%	42.6%	12.0%	12.0%	100.0%	
	중학교 2학년	33	24	53	9	19	138	
		23.9%	17.4%	38.4%	6.5%	13.8%	100.0%	
	중학교 3학년	25	28	41	9	16	119	
		21.0%	23.5%	34.5%	7.6%	13.4%	100.0%	
	고등학교 1학년	24	14	49	12	8	107	
		22.4%	13.1%	45.8%	11.2%	7.5%	100.0%	
	고등학교 2학년	22	19	22	5	5	73	
		30.1%	26.0%	30.1%	6.8%	6.8%	100.0%	
	고등학교 3학년	71	17	86	29	31	234	
		30.3%	7.3%	36.8%	12.4%	13.2%	100.0%	
합 계		288	209	469	129	125	1220	
		23.6%	17.1%	38.4%	10.6%	10.2%	100.0%	

**p<.01 ***p<.001

주) ㉠ 학급에서 담임선생님 위주로 연설을 실시한다.
　　㉡ 인터넷 게시판 등을 이용하되, 교장 선생님의 설득 연설 모습을 동영상으로 찍어서 올린다.
　　㉢ 가정통신문을 이용한다.
　　㉣ 별도의 시간을 마련하여 각 학급을 순회하면서 교장 선생님이 직접 설득 연설을 한다.
　　㉤ 설득 연설의 자료를 미리 준비하여 각 학급에 비치한다.

　　성별에 따라서는 성별에 관계없이 '학급에서 담임선생님 위주로 연설을 실시한다'와 '가정통신문을 이용한다'에 응답한 학생들의 비율이 과반수 이상으로 나타나 비슷한 경향을 보였으며 유의미한 차이를 보이지 않았다.

결과적으로 가정통신문을 이용하여 인성교육을 실시함으로써, 교육적 설득 연설을 대신할 수 있을 것으로 답하였다. 이는 그 동안의 교육적 설득 연설이 학생들에게 별다른 도움을 주지 못하였던 것으로 판단된다. 학생들 입장에서는 교육적 설득 연설에 대해서 별다른 도움을 주지 못하는 것으로 인식하고 있는 것이다.

그러나 교육적 설득 연설의 방법, 내용, 횟수 등을 적절히 조절하여 교육적 설득 연설을 개선해 나간다면 학생들의 호응도가 높아질 것으로 기대된다. 현실적인 방법을 연구하는 것이 무엇보다 중요하다.

일선학교에서는 교육적 설득 연설 위주의 인성교육 시스템에서 좀더 다양한 방법으로 인성교육을 실시할 수 있는 방안을 연구하여 학생들에게 가까이 갈 수 있는 인성교육을 실시하여야 한다.

3. 교육적 설득 연설의 실제

이 절에서는 앞에서 살펴본 '1, 2'의 교육적 설득 연설의 개선 방안을 토대로 하여 교육적 설득 연설의 실제에 대하여 고찰해 보고자 한다.

3.1 구성 단계와 자료 수집

1) 교육적 설득 연설의 단계별 소요 시간

지금까지의 자료 분석과 연구자 자신이 수년 동안 실제로 실시한 설득 연설을 토대로 한 교육적 설득 연설의 준비에서부터 마지막 피드백에 이르기까지의 소요 시간을 백분율로 제시하면, 자료 수집 단계 10%, 연설문 작성 단계 35%, 실제 연습단계 35%, 요점 카드 정리 단계 5%, 연설 장소 점검 단계 10%, 피드백 단계 5%로 나누어 볼 수 있다.

　이 결과를 그림 〔4-1〕에 그래프로 나타내었다. 즉 교육적 설득 연설을 위해서는 연설문 작성 단계와 실제 연습 단계에 가장 많은 시간이 소요되게 된다. 그만큼 연설문 작성과 이에 따른 연습이 교육적 설득 연설에서 가장 중요한 단계라 할 수 있다.

[표 4-15] 교육적 설득 연설의 준비에서 피드백까지의 소요 시간

구 분	소요시간(시간)	소요시간 백분율(%)
자료 수집 단계	1.0	10
연설문 작성 단계	3.5	35
실제 연습 단계	3.5	35
요점 카드 정리 단계	0.5	5
연설 장소 점검 단계	0.1	10
피드백 단계	0.5	5
합 계	10	100

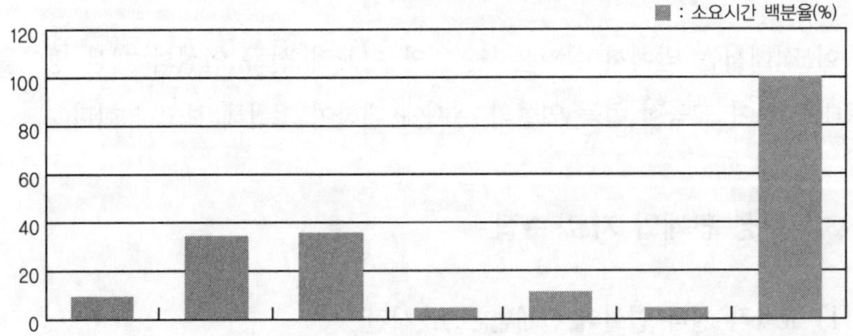

[그림 4-1] 교육적 설득 연설의 준비에서 피드백까지의 소요 시간

2) 자료 수집 단계

학교장의 교육적 설득 연설은 의도적인 교육활동으로 학생을 상대로 하는 연설은 국경일, 기념일 기타 학교행사로 정해져 있다. '5분 연설을 위해 50분 동안 연설할 수 있는 재료를 준비하라'라는 말이 있다. 아무리 짧은 연설 한 마디라도 사전에 철저한 준비가 필요하다. 준비 없는 연설은 방향감각을 잃게 되며 비논리적이고 권위에 의지한 강요조의 설교로 일관할 뿐이다. 설령 자신감이 있다 하더라도 임기응변적인 연설은 지양해야 한다.

말하는 이는 주제를 효과적으로 나타내어 소기의 목적에 도달할 수 있도록 주제를 뒷받침하는 데 필요한 자료를 수집하여 적절한 것만을 선택해야 한다. 유용한 자료가 집합되어 있는 곳은 도서관과 인터넷이다. 체계적으로 자료를 수집하려면, 우선 자기가 선정한 주제의 성격을 뚜렷이 파악하기 위하여 주제의 전체적인 또는 보편적인 개념을 알아야 한다. 그러기 위한 가장 빠른 길은 사전류(문학사전, 역사사전, 철학사전, 과학사전, 백과사전 등)를 뒤져보는 일이다. 그 다음으로 자기의 주제와 관련되는 과거의 글들을 살펴봐야 한다. 현재까지 출판된 단행본은 물론이고, 연간·계간·월간·부정기간의 모든 잡지나 서적을 상세히 조사하되, 항상 빠뜨린 것이 없는가를 검토하여야 하며 최신의 서적에 특히 주의해야 한다. 요즘은 인터넷에 훈화 전문 포탈 사이트나 테마별 사이트들이 많이 있어서 자료를 구하기 매우 다양하고 편리해졌다. 가능한 하나의 주제에 대하여 10개 이상의 자료를 준비하고 일화, 실화, 논픽션 등 현실 감각에 맞는 내용으로 준비해야 한다. 특히 학생들의 관심사에 귀를 기울여야 하고 실생활에 결부시킬 새로운 자료를 찾는 데 중점을 두어야 한다.

자료수집을 할 때 흔히 노트나 그 밖의 수첩류 같은 것을 이용하는

수가 있으나, 가능하면 카드를 구하여 쓰는 것이 여러 면으로 편리하다. 카드에 기입할 때에는 다음과 같은 사항에 유의하여야 한다.

첫째, 한 장의 카드에는 꼭 한 가지 내용만을 기입하여야 한다. 절약을 하느라고 두 가지 이상의 내용을 한 카드에 적으면 정리하는데 불편하다.

둘째, 한 쪽만을 이용해야 하며, 만약 한 장으로 부족할 때에는 연속 번호를 붙인 같은 두서(두서 : heading)의 카드를 쓰면 된다. 카드의 양쪽에 쓰면 보관과 이용에 불편하다.

카드의 필요한 사항을 적을 땐 정확하고 완전하게 기입하여야 한다. 뒷날에 오독하지 않도록 또렷하게 기록하여야 한다. 카드를 기입하면서 남한테서 들은 바 사실이나 지식에 대하여 자기 자신의 의견을 생각나는 대로 적어 두는 것을 잊지 말아야 한다.

가능한 자료들을 완전하게 그리고 정확하게 수집한 뒤에 취사선택하여야 한다. 아무리 애써서 수집한 자료라 하더라도 주제를 나타내는 데 전혀 도움이 되지 않는 것은 버려야 한다.

3) 연설문 구성단계

화자는 말할 내용을 결정되면 주제와 제목을 선정하고, 그 주제를 뒷받침할 수 있는 자료를 수집·선택한 뒤에는 조직하여야 한다. 말할 내용에 통일적인 맥락을 부여하는 일을 구성이라고 한다. 구성을 할 때 주의하여야 할 세 가지 기본 원칙이 있다. 그것은 중·요·관이다. '중'은 중심이 없는 산만한 내용이 되지 않도록 한다는 말이고 '요'는 씨가 먹히지 않는 지루한 내용이 안 되게 한다는 것이요, '관'은 처음 말하고자 했던 바를 중도에서 변경시키는 일이 없도록 일관한다는 말이다. 구성의 종류에는 다음과 같은 것들이 있다.

전개적 구성　① 시간적 순서에 따르는 구성
　　　　　　　② 공간적 질서에 따르는 구성
　　　　　　　③ 단계식 구성 － 3단 구성, 4단 구성, 5단 구성
　　　　　　　④ 포괄식 구성
종합적 구성　⑤ 열거식 구성
　　　　　　　⑥ 점층식 구성

　시간적 순서에 따르는 구성은 사건의 시간적 순서에 따라 제재를 배열하고 그것으로써 문장의 구조로 삼는다. 장기간의 직접 체험이나 기억을 재생하는 데 더욱 적합한 방법이다. 그러나 이 구성법은 문장에 악센트가 없기 쉬워 호소력이 희박해지기 쉽고, 자칫 잘못하면 단위 사건 하나하나가 사건 전체의 맥락 속에서 파악되지 못하는 결점이 있다.

　공간적 질서에 따르는 구성은 기계의 구조·집의 구조·생물의 형태·지세 등을 기술하거나 설명할 때 또는 기관이나 단체의 기구·조직 등을 설명·기술하는 경우에 매우 효과적인 방법이다. 이것은 일반적으로 공간 속에 존재하는 것이거나 체계를 밝히는 데 쓰인다. 실제에 있어서는 전체의 윤곽을 밝히고 점차로 각 부분이 그 전체와 어떻게 관련되어 있는가를 살펴가야 한다.

　기행문이나 여행 안내서 따위를 보면 위에 말한 두 가지 구성법이 서로 보완되어 있는 것을 발견할 수 있다. 시간과 공간은 항상 상보 관계를 가지기 때문이다. 전개적 구성은 사물의 모습을 있는 대로 써 가는 것이어서 흔히 자연적 구성이라고도 한다. 이에 반하여 종합적 구성은 쓰고자 하는 바를 인위적으로 논리를 세우는 것이므로 논리적 구성이라고 한다. 이것은 개괄·설명하는 문장이나 논술·주장하는 문장에 쓰인 소재를 검토하여 그들 각각의 논리적 관계가 뚜렷하게 드러나도록 배열하는 것이 종합적 구성에서는 가장 중요하다.

　단계적 구성 중 삼단구성은 '기－서－결'이니 '도입－전개－정리'니 '서

론-본론-결론' 등 삼분된 명칭으로 불려 왔다. 주제에 의해서 문장 전체를 긴밀하게 통제할 수 있다. 문장에 변화가 별로 없어서 비교적 단조롭다고는 하겠으나 주제를 재빨리 간결하게 전달하는 방법으로서는 가장 손쉽고 기본적인 것이다. 결론이 제시된 짧은 리포트를 작성한다든지 말하기에서도 원탁 토의나 질의 등 간단한 언술에 매우 효과적이다. 어린이나 지식수준이 낮은 대중에게 이론을 전개할 필요가 있을 때는 삼단 구성이 유리하다. 서론은 화자에게 관심을 갖게 하고, 화제에 흥미를 유발하며, 화자와 청중 사이에 공감대를 형성하는 구실을 하여야 한다. 본론은 어떤 글이나 설득화술의 심장이 되는 부분이다. 본론은 논거의 제시와 논의로 이루어진다. 화자는 이미 수집한 자료를 치밀한 계획 아래 순서대로 체계적이고 정확하게 제시하여야 한다. 또한, 개별적으로나 집합적으로 제시된 논거에 대하여 물샐틈없는 논의를 하여야 하며 이때 자기의 견해와 남의 견해를 명백히 구분하여 혼란이나 오해가 없도록 자타의 구분을 분명히 하여야 한다.

본론이 화자의 중심 사상을 나타내는 부분이라면, 결론도 그 나름대로 독특한 구실을 한다. 결론에선 본론에서 논의된, 중심 사상을 요약·강조하고, 행동에 호소하거나, 이해와 동정을 불러일으킨다. 다음과 같은 결론이 되지 않도록 유의하여야 한다.

    ① 비약적인 결론
    ② 침소봉대한 결론
    ③ 목적이 없는 결론

사단구성은 원래 한시의 절구나 율시의 작법에서 유래된 것으로 소위 '기·승·전·결'로 4분 된다. 삼단 구성의 본론을 전개와 벌전으로 양분하여 네 부분으로 만들었다고 볼 수 있다. 삼단 구성처럼 중·요·관에 충실하여 논리만을 생각하는 것이 아니라 변화도 추구하여 다채로운 효과를 노리는 구성법이다. 변화가 있으므로 흥미를 유발시키게 되며, 전체의 통제를 이완시켰다가 긴축시크는 멋이 있다. '전'의 부분에서 그 멋이 생기는데 실제의 문장에서는 '그러나' '그렇다고는 하지만' '한편으로는' 등의 말로 시작된다. 그러므로 심하면 '기·승'의 전반부 전부에 대하여 반전하는 경우도 있게 된다. '결'은 '기·승'과 '전' 사이의 이러한 반전의 관계를 지양·통일시키는 이른바 변증법적 완성을 시도한다. 이때에 실패하면 그 문장은 혼돈에 빠지게 된다.

오단구성은 일종의 유도법이라 할 만한 것으로 독자로 하여금 사고의 기틀을 잡아서 그 사고를 발전시켜 나아가다가 소기의 행동에까지 이끌고 나아가는 방법이다. 이것을 삼단 구성과 비교하면 다음과 같다.

> 서론 제1단 : 화제에 주의를 모으는 단계
> 제2단 : 흥미를 느낀 독자나 청자가 제시된 문제에 이끌리는 단계
> 본론 제3단 : 대두된 중요 문제의 해결법을 제시하는 단계
> 제4단 : 해결법을 구체화하고 그 유효성을 실증하는 단계
> 결론 제5단 : 독자나 청중의 결심을 촉구하여 행동으로 유도하는 단계

포괄식 구성은 주제문이 문두에 오느냐, 문미에 오느냐, 사례를 들고 논증을 한 부분의 앞뒤에 다 오느냐에 따라 두괄식, 미괄식, 쌍괄식으로 나뉜다. 이 방법은 문장 전체보다는 어느 부분에 적용하는 경우가 더 많다.

열거식 구성도 정통적인 단계식 구성과는 달리 파격적인 구조를 가진 것으로 이론이 정연한 장문의 글에는 도저히 쓸 수 없는 것이다. 의견을 간결하게 진술한다든가 중요하다고 생각되는 문제를 특별히 몇 가지 밝힐 때에 사용된다. 문제와 문제 사이의 관련이 긴밀할 필요도 없고 논리적 연관성이 반드시 필요한 것도 아니다. 그런 의미에서 카탈로그식 구성이라고도 한다.

점층식 구성은 중요성이 덜한 것에서부터 더한 것으로 점차 나아가는 방법인데, 가장 강조되거나 중요시 되는 부분이 말미에 온다. 이것 역시 전체 문장을 오직 이 방법에 의해서 쓸 수는 없다. 대개 시나 소설 등 문학 작품에 쓰인다.

머릿속으로 구상을 하고 청산유수로 말하거나 글을 쓰는 경우가 없지 않지만, 말이 중도에서 곁길로 들어서서 일관성을 잃을 염려가 있기 때문에 그 구상을 도식화하여 메모를 작성한다. 이것을 개요(outline)작성이라 한다. 아우트라인 작성은 글을 쓰거나 말을 하는 목적을 분명히 하는 데 도움을 준다. 그리고 쓰기와 말하기의 완전성·명료성·논리성을 검토하는 데 도움을 준다.

아우트라인에서 아이디어간의 관계는 기호-숫자나 문자와 여백의 폭에 의해 표시된다. 아우트라인 작성을 하려면 우선 주제와 그에 종속하는 논점을 찾고, 그 논점의 세목을 정리한 뒤에 주제·논점·세목을 알기 쉽게 목록을 만드는 것이다.

3.2 연설문 작성의 실제

1) 어휘 선택의 중요성 인식

구성과 아우트라인 작성이 완료되면, 말할 내용을 작성한다. 이때 가장 중시해야 할 것은 적절한 언어 선택이다, 독서를 할 땐 한 번 읽고 이해하지 못하면 몇 번이고 되풀이해서 읽어 볼 수 있다. 그러나 연설에 있어서는 그렇게 할 수 없다. 말할 때 사용하는 언어는 듣는 사람과 환경에 따라 달라져야 한다. 인격적으로 인정받고 존경을 받고 명예를 얻기 위하여 말할 경우엔 경박하고 경솔한 언어를 사용해서는 더욱 안 된다.

언어를 구사할 때 유의할 점은 (1) 명료화 (2) 구체화 (3) 생동화 등이다.

언어의 명료화를 기하기 위해선 무엇보다도 모든 학생이 이해할 수 있는 쉬운 말을 써야 한다. 사람들 가운데는 되도록 어려운 단어를 골라서 말을 하거나 글을 쓰려는 사람이 있다. 이와 같은 사람은 대개 화법이나 작문의 본질을 모르거나, 위세적인 사람이라 해도 과언이 아닐 것이다. 아인슈타인은 언제나 평명하고 세련된 독일어로 강의하기에 힘썼다고 한다. Buffon이 지적한 바와 같이 현학적인 표현을 하려고 애쓰는 것처럼, 언어의 아름다움을 손상시킴은 없다. 링컨도 언제나 명백하고 단순한 말을 썼고, 그의 연설은 대개 짤막한 것이었다. 그가 어렸을 때 통나무로 지은 오막살이집에 자주 손님들이 찾아와서, 그의 아버지와 긴 이야기를 하고 가는 것을 옆에서 듣곤 하였는데, 그는 그 의미를 잘 몰라서 혼자 잠자리에 들어간 뒤 그 의미를 곰곰이 생각해 본 일이 한두 번이 아니었다. 그래서 그는 자기가 이야기할 때는 요점만 명백하게 말하기에 힘썼다고 한다. 또한, 히틀러는 그의 성공을 그의 정치적 능력보다 오히려 청중 조정의 수완에서 획득했던 것인데, 그는 일찍이 다음과 같이 말했다.

> 나의 전 정치 활동을 통해 나는 항상 내 사진에게 물었다. 내가 말하고자 하는 것을 어떻게 하면 청중 가운데 가장 부족한 사람도 알아들을 수 있게 할까. 어떻게 하면 나와 청중 사이에 연결을 지을 수 있을까. 나의 청중 속에는 내가 목적하고 하는 이러이러한 사람들이 있으니, 나는 일상 생활에서 가장 비근한 예를 들어 말해야 겠다.

이상의 말에서 엿볼 수 있는 것은 그는 청중의 실태 파악에 힘쓰고 되도록 알아듣기 쉬운 말을 구사하려고 노력하였다는 점이다.

또한, 외국어를 사용해선 안 된다. 그런데, 우리나라 사람 가운데는 우리나라 사람을 상대로 이야기할 적에도 외국어를 즐겨 쓰는 사람이 있다. 이는 우리말에 대한 긍지가 결여된 행위이며, 말하기의 효과면에서 볼 때 능률을 감소시키는 결과를 낳는다. 한국인이 가장 이해하기 쉬운 말은 한국어이며, 일본인이 가장 알아듣기 쉬운 말은 일본말이며, 영국인이 가장 이해하기 쉬운 말은 영어이다. 나의 사상과 감정을 나타내기 위하여 언어를 사용하여야지, 나의 지식을 자랑하기 위하여 언어를 사용해선 안 된다. 왜냐하면, 언어는 사상과 감정의 전달 도구일 뿐 장식품이 아니기 때문이다. 또한 비전문가에게 전문 용어를 사용해서는 안 된다.

전문 용어는 그 방면의 전문가들이나 이해하지 그 방면을 전공하지 않는 사람들은 이해하지 못하는 경우가 있다. 그러므로 비전문가를 대상으로 이야기할 땐 전문 용어를 비전문가들이 이해할 수 있는 말로 말하여야 한다.

언어의 구체화를 기하기 위해선 총괄적이고, 모호하며, 정적인 단어를 되도록 사용해선 안 된다. 총괄적인 단어(omnibus word)는 여러 사물의 의미를 뭉뚱그려 나타내는 것이다. 예를 들면, '것' '어떤 것' '모든 것' '무엇' 등이 총괄적인 단어에 속하는데, 지시하는 사물이 불분명하다. 영어의 'thing, something, anything, everything' 등도 총괄적인 단어에 속한다. 이것들은 어떤 사물에 대한 의미를 구체적이고 정밀하게 표현하지 못한다. 모호한 말은 막연하고 애매하다.

> (1) 갑 : 그는 착한 사람이다.
>
>   을 : 그는 생활이 어려운데도 불구하고 가난한 친구에게 매달 생활
>   비를 보태준다.

위의 예 (1)에서 보듯이 을이 갑보다 구체적인 반면에 갑은 막연한

느낌을 준다.

만일에 "그는 월급이 20만 원이라 매우 어려운 형편인데도 불구하고 가난한 친구에게 매달 생활비로 10만원 씩 준다."라고 말하면 이 말이 을보다 더욱 구체적이라고 할 수 있다.

언어의 생활화를 기하기 위해선 다채롭고, 독창적이고, 강력한 언어를 구사해야 한다. 그리고 진부하거나 상투적인 단어와 표현을 피해야 한다. 진부한 어구는 생동감을 상실한다. 예를 들면, 연설 초두에 "이 자리에 선 것을 무한한 영광으로 생각합니다."라든가 "별로 아는 바가 없는 사람이 훌륭한 여러분 앞에서 말하게 된 것을 무척 기쁘게 생각합니다."등이 이에 속한다. 따라서 화자는 좀 어렵더라도 단어를 선택할 땐 신선하고 독창적인 것을 고르도록 힘써야 한다. 또한 화자는 이따금씩 비유적인 언어(figurative language)를 사용해야 한다. 화법에서 가장 많이 쓰이는 비유법은 은유법(metaphor)과 직유법(simile)이다. 그러나 훌륭한 화자는 잘 알려져 있지 않은 것을 설명하기 위하여 잘 알려져 있는 것을 사용한다.

예를 들면, 그는 거칠고 야성적인 도시를 설명하기 위해서 정글을 예로 들어 말한다. 그는 그의 의견을 진술하기 위하여 정교하거나 고도의 문학적 은유법을 필요로 하지 않는다. 인칭 대명사를 사용하거나 문장을 변형하면 생동감을 자아내게 된다. '너'와 '나'보다는 '우리가' '우리의' '우리에게' '우리를' 등을 쓰게 되면 화자와 청자 사이에 공감대를 형성하게 된다.

어떤 화제가 인류나 청중 자신들에게 영향을 줄 것으로 생각하게 되면 생동감을 자아낸다. 예를 들면, 결혼, 이혼, 법률 시행, 안전, 교육, 세계 평화, 전쟁 등이 그것에 속한다.

경험이 별로 없는 화자는 문장 변형에 소홀하다. 문장 변형의 가장 간단한 방법은 문장의 길이와 구조와 리듬을 바꾸는 것이다. 단문 (Simple sentence)은 생동감과 속도의 에너지를 전달하는 데 특히 적절하다. 긴 혼성문(compound-complex sentence)은 장엄함을 나타내는 데 적절하다. 따라서 이 두 문장을 적절히 활용하여 소기의 목적을 달성하도록 하여야 한다.

공적인 담화를 할 때는 반드시 표준어를 사용하여야 한다. 표준어란 대다수 국민에게 공통으로 쓰이는 공통어를 세련하여, 일정한 기준으로 통제한 이상적인 국어를 말한다.

곧, 음운·어휘·문법 등의 여러 점에서 이상적이며, 국어의 규범으로서 존중되고, 국어를 대표하여 교육·공무 등의 공용어로서 쓰이며, 보통 그 나라의 수도를 중심으로 한 중앙어가 모체가 되어 성립한다. 따라서 표준어는 자연적인 말을 얼마쯤 인공적으로 다듬어 이룬 말로서, 국민의 사상이나 생활면에 통일을 기하기 위하여 제정한 것이다. 우리나라에선 현재 시대적 조건, 중류 사회에서 쓰는 계층적 조건, 서울말 지역적 조건 을 표준어로 삼고 있다.

그런데, 방언이라고 해서 가치 없는 것이 아니다. 공용면 에서는 반드시 표준어를 써야 하겠지만, 사적인 언어생활에서는 친밀감을 갖기 위하여 친숙한 방언을 사용하는 것이 더욱 효과적이다. 고향 친구를 만났을 땐 그 고향의 말을 쓰게 되면 더욱 우정의 꽃을 피우게 된다.

2) 도입부의 중요성 인식

성공한 연설자는 인사치례 말로 시작하지 않는다. 1875년 미국 조지아주 애틀랜타에서 열린 면직물 박람회에 초대받은 흑인 노예이었던 미국 흑인 인권운동가인 부커 티 워싱턴(Booker T. Washington)에게 발언할 기회가 주어지자 그는 다음과 같이 말하였다(이채진, 2003).

(2) "여러분, 미국 남부 인구의 3분의 1은 흑인입니다"

이 명확한 첫마디가 사람들의 관심을 집중시켰고, 그 뒷말에도 사람들의 관심이 증폭되었다.

흡인력 있는 설득은 도전적인 메시지를 던지는 것에서 시작된다. 진부하고 공허한 인사치례의 말은 지루함만 줄 뿐이다. 도전적이며 인상적인 첫마디가 중요하다. 감동적인 말이나 웃음을 유발하는 말로 시작해도 좋다. 첫머리의 인사치례는 아첨으로 들릴 수 있지만, 말 중간의 인사치례는 진심으로 들린다. 훌륭한 설득 연설을 위하여 인상적인 첫마디를 준비하여 초반에 주도권을 잡는 것이 중요하다. 링컨의 케티스버그 연설에서,

'지금으로부터 87년 전에'라는 말로 시작하였음을 상기할 필요가 있다.

3) 연설문 작성시 유의사항

연설을 시작할 때 "시작하기 전에 나는……을 말하고자 합니다.", "나는 질서에 대하여 10가지만 이야기 하려고 합니다." 이런 말들은 쓸모없고 학생들을 짜증나게만 한다. 또한 "아, 어, 저, 그리고, 그, 그러나, 왜냐하면, 옆에, 더불어" 등과 같은 짧은 비핵심 단어들을 과감하게 삭제해야 한다. 연설을 지루하게 만들 뿐이다.

그 외에도 "당연히, 정말로, 사실상, 그대로, 절대로, 반드시" 등의 덧붙이는 낱말들과 "솔직히, 사실을 말하자면, 보시다시피, 아시다시피, 내가 의도하는 바를 여러분들이 안다면, 내 요지를 알겠습니까?" 등이 모두 불필요한 말들이지만 모름지기 사용하고 있다는 사실들이다. 이와 같이 불필요한 이러한 낱말들이나 어구들을 모두 제거해야 한다. 연설문 속에 강조하기 위하여 매기는 순서는 "첫째, 시간을 절약하게 된다. 둘

째, 노동을 절약하게 된다. 셋째, 돈을 절약하게 된다." 와 같이 세 가지 사항을 언급하고 몇 분 동안 더 이야기를 한 후에 "내가 몇 개의 사항을 다루었죠?"라고 묻는다. 학생들은 "세 가지입니다"라고 답할 것이다.

교장님이 "첫 번 째 것은 무엇이었습니까?"라고 물으면, 학생들은 "시간 절약입니다"라고 대답할 것이고, "두 번째 것은 무엇이었습니까?"라고 이어서 물으면 학생들은 "노동절약입니다."라고 대답할 것이며, 계속해서 "세 번째 것은 무엇이었습니까?" 라고 물으면 학생들은 "돈 절약입니다"라고 답할 것이다.

이 보기는 청자는 적은 수의 사항을 오래 기억할 수 있다는 것을 증명해 준다. 연사들은 요점 번호가 적은 것이 더 좋다는 것을 알고 있지만 그들이 아는 바를 그대로 써보는 연사는 극히 드물다. 윈스턴 처칠은 숙련된 연설자로서 "완벽하지 않으면 아무 것도 소용이 없다." 라는 말을 생각해 볼 필요가 있다. 중요사항을 제시 할 때도 '가장 중요한 사항을 먼저, 강도가 더 높은 사항을 두 번째로, 가장 강도가 높은 사항을 맨 나중에' 제시하는 것이 좋다. 다음과 같이 덧붙이면 더욱 효과적일 수 있다. '첫째, 이것은…, 둘째, 이것은…, 셋째, 이것은…' 으로 한다면 더욱 선명해질 것이다.

번호 매기기의 주의할 점으로 연사가 학생들에게 열 개의 사항에 대하여 말할 계획이라고 한다면, 학생들은 "아침 내내 이 자리에 있겠구나."라고 생각할 것이다. 불가피하게 언급할 사항이 여러 개일 때는 몇 개 인지 언급하지 않는 것이 차라리 더 좋다. 가능한 번호사용을 하지 않는 것이 더 좋을 수가 있다. 왜냐하면 연사가 말한 사항이 일곱 번째 인지 여덟 번째인지 잊어버릴 수가 있기 때문이다. 번호를 말할 때는 "기본적으로, 부차적으로"와 같이 복잡한 용어대신에 "하나, 둘, 셋… "또는 "첫째, 둘째, 셋째…"를 사용해야 한다. 가능한 한 이해하기 쉬운 번호를 사용 하도록 하는 것이 좋다.

텔런트들은 대사를 잊어버릴 경우에 대비해 프롬프터나 요점 카드를 사용한다. 요점 카드는 바보 카드라고 불리기도 하지만 대부분 전문가들은 바보가 되느니 차라리 바보 카드를 사용하려고 한다.

요점 카드는 연설자에게 자신감을 줄 것이며, 연설하는 동안에 설령 내용이 생각나지 않더라도 요점 카드가 있기 때문에 더듬거리지 않을 것이다. 요점 카드는 연설자가 훨씬 자유롭게, 거의 대화하듯이 말할 수 있게 준비하여야 하며, 이는 곧 연설자 자신이 자유롭게 학생들을 바라보게 하여 준다. 학생들과 눈을 맞추는 것은 대단히 중요하다. 왜냐하면 학생들과 시선을 교환하는 것은 친밀한 관계를 유지하여 설득의 효과를 높여주는 첫 번째 단계이기 때문이다.

『신이 만들어낸 악기 중에 가장 아름다운
소리를 내는 것이 사람의 목소리라고 합니다.
오늘은 여러분이 갈고 닦은 노래
솜씨를 마음껏 펼쳐 보이는 합창대회 날입니다.

그 동안 교정 곳곳에서 여러분의 아름다운 목소리의 꽃들로
아름다운 계절 5월을 더
빛내 주었습니다.

날아다니는 새들의 소리를 듣고
서양 사람들은 '새가 노래한다'고 표현했고
동양 사람들은 '새가 운다'고 표현했습니다.

같은 새의 소리가 한쪽에는 노래로 들리고
다른 쪽에는 울음소리로 들리는 까닭은
듣는 사람에 처해 있는 감정이나
처지에 따라 표현됨을 알 수 있습니다.

우리 조상들은 과거 민족이 처해 있던
시대의 감정을 음률에 실어 노래했으며
희망과 기쁨, 슬픔과 갈등 그리고 기대와
그리움을 노래로 표현하였던 것입니다.

우리도 이제는 새의 소리가 노래로 들리는
희망이 넘치는 민족이 되어야겠습니다.

오늘 따라 맑고
고운 시냇물 소리에 취하여 모여든 사슴 떼처럼,
여러분의 눈동자들은 유난히 해맑고 아름답습니다.
음악이란 여러 가지 방법으로 다양한 느낌과
아름다움을 나타내는 예술이라고 합니다.

이러한 의미에서 교내 합창대회는 여러분에게
좋은 경험과 활동으로 학창시절을 통하여
잊지 못할 추억이 되리라고 생각합니다.
노래를 잘 부르는 일 못지않게
다른 사람의 노래를 잘 듣는 것도 중요합니다.

끝으로, 오늘 이 즐겁고 뜻 깊은 합창 대회를 통하여
사랑과 우정, 자유와 평등, 화합과 조화의 아름다움을 배우고 익히며,
여러분 모두에게 즐겁고 우정이 넘치는
아름다운 시간이 되기를 바랍니다.

오늘이 있기까지 애써주신 두 분의 음악 선생님과
학부모님 여러분, 그리고 평소에 닦은 실력을 유감없이
발휘할 우리들이 한자리에 모였습니다.

우리 모두 큰 박수로 자축합시다.
사랑합니다. 여러분』

위의 내용은 "교내 합창 대회" 격려사의 연설문으로 요점을 정리하여

제시하면 다음과 같다.

① 신이, 악기, 가장, 아름다운 소리, 사람…
② 오늘, 노래솜씨 펼쳐 – 합창대회
③ 교정 곳곳, 아름다운, 목소리의 꽃들, 5월을, 빛내.
④ 새들의 소리, 서양, 노래한다, 동양, 운다
⑤ 소리가, 한쪽, 노래로, 다른, 울음소리, 까닭, 듣는 이, 감정, 처지 다름
⑥ 이제는, 새의, 소리, 노래로, 희망찬, 민족
⑦ 오늘…, 시냇물, 취하여, 사슴때… 눈동자, 해맑고, 아름답…
⑧ 음악, 여러, 방법 다양한, 느낌, 아름다움, 나타, 예술
⑨ 의미에서, 합창, 여러분, 경험, 학창시절, 추억, 생각
⑩ 노래, 부르는, 않게…사람, 노래를, 듣는, 중요,
⑪ 끝, 즐겁고, 합창대회, 통, 사랑과 우정, 자유와 평등, 화합과 조화,
　아름다움 익히, 모두, 즐겁, 우정, 아름다운, 시간.
⑫ 오늘, 애써, 음악, 학부모, 평소, 실력, 발휘할, 한자리, 모였…
⑬ 우리 모두 큰 박수 자축… 감사.

요점 카드를 사용할 때 유의할 점은 다음과 같다.

① 각 카드에 번호를 매긴다.
② 각 문장에 번호를 매기고 각 문장을 왼쪽 여백부터 시작한다.
③ 문장 사이에 많은 공간을 띄어 놓는다.
④ 글씨 크기는 돋보기로 보지 않아도 되도록 적절한 크기로 준비한다.

　훌륭한 연설은, 연설문을 큰소리로 연습한 시간의 양과 정비례해서 나타난다. 단순히 연설할 내용을 훑어보는 것이 아니라 그 내용을 직접 말로 연습을 해야 한다는 것이다. 마치 풀장을 훑어보는 것이 수영하는 것을 대체할 수 없는 것과 같다. 이것은 아무리 자주 말해도 지나치지 않다. 학생들로 가득 찬 연단 앞에 연설자가 서 있다고 생각하고 연습하라. 서서 큰 소리로! 요점 카드를 자연스럽게 사용할 수 있도록 여러 번

연습해야 한다. 대개 10번 내외 정도는 연습해야 한다. 어떤 경우에든 실제 상황처럼 책상에 앉아서가 아니라 일어서서 큰 소리로 연습해야 한다. 거의 저절로 말이 나올 때까지 만족하지 말고 계속하라.

4) 교육적 설득 연설에 들어갈 내용 선정

설득력은 훌륭한 인격에서 나온다고 한다. 전체 학생을 상대로 설득 연설을 할 수 있는 것은 학교장에게 주어진 특별한 기회이다. 이와 같이 주어진 좋은 기회에 학생들에게 무엇을 심어줄 것인가를 수시로 점검하고 준비하여야 한다. 주제를 생각하고 자료수집후 연설문 작성할 때나 수정할 때는 다음 사항들을 마음속으로 되뇌면서 끊임없이 연마하여야 함을 잊어서는 안 된다. 원고 준비에서부터 연설에 이르기까지 다음 사항들을 염두에 두어야 한다.

① 학교장의 교육관이 표출되어야 한다.
② 교육철학의 구체적 산물로 학생들에게 좌우명이나 인생의 안내자 역할을 하여야 한다.
③ 학생들에게 바람직한 인격형성 되도록 하여야 한다.
④ 사고력과 비판력을 길러 주는 내용
⑤ 바람직한 가치관 형성을 길러 주어야 한다.
⑥ 행동의 변화를 가져오게 하여야 한다.
⑦ 인생관을 넓혀준다.
⑧ 감정을 풍부하게 한다.
⑨ 희망과 자신감을 갖도록 하여야 한다.

3.3. 교육적 설득 연설의 연습과 실시

1) 주제문장 선정과 연습

좋은 연설이 간결하기까지 하다면 그 효과는 배가 될 것이다.

'적을수록 많아진다'는 말은 건축과 패션분야에서 흔히 인용되는 금언이다. 간결함에는 파워가 있다. 핵심적인 말은 한 가지만 사용하는 것이 좋다. 짧은 몇 마디가 지루한 연설보다 훨씬 효과적이라는 사실을 명심해야 한다. 연설 주제에 따른 내용들을 수시로 수집해서 점검하는 습관이 중요하다. 다음의 (3) 부록에 제시한 연설문 예시자료에서 뽑아온 자료들이다.

> (3) "목표는 행복을 만들어 줍니다(진로 지도)"
> "남을 이끄는 가장 좋은 방법은 명령을 하는 것이 아니라 솔선수범하는 것입니다.(간부학생 수련회)"
> "여행을 통하여 여행의 벗, 인생의 벗을 만나기를 기대합니다.(수학여행)
> "개가 두 마리 모이면 사자를 이길 수 있다는 말이 있습니다.(체육대회)
> "우리나라에서는 새가 운다고 합니다. 그러나 서양에서는 새가 노래한다고 합니다.(합창대회)"

이처럼 교육적 설득 연설 때마다 핵심 말이나 문장을 준비하여 가능한 연설 첫 부분이나 마지막 부분에 이야기하듯 부드럽게 학생들에게 다가가도록 하는 것이 좋다.

연설시 고개를 숙이고 말하지 말고, 보고, 멈추고, 말하라(See, Stop, Say). 요약한 내용을 내려다보고 무슨 글귀가 쓰여 있는 지를 살펴보고(see), 고개를 들고 몇 초 동안 말을 멈추라(stop), 그리고 그 글을 연설자 자신만의 언어로 말을 하라(say)라는 의미로 보고 멈추고 말하기의 삼단기법이다. 밑을 보며 한 문장을 외우고, 위를 보고 잠시 멈춘 후, 그 문장을 전한다.

그 예를 제시하면 다음의 (4)와 같다.

(4) "오늘은 독수리 이야기로
(쉬고)
여러분의 졸업을 축하하고자 합니다.
(쉬고)
하늘의 왕자라고 하는 독수리는
(쉬고)
큰 나무나 험한 산의
(쉬고)
바위 중턱에 둥지를 틉니다."

운율을 활용하면 쉽게 귀에 들어온다. "편안한 둥지를 벗어나 더 넓은 세계로 나가도록." 두운을 활용하면 더욱 기억에 남는다. "우리 학교의 무궁한 발전과 우리 모두의 가정에", "국민의(of the people), 국민에(by the people), 국민을 위한(for the people)". 연설문 작성할 때는 주의 사항으로 쉼표 다음 문장은 다음 줄로 옮기고, 주어 다음에 서술어가 나오면 반드시 붙이고, 마침표가 있는 문장은 그 줄에서 마쳐야한다. 설득력 있는 문장은 일정한 공식이 있다. 양극은 서로 통한다는 의미가 된다.

(5) "<u>과거</u>에만 집착한다면, 미래는 없다.
<u>패배</u>에 응답하는 방법은 한 가지 밖에 없는데, 그것은 바로 승리입니다."

이와 같이 설득력 있는 문장을 위하여 반대말을 서로 짝지어 표현하여도 효과가 있고, 다음의 (6)과 같이 동일한 단어를 반복하여 표현하여도 연설의 효과가 있다.

(6) ㄱ. 첫 단어의 반복 : "하늘은 스스로 <u>돕는(help)</u> 자를 <u>돕는다(helps)</u>."
ㄴ. 명사의 반복 : "어떠한 방법으로라도 <u>성공</u>하는 것입니다. 모든 고난을 극복하고 <u>성공하여야</u> 하며, 그 길이 멀고 험난해도 성공하는 길만이 우리가 살길입니다."
ㄷ. 동사의 반복 : "<u>살기</u> 위해 <u>먹지</u>, <u>먹기</u> 위해 <u>살지</u> 말라', '일이 <u>꼬이면</u> <u>꼬이는</u> 일이 계속된다." 등 여러 가지 방법을 다양하게 사용하는 것이 좋다.

2) 연설 시간의 조성

설문조사 통계를 보면 학생이나 학교장들이 생각하는 연설시간은 3분 정도가 좋은 것으로 나타났다. 특별한 경우를 제외하고는 3분도 많다고 본다. 지루한 것보다 우리를 더 지치게 하는 것은 없다. 연설 때 마다 지나치리 만큼 혼란스러운 장면은 연설자를 무색케 하는 경우가 종종 있다. 이는 학교장의 연설에 대한 거부감이나 들을 것이 없다는 학생들의 마음에서 초래한다고 본다. 상황 반전을 위하여 극적이고 짧으면서도 명확한 직감적인 유머를 쓰는 것도 좋지만 유머는 실패의 위험 부담율이 높기 때문에 언어 도박이라 할 수 있다. 유머 사용시에는 반드시 검증을 거친 후에 사용하는 것이 좋다.

3) 연설 전에 점검 사항

훌륭한 연설을 위하여 갑작스러운 사태에 대비한 철저한 점검이 필요하다.

① 마이크 상태 점검 : 성능과 위치 높낮이 등 방송반 학생들의 위치와 사전에 주의를 환기시킬 필요가 있다. 때로는 적극적인 설득을 위하여 마이크가 단상아래에 까지 갈 수 있도록 준비 되었는지를 철저히 점검한다.
② 일기예보 점검

③ 연설에 사용할 보조자료 점검

④ 용의 복장 점검 : 단정한 차림과 용의는 시선을 집중 시킨다. 그러
나 여성들의 귀걸이나 모자, 손톱의 색칠 등 장식류는 주의를 흐트
러지게 할 수 있기 때문에 지양하는 것이 좋다. 단정한 정장차림이
좋으나 행사의 종류에 따라 행사에 걸맞는 옷차림으로 입는 것이
매우 중요하다.

⑤ 요약카드 점검

⑥ 연설 내용 녹음 준비 점검

⑦ 일부 교사들로 하여금 경청을 부탁한다. 그들은 당신 연설문의 구조
나 연설 자체를 분석하도록 도와줄 수 있다.

⑧ 시각 자료 점검

⑨ 머리 모양을 점검

⑩ 연설 시작 전에는 가능한 외부인사 접촉은 금한다.

⑪ 마음속으로 다시 다짐한다. 훌륭한 연설을 위하여 최선을 다하겠다
는 다짐이 필요하다.

⑫ 실내일 때는 조명 점검

⑬ 애국가 등 음악 녹음상태 점검

⑭ 그래도 시간이 남는다면 마지막 점검으로 녹음테이프를 다시 이용
해서 듣는다.

⑮ 마지막으로 연설문의 첫 부분을 마음속으로 되뇌인다. 그래도 시간
이 남는다면 마지막 부분을 거듭하여 되뇌인다.

유비무환이라는 말이 있다. 아무리 준비하고 또 준비해도 지나침이
없음을 명심해야 한다. 이와 같은 준비상태 점검은 학교장 스스로 해야
한다는 사실을 잊어서는 안 된다.

4) 불안감 극복 방법

유비무환의 자세만이 불안감을 떨칠 수 있다. 불안감을 극복하는 방
안을 열거하면 다음과 같다.

① 철저한 준비는 불안감을 감소시킨다.

② 적절한 자세를 취한다. 허리를 의자에 바짝 붙여 앉아서 복부근육을 긴장시킨다.

③ 긍정적인 생각만 한다. 다음 긍정적인 단어들을 스스로 반복하면서 부정적인 생각을 불식시킨다. 즉 나는 준비가 되었고, 설득력이 있고, 힘차고 확신에 차 있고, 열정적이고, 정열적이고, 재미있고, 효과적이다.

④ 마음속으로 계속하여 연설의 첫 부분을 되뇌인다. 말 그대로 연설의 첫 부분이 입에서 그대로 튀어나올 수 있게 한다. 시작 부분을 잘 알고 있으면 카드를 보지 않고도 청중들의 눈을 바라보며 시작 말을 잘 전달하고 있는 자기를 발견할 것이다(연설의 끝 부분도 마찬가지다. 마지막 부분도 카드를 보지 말고 학생들을 바라보면서 말해라). 윈스턴 처칠도 초기에는 모든 청중들이 발가벗고 있다고 상상함으로 그의 연단 공포증을 극복하였다. 플랭클린 루즈벨트도 모든 청중들이 결점을 지니고 있다고 생각하며 연설을 했다고 한다.

⑤ 목소리가 힘 있고 탄력성 있게 연습한다.

⑥ 유연해지도록 힘쓰라. 화제와 사람과 분위기는 변한다. 훌륭한 대화 참가자는 그 변화에 따라서 같이 변한다.

⑦ 재치있는 사람이 되기 위해서 힘쓴다.

⑧ 더듬거리는 사람이 되지 않는다. 명확하게 말하기 위해서 노력한다.

⑨ 연설을 시작하기 전에 천천히 깊게 하품을 몇 차례 한다. 가능할 때는 언제라도 손짓 등 동작을 취할 준비를 한다.

⑩ 성대, 턱, 어깨를 편하게 한다.

⑪ 팔을 느슨하게 한다.

⑫ 완벽하려고 하기 보다는 단지 잘 하도록 한다.

⑬ 연설문 초고가 완성된 후 교정을 반복하고 또 반복하여 낭독한다.

⑭ 기후의 상태와 계절 그리고 실내외의 온도를 점검하면서 대처한다.

⑮ 지적인 자료들을 끊임없이 모은다.

⑯ 직접적인 감화를 줄 수 있는 머리말을 준비한다.

⑰ 결론을 기억에 남을 만하게 만든다.

⑱ 마이크 사용 연습을 철저히 하고, 성능을 점검한다.

기타 정확한 발음 연습, 또박 또박 말하기, 혀, 턱, 입술 운동, 억양에 주의하고, 자신의 목소리를 녹음하여 보고, 몸가짐을 점검 하여 좋은 이미지를 심도록 노력하여야 한다. 그 밖에 훌륭한 설득 연설을 위한 효과적인 조명으로는 오후보다는 아침이 좋고, 식후보다는 식전, 긴 시간보다는 짧은 시간, 연설시간 변경은 감소요인이 되며, 연설시간 3분 이내로 짧을수록 좋다. 말하기 속도 1분 100~120자 정도가 좋으며, 장소는 운동장보다 실내, 마이크의 성능·음성의 반향, 외부 잡음, 광선, 마이크, 연단 위의 화분, 연단 탁자의 높이에 따라 연설 효과가 다를 수 있다는 것을 명심하여야 한다. 연설 중에 가장 중요한 부분 하나가 예상하지 못했던 방해들이 나타났을 때 어떻게 처리하여야 할지를 아는 것이다.

연설장에 산만한 일이 발생할 경우 대처할 수 있는 방안을 들면 다음과 같다.

① 산만하게 하는 요소 : 만약 방해하는 일들을 무시하고 계속 학생들을 사로잡을 수 있다면 그대로 한다. 수십 초 간 침묵으로 일관하는 방법도 있다.

② 외부 소음 요소 : 사전 점검을 통하여 철저하게 준비하되, 관계자에게 도와주도록 요청한다.

③ 짓궂은 사람들에 대처하기 : 만약 누군가가 연설자에게 말로써 당황하게 만든다면 자세를 유지하면서 선하게 반응하여야 한다. 그것이 무엇이든지 간에 화를 내서는 안 된다.

④ 긴급 상황에 대처하기 : 때로는 예기치 못하게 학생이 쓰러지거나 심장 마비와 같은 긴급 상황이 일어날 수도 있다. 이런 경우에는 연설을 멈추고 의료진의 도움을 요청하여야 한다. 상황이 다시 회복된다면 내용을 요약하고 일찍 결론짓는 것이 현명하다. 때로는 '오늘 하고 싶은 이야기는 학교 홈페이지에 올려놓겠습니다'라고 한다면 지혜로움이 한층 더 돋보이는 부분이라고 할 수 있다.

손바닥도 마주쳐야 소리가 나듯이 화자와 청자가 호흡이 맞아야 한다.

그러기 위해서는 다음 사항들을 주의하여야 한다.

    ① 궁색한 변명으로 시작하지 않는다.
    ② 신선하고 부드럽게 말한다.
    ③ 스피치 시간을 엄수한다.
    ④ 패기 있는 목소리로 말한다.
    ⑤ 긴장되는 것을 두려워하지 말아야 한다.
    ⑥ 온몸으로 말한다.
    ⑦ 검증을 거친 유머를 적재적소에 사용한다.
    ⑧ 말의 간격을 유용하게 이용한다.
    ⑨ 압도하는 분위기로 임한다.
    ⑩ 속어나 비어를 피한다.
    ⑪ 귀고리나 지나친 화장 등은 삼가야 한다.

명연설로 유명한 처칠은 '완벽하지 않으면 아무 소용이 없다'라고 하였다. 아무리 완벽하게 준비하고 연설에 임하였다 하더라도 옥의 티는 있기 마련이다. 끝없는 준비와 다음을 위하여 또다시 준비하고 점검하는 일은 아무리 강조하여도 지나침이 없다는 사실을 명심하여야 한다. 지금까지 준비하고 실제로 연설했던 내용들에 대하여 다음 연설을 위하여 다음과 같이 피드백 준비를 하여야 한다.

    첫째, 녹음이나 비디오 촬영은 하였는가?
    둘째, 일부 선생님에게 피드백 준비를 시켰는가?
    셋째, 학생들에게도 피드백을 위한 부탁과 준비를 하였는가?
    넷째, 연설 후 박수를 받았는가? 등을 점검하여 교육적 설득 연설에 대
        비해야 한다.

제 5 장

사후 검증 및 논의

　앞서 살펴본 것처럼 학생들을 대상으로 교육적 설득 연설의 실태에 대한 사전조사를 실시하였다. 실태 조사는 비교적 광범위하게 실시되었으나, 실험후의 사후검증에는 연구자가 중요하다고 판단하는 내용을 중심으로 문항을 부여하여 분석하였다.

　구체적으로 살펴보면 실태에서 나타난 학생들의 일반적인 교육적 설득 연설에 대한 인식과 효과적이고 체계적으로 정리된 교육적 설득 연설문을 이용하여 교육적 설득 연설을 실시한 이후의 인식변화를 설문조사를 통하여 검증하였다.

　이 절에서는 실험대상 학생들에게 교육적 설득 연설을 집중적으로 실시한 후 전후 비교를 통하여 인식 변화의 정도를 알아보도록 하겠다.

1. 사후 검증 결과

1.1. 교육적 설득 연설의 인식 변화 정도

1) 교육적 설득 연설에 대한 전반적인 인식 변화 정도

교육적 설득 연설에 대하여 실험전과 후에 어떤 인식 변화가 있었는 가에 대한 설문에서 비교적 많은 학생들이 인식의 변화가 있었다고 응답하였다. 기존에는 교육적 설득 연설의 횟수가 일정하지 않고, 초등학교 > 중학교 > 고등학교의 순으로 교육적 설득 연설을 들을 수 있는 전체조회가 실시되었다.

그러나 실험기간 동안에는 학교장의 교육적 설득 연설의 횟수를 초·중·고등학교 모두 월 2회로 하였다. 초등학교의 경우는 기존의 교육적 설득 연설 횟수와 비슷한 횟수지만, 중학교와 고등학교의 경우는 기존에 일반적으로 실시되던 교육적 설득 연설 횟수에 비해 늘어난 횟수이다. 이렇게 교육적 설득 연설의 횟수가 늘어난 것과 학생들의 인식 변화 사이에는 어떤 관계가 있었는지 조사한 결과는 다음 〔표 5-1〕과 같다.

[표 5-1] 교육적 설득 연설에 대한 전반적인 인식 변화 정도

구 분		㉠	㉡	㉢	㉣	㉤	합 계	x^2(p)
성 별	남	65	48	11	6	–	130	1.652**
		50.0%	36.9%	8.5%	4.6%	0.0%	100.0%	(.648)
	여	63	36	6	5	–	110	
		57.3%	32.7%	5.5%	4.5%	0.0%	100.0%	
학교급별	초등학교	54	26	–	–	–	80	24.191***
		67.5%	32.5%	0.0%	0.0%	0.0%	100.0%	(.000)
	중학교	44	25	7	4	–	80	
		55.0%	31.3%	8.8%	5.0%	0.0%	100.0%	
	고등학교	30	33	10	7	–	80	
		37.5%	41.3%	12.5%	8.8%	0.0%	100.0%	
합 계		128	84	17	11	–	240	
		53.3%	35.0%	7.1%	4.6%	0.0%	100.0%	

**p<.01, ***p<.001
주) ㉠ 설득 연설에 대하여 매우 긍정적인 생각을 하게 되었다.
　　㉡ 설득 연설에 대하여 조금 긍정적인 생각을 하게 되었다.
　　㉢ 보통이다.
　　㉣ 설득 연설에 대하여 조금 부정적인 생각을 하게 되었다.
　　㉤ 설득 연설에 대하여 매우 부정적인 생각을 하게 되었다.

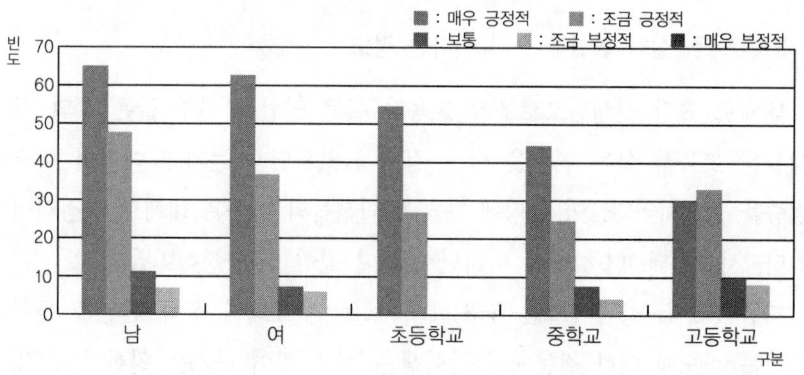

[그림 5-1] 교육적 설득 연설의 인식 변화 정도

위 〔표 5-1〕과 〔그림 5-1〕에서 알 수 있듯이, 남학생의 50%에 해당
되는 65명이 교육적 설득 연설에 대하여 '매우 긍정적인 생각을 하게
되었다'에 반응을 나타냈다. 여학생의 경우는 57.3%에 해당하는 63명
이 역시 응답하여 많은 인식 변화가 있었음을 나타내 주고 있다. 또한
교육적 설득 연설에 대하여 '약간 긍정적인 생각을 하게 되었다'에는 각
각 48명과 36명이 응답하여 36.9%와 32.7%의 비율을 보였으며 통계
적으로도 유의미한 차이는 없었다(p<.01).

학교 급별에 따라서는 교육적 설득 연설에 대하여 '매우 긍정적인 생
각을 하게 되었다'에 초등학교는 67.5%, 중학교는 55.0%, 고등학교는
37.5%가 반응을 보여 초등학교에서 고등학교로 갈수록 인식변화가 부족
한 것으로 나타났으며, 통계적으로도 유의미한 차이를 보인다(p<.001). 또
한 초·중·고등학교로 갈수록 인식변화에 부정적인 반응이 나타나고

있다. 이는 학생들이 성장을 하면서 긍정적 사고에 부정적인 사고도 많이 하고 있음을 잘 나타내 준다고 하겠다. 대체적으로는 인식변화를 가져왔지만, 중, 고등학교 학생들에 대한 교육적 설득 연설을 좀더 강화해야 함을 시사해 주고 있다.

2) 교육적 설득 연설을 듣기 원하는 정도

대체로 교장 선생님으로부터 교육적 설득 연설을 자주 들은 후의 학생들은 교육적 설득 연설을 어느 정도 들었으면 하는가에 대하여 사후 검증을 실시하였다. 이 문항에 대하여 학생들의 반응은 대체로 긍정적이었다. 사전실태(표4-4)에서 나타난 것보다 훨씬 더 긍정적이었다.[1]

다음 〔표 5-3〕과 〔그림 5-3〕에서 보듯이, 교육적 설득 연설을 듣기 원하는 정도에 대한 질문에서 남학생은 '아주 많이 듣기를 원한다'와 '많이 듣기를 원한다'에는 각각 36명과 51명이 반응을 보여 27.7%와 39.2%로 나타났다. 응답학생 50%이상의 학생이 이 두 문항에 반응을 보여 현재보다 많이 듣기를 원하는 것으로 조사되었다. 사전 조사에서는 가급적 교육적 설득 연설의 시간이 짧게 끝나기를 원하는 학생들이 많았던 것과 비교하면 사후 조사의 반응비율은 매우 의미 있다 하겠다.

여학생의 경우는 '아주 많이 듣기를 원한다'와 '많이 듣기를 원한다'에 각각 36명과 61명이 반응을 보여 39.2%와 55.5%로 나타났다. 이것은 남학생의 경우보다 훨씬 높은 비율을 나타냈다. 즉 남학생보다 여학생의 경우가 실험실시의 결과가 더 뚜렷하게 나타난 것으로 볼 수 있다.

---

1) 사전에 조사했을 때는 〔표 5-2〕와 〔그림 5-2〕에서 알 수 있듯이, 학생들이 가장 바람직하다고 생각하는 전교생 조회의 적당한 횟수에 대해 살펴보면 전체적으로 필요할 때마다가 30.2%로 가장 많은 응답을 보였으며 1주일에 1회 25.8%, 1달에 1회 22.4% 순으로 나타났다. 그밖에 2주일에 1회7.5%, 3주일에 1회 2.5%로 나타나 교육적 설득 연설횟수가 많아질수록 응답률은 낮아지는 경향을 보였다. 기타에 응답한 경우는 11.7%로 나타났는데, 기타항목은 주로 교육적 설득 연설 자체를 없애야 한다는 의견이 대부분이었다.

학교 급별로 살펴보면, '아주 많이 듣기를 원한다'에 초등학생은 37.5%, 중학생은 17.5%, 고등학생은 35.0%로 나타나서 중학생이 가장 적게 나타났다. '약간 많이 듣기를 원한다'에는 초등학생이 52.5%, 중학생이 58.8%, 고등학생은 28.8%의 비율을 보여 중학생이 가장 높은 비율을 나타냈으며, 통계적으로도 유의미한 차이를 보인다(p〈.001). 즉 '많이 듣기를 원한다'와 '약간 많이 듣기를 원한다'는 항목을 하나로 놓고 보면, 초등학생은 90%, 중학생은 76.3%, 고등학생은 63.8%의 비율로 초등학생이 가장 많고, 중·고등학교로 갈수록 많이 듣기를 원하지 않는 것으로 나타났다.

[표 5-2] 교육적 설득 연설을 듣기 원하는 정도(실험 전)

구 분		㉠	㉡	㉢	㉣	㉤	㉥	합 계	x^2(p)
성 별	남	151	7	24	231	203	60	676	55.266***
		22.3%	1.0%	3.6%	34.2%	30.0%	8.9%	100.0%	(.000)
	여	166	0	2	111	211	54	544	
		30.5%	.0%	.4%	20.4%	38.8%	9.9%	100.0%	
학교급별	초등학교	312	2	3	2	12	110	441	1576.698***
		70.7%	.5%	.7%	.5%	2.7%	24.9%	100.0%	(.000)
	중학교	1	1	16	276	70	1	365	
		.3%	.3%	4.4%	75.6%	19.2%	.3%	100.0%	
	고등학교	4	4	7	64	332	3	414	
		1.0%	1.0%	1.7%	15.5%	80.2%	.7%	100.0%	
합 계		317	7	26	342	414	114	1220	
		26.0%	.6%	2.1%	28.0%	33.9%	9.3%	100.0%	

***p<.001

주) ㉠ 1주일에 1회　　㉡ 2주일에 1회　　㉢ 3주일에 1회
　　㉣ 한 달에 1회　　㉤ 필요할 때마다　　㉥ 기타

[표 5-3] 교육적 설득 연설을 듣기 원하는 정도(실험 후)

구 분		㉠	㉡	㉢	㉣	㉤	합 계	x^2(p)
성 별	남	36	51	23	19	1	130	17.103** (.002)
		27.7%	39.2%	17.7%	14.6%	.8%	100.0%	
	여	36	61	10	3	–	110	
		32.7%	55.5%	9.1%	2.7%	0.0%	100.0%	
학교급별	초등학교	30	42	6	2	–	80	28.650*** (.000)
		37.5%	52.5%	7.5%	2.5%	0.0%	100.0%	
	중학교	14	47	10	9	–	80	
		17.5%	58.8%	12.5%	11.3%	0.0%	100.0%	
	고등학교	28	23	17	11	1	80	
		35.0%	28.8%	21.3%	13.8%	1.3%	100.0%	
합 계		72	112	33	22	1	240	
		30.0	46.7	13.8	9.2	.4	100.0%	

**p<.01 ***p<.001
주) ㉠ 1주일에 1회   ㉡ 2주일에 1회   ㉢ 3주일에 1회
    ㉣ 한 달에 1회   ㉤ 필요할 때마다

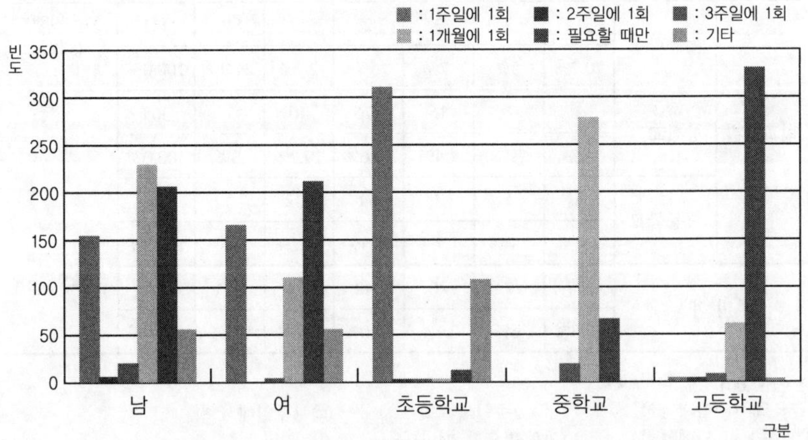

[그림 5-2] 교육적 설득 연설을 듣기 원하는 정도(실험 전)

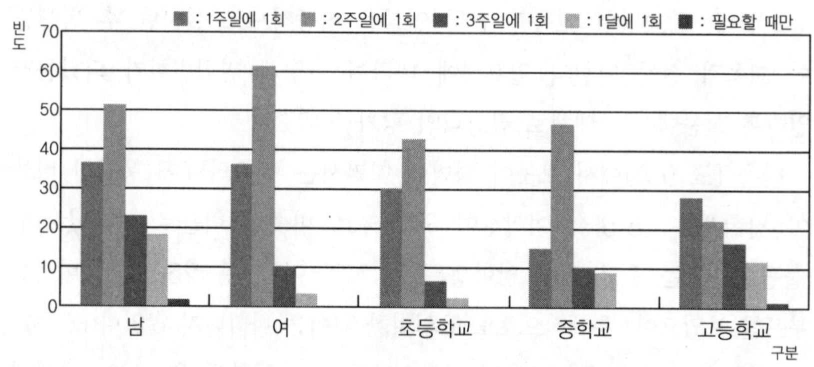

[그림 5-3] 교육적 설득 연설을 듣기 원하는 정도(실험 후)

그밖에 '그저 그렇다'에 답한 경우는 초등학생이 7.5%, 중학생 12.5%, 고등학생이 21.3%의 비율로 나타나서 초등학교에서 고등학교로 갈수록 그 비율이 높아지고 있는 특징을 나타내고 있다.

특이할 만한 것은 '전혀 듣기를 원하지 않는다'고 답한 경우가 초등학생은 단 한명도 없었는데, 중학생과 고등학생은 한명이 있었다는 것이다. 이러한 결과들을 종합해 보면, 초등학생보다는 중학생이, 중학생보다는 고등학생이 교육적 설득 연설에 대하여 부정적으로 인식하고 있다고 할 수 있다. 따라서 향후에 교육적 설득 연설이 성공적으로 이루어지기 위해서는 중·고등학생 중심의 교육이 강화되어야 함을 시사해 준다고 하겠다.

3) 교육적 설득 연설의 필요성

교육적 설득 연설의 필요성에 대하여 실태조사를 했을 때는 전체적으로 '필요하지 않다'에 50.3%, '필요하다'에 49.7%가 반응을 보였었다. 대체로 필요하다는 의견과 필요하지 않다는 의견이 반반 정도 나타났었다.2)

---

2) 〔표 3-11]의 결과에 의하면 필요하지 않다가 50.3%, 필요하다가 49.7%로 나타났다.

그런데, 학교장이 교육적 설득 연설을 집중적으로 실시한 후 학생들이 교육적 설득 연설의 필요성에 대하여 어떻게 인식변화가 되었는지 알아본 설문에서는 대체로 긍정적인 평가를 내렸다.

다음 〔표 5-5〕에서 보듯이 성별에 따라서는 '필요하다'에 응답한 비율이 남학생은 78.5%, 여학생이 74.5%로 비슷한 비율로 나타났으며, '불필요하다'는 응답 역시 남학생은 21.5%, 여학생은 25.5%로 비슷한 분포를 보였으며, 통계적으로도 유의미한 차이는 나타나지 않았다(p<.05).

한편 학교 급별에 따라서는 '필요하다'에 초등학생 80.0%, 중학생 73.8%, 고등학생 76.3%로 역시 비슷한 분포를 보였으며, 통계적으로도 유의미한 차이는 나타나지 않았다(p<.05).

[표 5-4] 교육적 설득 연설의 필요성에 대한 인식(실험 전)

구 분		㉠	㉡	합 계	x^2(p)
성 별	남	322	354	676	2.521
		47.6%	52.4%	100.0%	(.112)
	여	284	260	544	
		52.2%	47.8%	100.0%	
학교급별	초등학교	347	94	441	241.093***
		78.7%	21.3%	100.0%	(.000)
	중학교	101	264	365	
		27.7%	72.3%	100.0%	
	고등학교	158	256	414	
		38.2%	61.8%	100.0%	
합 계		606	614	1220	
		49.7%	50.3%	100.0%	

학생들이 교육적 설득 연설의 필요성과 불필요성에 대하여 거의 같은 비율로 인식하고 있었다. 이는 교육적 설득 연설이 지루하고 빨리 끝나기를 기다리는 결과와 비교할 때는 다소 의외의 결과이다. 따라서 교육적 설득 연설을 지루하게 인식은 하고 있지만, 그 필요성을 인식하는 학생들은 의외로 많다고 할 수 있다. 또한 학교 급별에 따라서는 필요하다에 중학생 27.7%, 고등학생 38.2%로 초등학생의 78.7%와는 상반된 결과가 나왔다. 이는 초등학생들은 교육적 설득 연설에 대하여 비교적 긍정적으로 인식하고 있기 때문으로 보여진다. 반면, 필요하지 않다는 응답은 초등학생이 21.3%, 중학생이 72.3%, 고등학생은 61.8%로 나타났다. 특히 중학교의 경우가 이 항목에 가장 높은 빈도를 보였는데, 그 이유는 학생들의 인식이 상당히 부정적이기 때문으로 분석된다.

***p<.001
주) ㉠ 필요하다.　　　　　　　　　　　　㉡ 불필요하다.

[표 5-5] 교육적 설득 연설의 필요성에 대한 인식(실험 후)

구 분		㉠	㉡	합 계	x^2(p)
성 별	남	102	28	130	.511*
		78.5%	21.5%	100.0%	(.475)
	여	82	28	110	
		74.5%	25.5%	100.0%	
학교급별	초등학교	64	16	80	.885*
		80.0%	20.0%	100.0%	(.642)
	중학교	59	21	80	
		73.8%	26.3%	100.0%	
	고등학교	61	19	80	
		76.3%	23.8%	100.0%	
합 계		184	56	240	
		76.7	23.3	100.0%	

*p<.05
주) ㉠ 필요하다.　　　　　　　　　　　　㉡ 불필요하다.

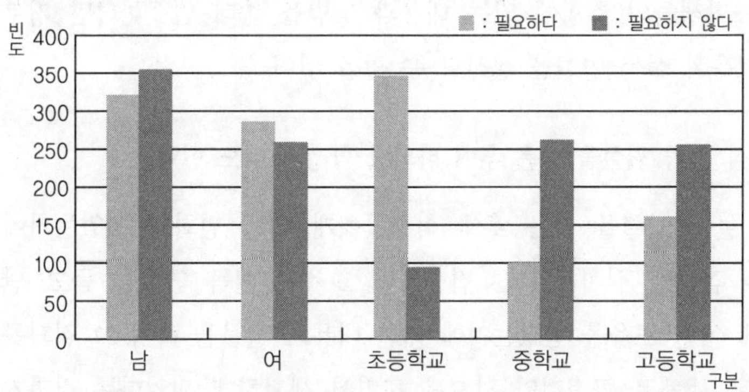

[그림 5-4] 교육적 설득 연설의 필요성에 대한 인식(실험 전)

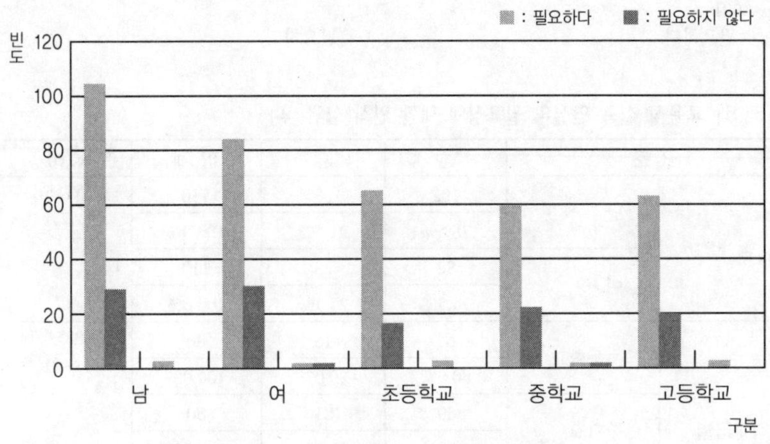

[그림 5-5] 교육적 설득 연설의 필요성에 대한 인식(실험 후)

결과적으로 학교장의 교육적 설득 연설을 월 2회 정도로 자주 들은 학생들은 교육적 설득 연설의 필요성을 매우 많이 인식하고 있었는데, 이는 교육적 설득 연설의 내용이나 방법에 따라 학생들의 인식에 변화를 줄 수 있다는 것을 잘 나타내 주는 것이다. 따라서 향후의 교육적 설득 연설은 학생들의 취향에 맞는 내용과 방법을 좀더 연구한다면 거부감 없는 교육적 설득 연설을 실시할 수 있을 것이다.

4) 교육적 설득 연설을 들은 후에 나타난 학생의 태도 변화

교육적 설득 연설을 들은 후에 학생들에게 어떤 변화가 있었는가에 대한 사후 검증을 실시하였다. 집중적인 교육적 설득 연설을 듣고 난 후, 생활에 어떤 도움을 받았는지에 대한 내용의 질문을 하여 그 결과를 분석하였다. 대체로 긍정적인 사고를 하면서 생활하게 되었다는 결과가 나타났다.

[표 5-6] 교육적 설득 연설을 들은 후에 나타난 학생의 태도 변화

구 분		㉠	㉡	㉢	합 계	x^2(p)
성 별	남	68	54	8	130	.742*
		52.3%	41.5%	6.2%	100.0%	(.690)
	여	56	44	10	110	
		50.9%	40.0%	9.1%	100.0%	
학교급별	초등학교	43	33	4	80	14.224**
		53.8%	41.3%	5.0%	100.0%	(.007)
	중학교	36	31	13	80	
		45.0%	38.8%	16.3%	100.0%	
	고등학교	45	34	1	80	
		56.3%	42.5%	1.3%	100.0%	
합 계		124	98	18	240	
		51.7%	40.8%	7.5%	100.0%	

*p<.05, **p<.01

주) ㉠ 일상 생활에서 항상 잘해야 한다는 생각을 하게 되었다.
　　㉡ 학교 생활에 많은 도움이 되었다.
　　㉢ 일반 상식을 많이 넓히게 되었다.
　　㉣ 별로 도움이 되지 않았다.

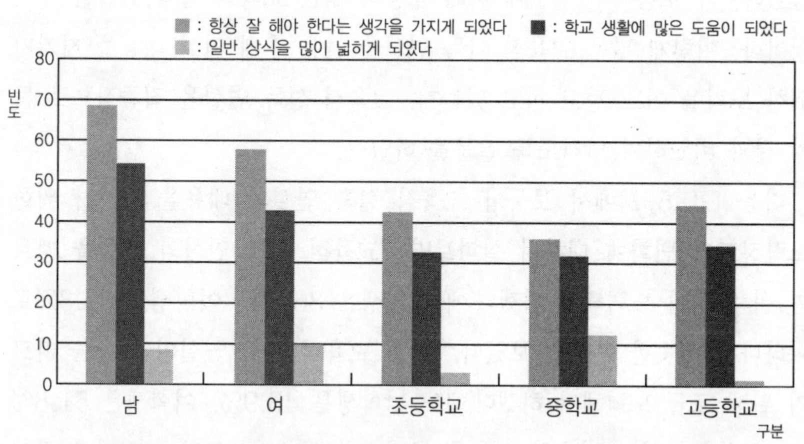

[그림 5-6] 교육적 설득 연설을 들은 후에 나타난 학생의 태도 변화

위 [표 5-6]에서 보듯이, 성별에 따른 변화 정도는 '일상생활에서 항

상 잘해야 한다는 생각을 하게 되었다'에 남학생은 52.3%, 여학생은 50.9%로 나타났다. 또한 '학교생활에 많은 도움이 되었다'에는 남학생 41.5%, 여학생은 40.0%로 나타나서 비슷한 분포를 보였으며, 통계적으로도 유의미한 차이는 나타나지 않았다(p<.05).

학교 급별에 따라서는 '일상생활에 항상 잘해야 한다는 생각을 하게 되었다'에 초등학생은 53.8%, 중학생은 45.0%, 고등학생은 56.3%로 나타나서 고등학생이 가장 높은 비율을 보였다. '학교생활에 많은 도움이 되었다'에는 초등학생이 41.3%, 중학생은 38.8%, 고등학생의 경우는 42.5%로 나타나서 역시 고등학생이 가장 높은 비율을 보였으며, 통계적으로도 유의미한 차이를 보였다(p<.01).

5) 교육적 설득 연설의 내용을 지키기 위한 노력 정도의 변화

실험대상 학생들은 교육적 설득 연설을 다른 학생들에 비하여 많이 들었다. 즉 보통의 학생들에 비해 월등히 많은 교육적 설득 연설을 들은 것이다. 이렇게 많은 교육적 설득 연설을 들은 후에 연설 내용을 지키기 위한 노력을 어느 정도 하고 있는지, 교육적 설득 연설을 집중적으로 듣기 전과 비교하여 답하도록 질문을 하였다.

다음 〔표 5-7〕에서 보듯이 교육적 설득 연설의 내용을 지키기 위한 노력정도의 변화에 대하여 살펴보면, '교육적 설득 연설의 내용을 따르기 위해 많이 노력해야 하겠다'에 남학생은 36.2%, 여학생은 37.3%로 나타나서 비슷한 분포를 보였다. 또한 '교육적 설득 연설의 내용을 따르기 위해 조금 노력해야 하겠다'에도 남학생은 46.9%, 여학생은 51.8%로 나타나서 역시 비슷한 비율을 보였으며 통계적으로도 유의미한 차이는 나타나지 않았다(p<.05).

그밖에 '교육적 설득 연설의 내용을 따르기 위해 전혀 노력하지 않겠다'에는 남학생, 여학생 모두 단 한명의 학생도 응답하지 않아서 교육적 설득 연설 실시 후에 교육적 설득 연설의 내용을 따르기 위한 노력을 한층 더 하고 있다는 것을 잘 나타내 주고 있다.

[표 5-7] 교육적 설득 연설의 내용을 지키기 위한 노력 정도의 변화

구 분		㉠	㉡	㉢	㉣	합 계	x^2(p)
성 별	남	47	61	10	12	130	4.361*
		36.2%	46.9%	7.7%	9.2%	100.0%	(.225)
	여	41	57	9	3	110	
		37.3%	51.8%	8.2%	2.7%	100.0%	
학교급별	초등학교	37	41	2	–	80	47.446***
		46.3%	51.3%	2.5%	0.0%	100.0%	(.000)
	중학교	25	41	14	–	80	
		31.3%	51.3%	17.5%	0.0%	100.0%	
학교급별	고등학교	26	36	3	15	80	47.446***
		32.5%	45.0%	3.8%	18.8%	100.0%	(.000)
합 계		88	118	19	15	240	
		36.7%	49.2%	7.9%	6.3%	100.0%	

*p<.05, ***p<.001
주) ㉠ 교육적 설득 연설의 내용을 따르기 위해 많이 노력해야 하겠다.
　　㉡ 교육적 설득 연설의 내용을 따르기 위해 조금 노력해야 하겠다.
　　㉢ 그저 그렇다.
　　㉣ 교육적 설득 연설의 내용을 따르기 위해 별로 노력하지 않겠다.
　　㉤ 교육적 설득 연설의 내용을 따르기 위해 전혀 노력하지 않겠다.

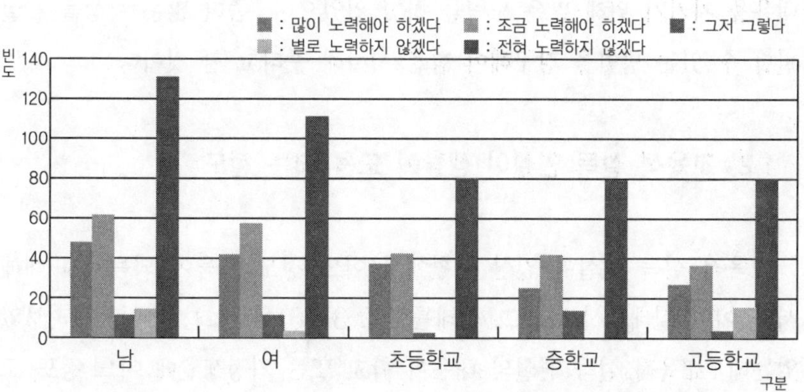

[그림 5-7] 교육적 설득 연설의 내용을 지키기 위한 노력 정도의 변화

학교 급별로 살펴보면, '교육적 설득 연설의 내용을 따르기 위해 많이 노력해야 하겠다'에 초등학생은 46.3%, 중학생은 31.3%, 고등학생은 32.5%로 나타나서 초등학생이 가장 높은 반응을 나타냈다.

'교육적 설득 연설의 내용을 따르기 위해 조금 노력해야 하겠다'에는 초등학생과 중학생이 각각 51.3%의 반응을 보였고, 고등학생은 45.0%로 나타났으며 통계적으로도 유의미한 차이를 보인다(p<.001). 즉 초등학생과 중학생은 거의 비슷하게 인식하고 있는 것으로 볼 수 있으나, 고등학생은 비교적 낮은 반응을 보이고 있는 것으로 볼 수 있다.

특이할 만한 점은 초·중학교 학생들은 '교육적 설득 연설의 내용을 따르기 위해 별로 노력하지 않겠다'와 '교육적 설득 연설의 내용을 따르기 위해 전혀 노력하지 않겠다'고 응답한 학생이 한명도 없었으나, 고등학생의 경우는 '교육적 설득 연설의 내용을 따르기 위해 전혀 노력하지 않겠다'고 답한 학생은 없었으나, '교육적 설득 연설의 내용을 따르기 위해 별로 노력하지 않겠다'고 답한 학생은 15명이나 되어 18.8%의 비율을 보인다.

결과적으로 교육적 설득 연설을 집중적으로 실시하여 학생들이 연설 내용을 지키기 위해 많은 노력을 하고 있었으나, 좀더 많은 학생들이 실천할 수 있는 방안을 강구해야 함을 시사해 준다고 할 것이다.

1.2. 교육적 설득 연설이 생활에 도움 되는 정도

교육적 설득 연설이 일상 생활에서 어느 정도 도움이 되는지에 대해서는 이미 실태조사에서 그 실태를 [표 3-16]에서 그 실태를 살펴보았었는데, 교육적 설득 연설의 내용이 학교 또는 가정생활에 어느 정도 도움이 되는지에 대한 질문에 나타난 결과를 살펴보면 학교 급별로 성별,

학년에 관계없이 전체적으로는 응답학생들 반응은 '별로 도움이 되지 않는다'에 35.4%로 가장 많은 반응을 보였으며 '보통이다' 34.2%, '조금 도움이 된다' 18.9% 순으로 나타났다.3)

대부분의 학생들이 교육적 설득 연설이 별다른 도움이 되지 않은 것으로 인식하고 있었다. 이렇게 인식하고 있는 학생들을 대상으로 집중적인 교육적 설득 연설을 실시하여 사후검증을 통해 학생들의 인식 변화를 알아보았다.

다음 〔표 5-8]에서 보는 바와 같이, 교육적 설득 연설이 일상생활에 어느 정도 도움이 되는지에 대한 조사에서 응답학생들의 대부분이 긍정적으로의 인식 전환이 이루어졌음을 알 수 있다.

성별에 따라서는 남학생의 경우 '많은 도움이 된다'에 24.6%, '조금 도움이 된다'에 50.0%가 응답하여 도움이 된다고 보는 경우가 74.6%로 나타나 매우 높은 응답 비율을 보였다. 여학생 역시 '많은 도움이 된다'에 35.5%, '조금 도움이 된다'에 47.3%가 응답하여 남학생의 경우

---

3) 이미 〔표 3-16]과〔표 5-8] 및 〔그림 5-8]에 그 결과가 나타나 있으나, 그 결과를 다시 살펴보면 성별에 따라서는 남학생의 경우는 조금 도움이 된다가 21.3%로 나타났고, 여학생의 경우는 15.8%로 나타났다. 따라서 여학생보다는 남학생이 더 많은 도움을 받는다고 인식하고 있는 것으로나타났다. 학교 급별의 반응을 살펴보면 중학생과와 고등학생은 초등학교 학생들 보다 별로 도움이 되지 않는다가 더 높게 나타났고, 반면에 초등학교는 많은 도움이 된다가 27.7%로 가장 높게 나타났다. 즉 전반적으로 초등학생이 중·고등학생보다 교육적 설득 연설 내용에 대하여 더 많은 도움이 된다고 인식하고 있었다. 학년에 따라서는 많은 도움이 된다가 초등학교 4학년은 45.9%, 초등학교 5학년은 33.3%, 초등학교 6학년은 8.8%, 중학교 1학년은 6.5%, 중학교 2학년은 1.4%, 중학교 3학년은 2.5%, 고등학교 1학년은 2.8%, 고등학교 2학년은 1.4%, 고등학교 3학년은 1.3%로 초등학교 4학년이 가장 높게 나타나서, 학교급이 초등학교에서 중학교로 중학교에서 고등학교로 갈수록 도움이 덜 된다고 인식하는 것으로 나타났다. 별로 도움이 되지 않는다의 항목에서는 초등학교 4학년은 2.3%, 초등학교 5학년은 4.3%, 초등학교 6학년은 10.6%, 중학교 1학년은 45.4%, 중학교 2학년은 50.0%, 중학교 3학년은 61.3%, 고등학교 1학년은 48.6%, 고등학교 2학년은 49.3%, 고등학교 3학년은 53.8%로 중학교 3학년이 가장 높게 나타났다.

와 비슷한 분포를 보였으며 통계적으로 유의미한 차이는 나타나지 않았다(p<.05).

학교 급별에 따라서는 초등학생의 경우는 '많은 도움이 된다'에 35.0%, 중학생은 38.8%, 고등학생은 15.0%로 나타났다. '조금 도움이 된다'에는 초등학생이 55.0%, 중학생은 33.8%, 고등학생은 57.7%로 나타났으며 이는 통계적으로도 유의미한 차이를 나타냈다(p<.001).

이러한 결과는 교육적 설득 연설을 집중적으로 실시하기 전과 비교할 때 의미 있는 변화라 할 수 있다. 즉 도움이 조금이라도 된다고 응답한 비율이 사전실태 조사 때보다 훨씬 더 많아진 것으로 보아, 어떤 방법으로든지 도움이 되고 있다는 것을 잘 나타내 주는 것이다.

[표 5-8] 교육적 설득 연설이 생활에 도움되는 정도(실험 전)

구 분		㉠	㉡	㉢	㉣	합 계	x^2(p)
성 별	남	73	144	215	244	676	8.283* (.041)
		10.8%	21.3%	31.8%	36.1%	100.0%	
	여	68	86	202	188	544	
		12.5%	15.8%	37.1%	34.6%	100.0%	
학교급별	초등학교	122	121	171	27	441	354.300*** (.000)
		27.7%	27.4%	38.8%	6.1%	100.0%	
	중학교	12	51	111	191	365	
		3.3%	14.0%	30.4%	52.3%	100.0%	
	고등학교	7	58	135	214	414	
		1.7%	14.0%	32.6%	51.7%	100.0%	
합 계		141	230	417	432	1220	
		11.6%	18.9%	34.2%	35.4%	100.0%	

*p<.05 ***p<.001
주) ㉠ 많은 도움이 된다.　　　　㉡ 조금 도움이 된다.
　　㉢ 보통이다.　　　　　　　　㉣ 별로 도움이 되지 않는다.

[표 5-9] 교육적 설득 연설이 생활에 도움되는 정도(실험 후)

구 분		㉠	㉡	㉢	㉣	㉤	합 계	x^2(p)
성 별	남	32	65	15	16	2	130	6.609** (.158)
		24.6%	50.0%	11.5%	12.3%	1.5%	100.0%	
	여	39	52	12	5	2	110	
		35.5%	47.3%	10.9%	4.5%	1.8%	100.0%	
학교급별	초등학교	28	44	8	–	–	80	48.248*** (.000)
		35.0%	55.0%	10.0%	0.0%	0.0%	100.0%	
	중학교	31	27	16	6	–	80	
		38.8%	33.8%	20.0%	7.5%	0.0%	100.0%	
	고등학교	12	46	3	15	4	80	
		15.0%	57.5%	3.8%	18.8%	5.0%	100.0%	
합 계		71	117	27	21	4	240	
		29.5	48.8	11.2	8.8	1.7	100%	

**p<.05 ***p<.001

주) ㉠ 많은 도움이 된다.　　　　㉡ 조금 도움이 된다.
　　㉢ 보통이다.　　　　　　　　㉣ 별로 도움이 되지 않는다.
　　㉤ 전혀 도움이 되지 않는다.

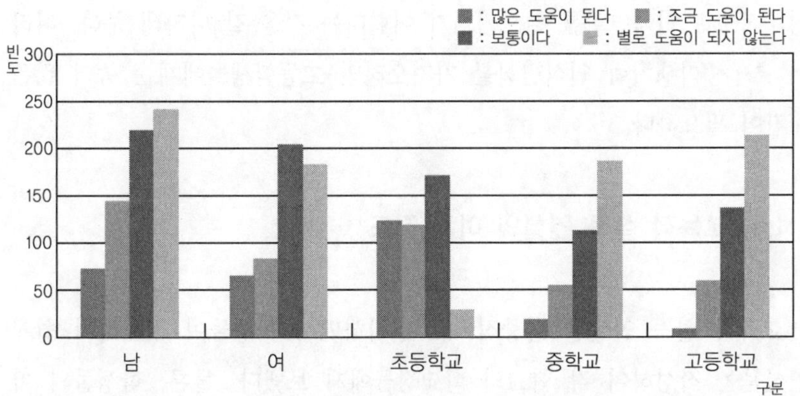

[그림 5-8] 교육적 설득 연설이 생활에 도움이 되는 정도(실험 전)

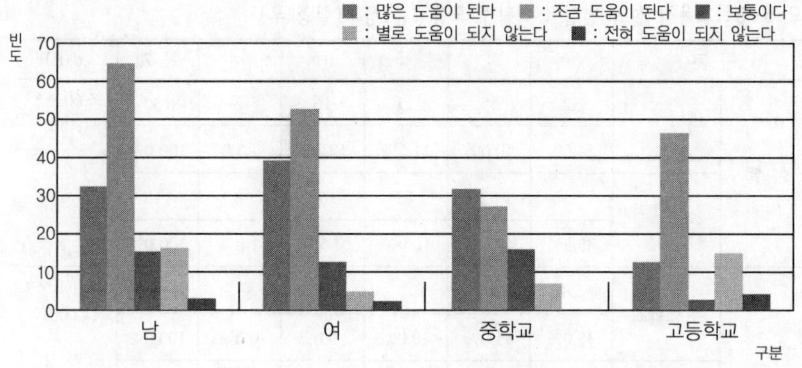

[그림 5-9] 교육적 설득 연설이 생활에 도움이 되는 정도(실험 후)

특이할 만한 현상은 초등학생의 경우에 '별로 도움이 되지 않는다'와 '전혀 도움이 되지 않는다'에 응답한 학생이 단 한 명도 없었다는 것과, 중학생의 경우는 '전혀 도움이 되지 않는다'에 한 명의 응답자도 없었다는 것이다. 그러나 고등학생의 경우는 이 두 항목에 10.5%의 학생들이 응답하였다는 것이다.

결과적으로 초등학생이나 중학생의 경우는 학교장의 교육적 설득 연설로 인식변화를 어느 정도 쉽게 가져올 수 있으나, 고등학생의 경우는 상대적으로 인식변화를 일으키기가 어렵다는 것을 잘 나타내 준다. 따라서 초·중학생처럼 인식변화를 가져오려면 고등학생들에게는 좀더 많은 시간이 필요하다.

1.3. 교육적 설득 연설의 이해 정도

교육적 설득 연설을 집중적으로 실시하면서 학생들이 이해하기 쉽게 연설문을 작성하여 각 학교의 학교장들에게 보냈다. 물론, 학생들의 이해정도는 학교 급별에 따라 차이가 나타날 수 있으며, 교육적 설득 연설을 실시하는 학교장의 연설기법에 따라서도 차이가 나타날 수는 있다. 그러나 교육적 설득 연설을 연구자가 미리 보내준 내용으로 실시하였다고 가정하고, 연설자의 전달 기법도 비슷하다고 할 경우 학생들의 이해 정도가 사전에 실시했을 경우와 어떤 차이가 있는지를 조사한 것이다. 집중적인 교육적 설득 연설을 실시하였을 경우 학생들의 이해 정도에 어떤 차이가 있었는지 사후검증설문지를 통하여 알아 보았다.4)

다음 〔표 5-10〕과 〔그림 5-10〕에서 보는 바와 같이, 성별에 따라서 나타난 결과를 살펴보면, 남학생의 경우는 '매우 이해가 잘 된다'에 58.5%, '약간 이해가 된다'에 26.9%가 응답하였으며, 여학생의 경우는 '매우 이해가 잘 된다'에 47.3%, '약간 이해가 된다'에 28.2%가 반응을 보여 서로 비슷한 분포를 나타냈으며 통계적으로도 유의미한 차이는 없

---

4) 사전 실태 조사에서 나타난 그 밖의 결과를 자세히 살펴보면, 성별에 따라서는 남학생은 이해가 안 된다가 17.9%, 여학생은 24.8%로 여학생보다 남학생이 이해를 더 잘하는 것으로 볼 수 있다. 학교 급별에 따라서는 약간 이해가 된다가 초등학생은 60.3%, 중학생은 26.6%, 고등학생은 24.2%로 초등학교가 가장 높게 나타났고, 보통이다가 초등학생은 6.1%, 중학생은 27.7%, 고등학생은 43.0%로 고등학생의 경우가 가장 높게 나타났다. 이를 종합해 보면 전반적으로 초등학생의 경우가 중·고등학생보다 이해정도가 높은 것으로 나타났다. 학년에 따라서는 약간 이해가 된다에 초등학교 4학년은 62.4%, 초등학교 5학년은 57.2%, 초등학교 6학년은 61.2%, 중학교 1학년은 28.7%, 중학교 2학년은 30.4%, 중학교 3학년은 20.2%, 고등학교 1학년은 20.6%, 고등학교 2학년은 20.5%, 고등학교 3학년은 26.9%가 응답하여 초등학교 6학년이 가장 높게 나타났다. 반면 약간 이해가 안된다에는 초등학교 4학년은 1.5%, 초등학교 5학년은 4.3%, 초등학교 6학년은 10.6%, 중학교 1학년은 24.1%, 중학교 2학년은 36.2%, 중학교 3학년은 51.3%, 고등학교 1학년은 28.0%, 고등학교 2학년은 17.8%, 고등학교 3학년은 21.4%로 중학교 3학년이 가장 높게 나타났다. 종합하여 살펴보면, 성별에서는 여학생보다는 남학생이, 학교급에 따라서는 중·고등학생보다는 초등학생이, 학년별로는 초등학교 6학년이 교육적 설득 연설에 대하여 이해를 잘하고 있는 것으로 나타났다. 특히, 중학교 3학년의 경우가 이해를 가장 못하고 있는 것으로 나타난 것은 학생들이 교육적 설득 연설에 집중하기 않기 때문인 것으로 분석된다. 고등학생의 경우는 비교적 이해는 잘하는 편이나 교육적 설득 연설의 횟수가 많지 않아서 특별한 의미를 두기는 어렵다고 보여진다. 따라서, 교육적 설득 연설을 실시하는 것도 중요하지만 학생들이 집중하여 경청하도록 하고 학생들에게 쉽게 이해할 수 있도록 하는 방안이 강구되어야 할 것이다.

있다(p<.05). 반면에 '약간 이해가 안 된다'와 '전혀 이해가 안 된다'는 항목에는 응답자가 한명도 없었다. 따라서 남·여 모두 80%이상의 학생들이 교육적 설득 연설을 잘 이해하는 것으로 나타났다. 사전 실태조사에서는 '이해가 안 된다'는 학생들이 20%정도 차지하였으나, 집중적인 교육적 설득 연설 실시 후에 이해도가 증가한 것을 잘 나타내 준다.

한편 학교 급별에 따른 결과를 보면, '매우 이해가 잘 된다'에 초등학생은 53.8%, 중학생은 43.8%, 고등학생은 62.5%가 반응을 나타냈고, '약간 이해가 된다'에는 초등학생이 27.5%, 중학생이 26.3%, 고등학생이 28.8%의 반응을 보였으며 통계적으로도 유의미한 차이는 나타나지 않았다(p<.001).

결과적으로 실험기간 동안 집중적으로 교육적 설득 연설을 실시하여 연설내용에 대한 학생들의 이해도를 상당히 높여놓은 것을 알 수 있다. 따라서 교육적 설득 연설의 내용을 좀더 잘 구성하여 실시한다면 학생들의 호응도를 높일 수 있음을 시사한다.

[표 5-10] 교육적 설득 연설의 이해정도(실험 전)

구분		㉠	㉡	㉢	㉣	합 계	x^2(p)
성 별	남	107	255	193	121	676	14.187**
		15.8%	37.7%	28.6%	17.9%	100.0%	(.003)
	여	88	208	113	135	544	
		16.2%	38.2%	20.8%	24.8%	100.0%	
학교급별	초등학교	122	266	27	26	441	363.933***
		27.7%	60.3%	6.1%	5.9%	100.0%	(.000)
	중학교	30	97	101	137	365	
		8.2%	26.6%	27.7%	37.5%	100.0%	
	고등학교	43	100	178	93	414	
		10.4%	24.2%	43.0%	22.5%	100.0%	
합 계		195	463	306	256	1220	
		16.0%	38.0%	25.1%	21.0%	100.0%	

**p<.01 ***p<.001
주) ㉠ 이해가 잘 된다.   ㉡ 약간 이해가 된다.
　　㉢ 보통이다.   ㉣ 전혀 이해가 안 된다.

[표 5-11] 교육적 설득 연설의 이해 정도(실험 후)

구 분		㉠	㉡	㉢	합 계	x^2(p)
성별	남	76	35	19	130	4.498*
		58.5%	26.9%	14.6%	100.0%	(.105)
	여	52	31	27	110	
		47.3%	28.2%	24.5%	100.0%	
학교급별	초등학교	43	22	15	80	12.166***
		53.8%	27.5%	18.8%	100.0%	(.016)
	중학교	35	21	24	80	
		43.8%	26.3%	30.0%	100.0%	
	고등학교	50	23	7	80	
		62.5%	28.8%	8.8%	100.0%	
합 계		128	66	46	240	
		53.3%	27.5%	19.2%	100.0%	

*p<.05, ***p<.001

주) ㉠ 매우 이해가 잘 된다.　　　　㉡ 약간 이해가 된다.
　　㉢ 보통이다.　　　　　　　　　㉣ 약간 이해가 안 된다.

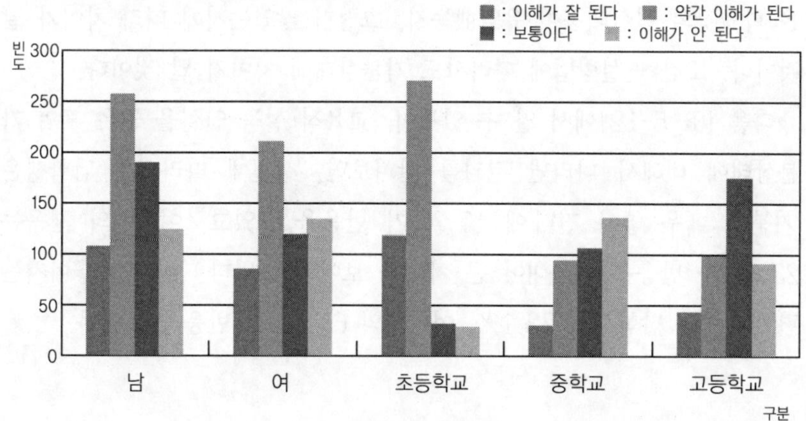

[그림 5-10] 교육적 설득 연설의 이해 정도(실험 전)

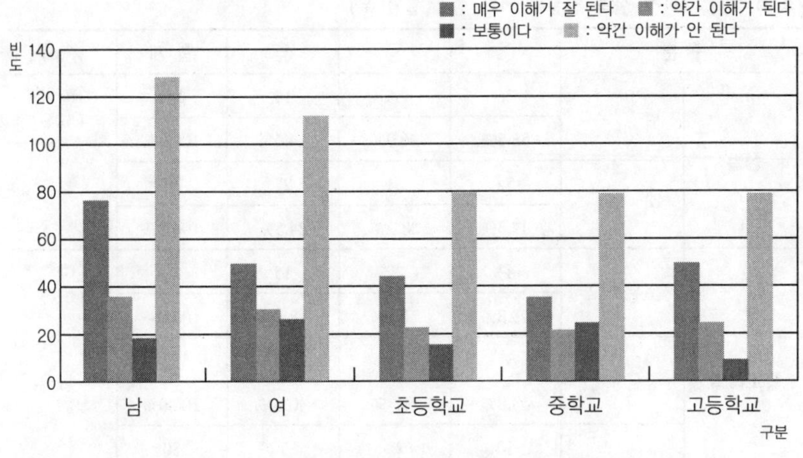

[그림 5-11] 교육적 설득 연설의 이해 정도(실험 후)

1.4. 교육적 설득 연설을 들은 후의 기분 상태

학생들이 교육적 설득 연설을 들었을 때 기분상태에 변화가 오는 것은 학교장의 연설내용이 유익했는지, 그렇지 않았는지에 따라 차이가 날 것이다. 또한 연설방법에 따라서도 기분상태에 차이가 날 것이다.

다음 〔표 5-12〕에서 알 수 있듯이, 교육적 설득 연설을 들은 후의 기분상태에 대해서 나타난 결과를 살펴보면, 성별에 따라서는 남학생은 '기분이 매우 좋아 진다'에 17.7%가 반응을 보였고, 여학생의 경우는 23.6%가 반응을 나타내어 큰 차이를 보이지 않았다. '비교적 좋아지는 편이다'에는 남학생의 73.1%, 여학생의 65.5%가 반응을 보였다.

[표 5-12] 교육적 설득 연설을 들은 후의 기분 상태

구 분		㉠	㉡	㉢	합 계	$x^2(p)$
성 별	남	23	95	12	130	1.696*
		17.7%	73.1%	9.2%	100.0%	(.428)
	여	26	72	12	110	
		23.6%	65.5%	10.9%	100.0%	
학교급별	초등학교	19	58	3	80	20.890***
		23.8%	72.5%	3.8%	100.0%	(.000)
	중학교	25	46	9	80	
		31.3%	57.5%	11.3%	100.0%	
	고등학교	5	63	12	80	
		6.3%	78.8%	15.0%	100.0%	
합 계		49	167	24	240	
		20.4%	69.6%	10.0%	100.0%	

*p<.05, ***p<.001
주) ㉠ 매우 좋아진다.　　㉡ 비교적 좋아지는 편이다.
　　㉢ 그저 그렇다.　　㉣ 약간 나빠진다.　　　㉤ 매우 나빠진다.

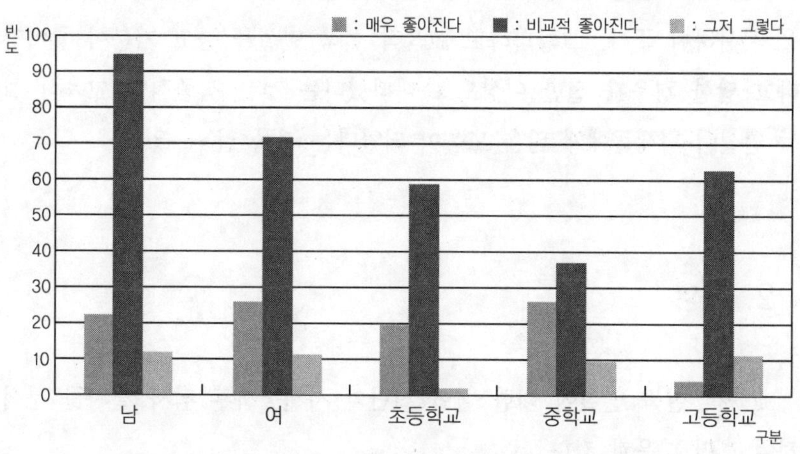

[그림 5-12] 교육적 설득 연설을 들은 후의 기분 상태

한편 '그저 그렇다'에도 남학생과 여학생이 각각 9.2%와 10.9%의 반응을 보였으나 통계적으로 의미 있는 차이는 나타나지 않았다(p<.05). '약간 나빠진다'와 '매우 나빠진다'에 응답한 학생들은 전혀 없었다. 결과적으로 남학생, 여학생 구분 없이, 교육적 설득 연설을 듣고 나면 대체로 기분이 좋아지는 것으로 볼 수 있다.

학교 급별에 따라 나타난 응답 결과를 살펴보면, '기분이 매우 좋아진다'에 초등학생은 23.8%, 중학생은 31.3%, 고등학생은 6.3%의 응답률을 보였으며, 통계적으로도 유의미한 차이가 있었다(p<.001). 또한 '비교적 좋아진다'에는 초등학생 72.5%, 중학생 57.5%, 고등학생 69.6%가 반응을 보였다. '나빠진다'에 답한 경우는 아직까지 없는 것으로 확인되었다.

종합하면, 교육적 설득 연설을 듣고 난 후의 기분 상태 조사에서 남학생과 여학생은 거의 결과가 비슷하게 나타났다. 그러나 학교 급별에 따라 나타난 응답결과는 대체로 학교 급별로 차이가 나타나고 있었다. 이것은 학교 급별에 따라 교육적 설득 연설을 듣는 자세가 다르다는 것을 시사하여 준다. 그렇더라도 교육적 설득 연설을 듣고 기분이 좋아진다고 답한 경우가 절반 이상으로 나타났다는 것은 집중적인 교육적 설득 연설이 학생들에게 많은 도움이 되었다는 것을 알 수 있다.

2. 논의

교육적 설득 연설에 대한 실험 집단의 사전·사후 검사 결과를 분석하여 보면 다음과 같다.

1) 교육적 설득 연설의 인식변화 정도에서는 대체적으로는 인식변화를 가져왔지만, 중, 고등학교 학생들에서는 인식 변화 정도가 초등학교에 비해 낮은 편으로 나타났다. 따라서 중·고등학교에서는 교육적 설득 연설을 좀더 강화해야 함을 시사하여 주고 있다.

2) 교육적 설득 연설을 듣기 원하는 정도에서는 초등학생보다는 중학생이, 중학생보다는 고등학생이 교육적 설득 연설에 대하여 부정적으로 인식하고 있는 것으로 나타났다. 따라서 향후에 교육적 설득 연설이 성공적으로 이루어지기 위해서는 역시 중·고등학생 중심의 교육이 강화되어야 함을 시사한다.

3) 교육적 설득 연설의 필요성에서는 학교장의 교육적 설득 연설을 월 2회 정도로 자주 들은 학생들은 교육적 설득 연설의 필요성을 매우 높게 인식하고 있었는데, 이는 교육적 설득 연설의 내용이나 방법에 따라 학생들의 인식에 변화를 줄 수 있다는 것을 잘 나타내 주는 것이다. 따라서 향후의 교육적 설득 연설은 학생들의 취향에 맞는 내용과 방법을 좀더 연구하여 거부감 없는 교육적 설득 연설을 실시할 수 있도록 하여야 함을 시사한다.

4) 교육적 설득 연설의 이해 정도에서는 실험기간 동안 실험집단에게 집중적으로 교육적 설득 연설을 실시하여 연설내용에 대한 학생들의 이해도를 상당히 높여놓았다. 따라서 교육적 설득 연설의 내용을 좀더 잘 구성하여 실시한다면 학생들의 호응도를 높일 수 있음을 시사한다.

5) 교육적 설득 연설을 들은 후의 기분 상태 변화에서는 80% 이상의 학생들이 기분상태가 매우 좋아지거나 대체로 좋아진다에 반응을 보였다. 그러나 학교 급별에 따라 나타난 응답결과는 대체로 학교 급별로 차이가 나타나고 있었는데 이는 학교 급별에 따라 교육적 설득 연설을 듣는 자세가 다르다는 것을 시사해 주는 것이다. 그렇더라도 교육적 설

득 연설을 듣고 기분이 좋아진다고 답한 경우가 절반 이상으로 나타났다는 것은 집중적인 교육적 설득 연설이 학생들에게 많은 도움을 줄 수 있다는 것을 시사한다.

6) 교육적 설득 연설의 내용을 지키기 위한 노력정도의 변화에서는 80% 이상의 학생들이 교육적 설득 연설의 내용을 지키기 위해 노력한다고 응답하였다. 따라서 교육적 설득 연설을 집중적으로 실시하여 학생들이 연설 내용을 지키기 위해 많은 노력을 하고 있다는 것을 잘 나타내 주고 있다. 그러나 좀더 많은 학생들이 실천할 수 있는 방안을 강구하여야 함을 시사한다.

7) 교육적 설득 연설의 매력적인 면에서는 교육적 설득 연설을 집중적으로 들은 학생들은 교육적 설득 연설의 매력에 대해 주로 항상 새로운 연설의 내용과 교육적 설득 연설시 인용하는 인용문이 좋아서에 많은 반응을 보였다. 그러나 교육적 설득 연설을 하시는 말투와 모습이 매력적이라고 답한 경우는 비교적 많지 않았다. 따라서 교육적 설득 연설을 실시할 경우, 항생 새로운 내용을 준비하고 그에 따른 인용문을 적절히 구사하는 것이 학생들에게 교육적 설득 연설을 매력적으로 비치도록 하는 비결이 될 것이다.

이상 살펴본 바와 같이 교육적 설득 연설은 초등학교 > 중학교 > 고등학교의 순으로 반응이 긍정적으로 나타났다. 따라서 초등학교에서 이루어지는 교육적 설득 연설을 중·고등학교에서도 좀더 강화할 필요가 있다고 하겠다.

제 6 장

맺으면서

이 연구에서는 초·중·고 각급 학교 교장의 교육적 설득 연설의 실태를 분석하고 개선방안을 탐구하여 실험 연구를 통해 검증하였다.

교장들은 가장 바람직한 교육적 설득 연설 횟수에 대하여 비교적 다양한 의견을 내놓았다. 그러나 현재 실시되고 있는 교육적 설득 연설에 횟수에 비하여 이상적인 교육적 설득 연설의 횟수는 현재보다 더 많아져야 한다는 데에는 별다른 이견이 없었다. 일반적으로 고등학교를 제외하고는 매주 1회 실시하는 방안이 가장 이상적이라고 답하였다. 고등학교의 경우는 대학입시의 영향 때문인지 필요할 때마다 실시하는 방안에 가장 많이 응답하였다. 학생들은 전교생 조회의 적당한 횟수에 대해 전체적으로 필요할 때마다가 30.2%로 가장 많은 응답을 보였으며 1주일에 1회 25.8%, 1달에 1회 22.4% 순으로 나타났다. 그 밖에 2주일에 1회7.5%, 3주일에 1회 2.5%로 나타나 교육적 설득 연설 횟수가 많아질수록 응답률은 낮아지는 경향을 보였다.

실험집단에서 교육적 설득 연설을 듣기 원하는 정도에 대한 질문에서 남학생은 '아주 많이 듣기를 원한다'와 '많이 듣기를 원한다'에 각각 36명과 51명이 반응을 보여 27.7%와 39.2%로 나타났다. 응답학생 50% 이상의 학생이 이 두 문항에 반응을 보여 현재보다 많이 듣기를 원하는 것으로 조사되었다.

교육적 설득 연설의 성과는 학생들의 지속적인 관심과 흥미의 여부에 따라 좌우 될 수 있다. 따라서 학생들의 관심과 흥미가 지속적으로 반영될 수 있는 구체적이고 실질적인 내용을 찾아야 한다.

교육적 설득 연설의 필요성에 대해 살펴본 결과 학생들이 교육적 설득 연설의 필요성과 불필요성에 대하여 거의 같은 비율로 인식하고 있었다. 이는 교육적 설득 연설이 지루하고 빨리 끝나기를 기다리는 실태와 비교할 때는 다소 의외의 결과이다. 따라서 교육적 설득 연설을 지루하게 인식은 하고 있지만, 그 필요성을 인식하는 학생들은 의외로 많다고 할 수 있다. 즉 학생들은 교육적 설득 연설의 필요성은 인식하고 있으나, 교육적 설득 연설 자체가 지루하기 때문에 관심이 많지 않다고 할 수 있다. 따라서 이들이 인식하는 필요성을 관심과 연결시키기 위한 노력을 지속적으로 하여야 할 것이다. 즉 교육적 설득 연설의 시간은 짧을수록 좋고, 연설내용도 행사에 맞는 일화나 실화, 일상의 유머 등을 인용하는 것이 좋다. 이를 위해 학교장은 효과적인 교육적 설득 연설을 실시하기 위해 다양한 자료준비가 필수적이다.

설득을 하기 위해서는 일정한 절차와 방법을 따라야 한다. 설득의 최대 목표는 상대방을 납득시켜 행동의 변화를 가져오는 것이다. 따라서 학생들을 상대로 한 설득에서도 이해시키고, 납득시켜서 궁극적으로는 학생들에게 행동의 변화가 오도록 다양한 절차와 방법을 찾아야 한다.

교육적 설득 연설을 할 때 가장 중점을 두어야 할 것에 대해 조사한 결과를 살펴보면 거의 대부분의 학생들이 교육적 설득 연설의 내용을 '모든 학생이 이해할 수 있도록 하는 것과 시간을 짧게 하는 것이 중요하다'에 응답을 하여 이 두 가지에 많은 신경을 써야 한다는 것을 나타내 주고 있다. 따라서 학교장은 학생들을 잘 이해시키기 위해 끊임없이 노력하여야 하며, 짧은 시간에 교육적 설득 연설의 내용을 전달하도록 하여야 한다.

교육적 설득 연설을 할 때 가장 좋은 내용에 대해 살펴보면 '학생들도 잘 할 수 있다고 희망을 주는 내용'에 가장 많은 응답을 보였으며 '학교 생활 중 잘못된 점을 지적하고 고치도록 하는 내용', '앞으로 생활 태도를 어떻게 갖는 것이 좋다고 하는 내용'이 그 뒤를 이었다. 또한 '우리 학생들이 최고라고 칭찬을 자주 하는 내용'에 응답한 학생도 14.4%였다.

따라서 교육적 설득 연설을 할 때는 학생들에게 희망을 줄 수 있는 내용과 칭찬하는 내용을 함께 할 때 학생들의 호응을 얻을 수 있을 것이다.

교육적 설득 연설을 할 때 가장 좋은 형태로 생각하는 응답 결과에 대해 살펴보면 전체적으로 자세히 설명하듯이가 41.6%로 가장 많은 응답을 보였으며 동화를 구연하듯이 33.7%, 훈계 하듯이 13.6% 순으로 나타났다. 웅변하듯이는 11.1%로 나타나서 가장 낮은 응답을 보였다.

따라서 교육적 설득 연설을 할 때는 자세히 설명하듯이 실시하되, 동화를 구연하듯이 학생들에게 친근감이 가도록 실시할 때 교육적 설득 연설의 효과가 극대화 될 것이다.

교육적 설득 연설을 들은 후의 기분 상태 변화에서는 80% 이상의 학생들이 기분상태가 매우 좋아지거나 대체로 좋아진다에 반응을 보였다. 그러나 학교 급별에 따라 나타난 응답결과는 대체로 학교 급별로 차이가 나타나고 있었는데 이는 학교 급별에 따라 교육적 설득 연설을 듣는 자세가 다르다는 것을 시사한다. 그렇더라도 교육적 설득 연설을 듣고 기분이 좋아진다에 답한 경우가 절반 이상으로 나타났다는 것은 집중적인 교육적 설득 연설이 학생들에게 많은 도움을 줄 수 있다는 것을 시사해 주는 것으로, 교육적 설득 연설은 지속적인 실시가 필요하다.

교육적 설득 연설의 내용을 지키기 위한 노력 정도의 변화에서는 80%이상의 학생들이 교육적 설득 연설의 내용을 지키기 위해 노력한다고 응답하였다. 따라서 교육적 설득 연설을 집중적으로 실시하여 학생들이 연설 내용을 지키기 위해 많은 노력을 하고 있다는 것을 잘 나타내 주고 있다. 그러나 좀더 많은 학생들이 실천할 수 있는 방안을 강구하여야 한다.

교육적 설득 연설의 개선방안으로 학교장은 어느 한 가지 의견에 집중되지 않고 의견이 분산되었다. 그만큼 교육적 설득 연설은 다양한 방법으로 실시할 수 있음을 나타내 준다고 하겠다. 이렇게 다양한 방법으로 실시하기 위해서 학교장은 모든 준비를 철저히 해야 한다. 위기에 대처하는 순발력과 판단력을 발휘 할 수 있는 능력 함양이 필요하다. 연설 중에 날씨 문제의 변수로 학생들이 쓰러지거나 우천, 학생들의 야유 등 돌출변수가 따를 수 있다. 즉 연설 시간, 장소, 기후, 계절 등 다양한 상황을 판단하여야 함은 물론, 좌석 배치 마이크 설치대에 이르기까지 일일이 체크하고 점검하는 치밀한 준비만이 돌출 변수를 줄일 수 있다. 또한 종이에 글자를 적어서만 하던 연설에서 벗어나 상황에 따라서는 파워포인트, 영상자료, 실물자료 등을 활용하여 학생들로 하여금 감동을 자아내게 할 때 교육적 설득 연설을 성공적으로 이끌어 낼 수 있음을 명심하여야 한다.

훌륭한 리더는 상대의 본질을 명확히 꿰뚫고 있다. 말하지 않는 이유가 무엇이며 느끼지 못하는 욕구가 무엇인가를 찾아내어 그것을 눈에 보이는 형태로 만들어 나가는 능력을 가지고 있어야 한다. 따라서 교육적 설득 연설을 통하여 상대의 본질을 정확히 꿰뚫고 설득의 원리를 적절히 적용하여 행동의 변화를 가져오도록 하여야 한다.

교육의 변화는 교원만이 할 수 있다. 이것을 통괄하는 학교장은 교사와 학생들을 관찰하고 이해하기 위해 노력하여야 하며, 이를 학교경영에 적용하여야 한다. 특히 학교장은 학교의 크고 작은 행사를 통하여 학생들의 행동의 변화를 위하여 교육적 설득 연설을 끊임없이 한다. 이에 긍정적으로 대처하여 더욱 사명감에 젖어야 한다. 학교교육의 최대목표는 학교 교육목표를 최대한 달성하는 것이기 때문이다.

참고문헌

1. 국내 저서 및 논문

▶ 단행본

고영진 역(1997), 학교 경영자로서의 역할, 서울 : 학문사.

곽윤덕(1999), 사회와 식사 연설, 언어과학진흥회.

구현정(1997), 대화의 기법, 한국문화사.

김동배·권중돈 공저(1999), 인간행동이론과 사회복지실천, 학지사.

김동익(1996), 설교는 목회의 핵심이다, <이렇게 설교해야 교회가 성장
　　　　　한다>, 도서출판 하나.

김영국(1993), 설득의 원리·원칙, 신세대.

김영환 외(1999), 화법의 이론과 실제, 집문당.

김이종(1997), 학생훈화 교육의 이론과 실제, 교육과학사.

＿＿＿＿(1999), 학생훈화 교육의 이론과 실제, 교육과학사.

김종서(1976), 잠재적 교육과정, 익문사.

김종훈(1984), 국어 경어법 연구, 집문당.

김중대(1983), 정신위생, 수문사.

김재한(1983), 발달심리학, 학문사.

김진우(1994), 언어와 의사소통, 한신문화사.

민영순(1984), 발달심리학, 교육출판사.

민영욱(2000), 성공하려면 말부터 바꿔라, 한비 미디어.

박성숙(2000), 당신도 말을 잘 할 수 있다, 박이정.

박현숙(2001), 말 잘하는 사람들의 101가지 비결, Palmdale.

성환갑·이주행·이찬규(1998), 문장작법과 화법, 동인.
______________________(2001), 삶을 함께하는 국어화법, 동인.
언어과학진흥회 편(1999), 사회와 식사·연설, 내외문학.
오두범 외(1992), 설득 커뮤니케이션 원론, 나남.
이응백·이주행(1999), 말을 어떻게 할 것인가, 현대문학.
이종래(1995), 연설과 식사 축사, 일신서적 출판사.
이종천(1989), 화술과 식사·축사, 일신서적공사.
이주행(1983), 화법의 원리와 실제, 경문사.
______(1998), 화법 지도의 이론과 실제, 중등 국어과 1급 정교사 자격
　　　　연수, 서울특별시교육연수원.
______ 외(1996), 화법, 금성교과서주식회사.
______(1999), 방송화법, 역락.
______(1986), 화법의 교수—학습론, 지구문화사.
______ 외(2003), 교사 화법의 이론과 실제, 역락.
______ 외(2004), 표준 한국어 발음 사전(개정판), 지구문화사.
______ 외(2004), 화법교육의 이해, 박이정.
이찬규(1995), 언어학개론, 은하출판사.
______ 역(2003), 언어커뮤니케이션 의사소통, 한국문화사.
이형득 외(2003), 집단상담, 중앙적성문화사.
이채진 역(2003), 링컨처럼 서서 처칠처럼 말하라, 시아출판사.
임영환 외(1997), 화법의 이론과 실제, 집문당.
임칠성 역(1997), 대인의사소통, 한국문화사.
임태섭(1997), 스피치 커뮤니케이션, 연암사.
장인협, 오정수 공저(1996), 아동·청소년복지론, 서울대학교 출판부.
장병림(1980), 청년 심리학, 법문사.
전영우(2003), 화법개설, 역락.
______(1987), 국어화법론, 집문당.
______(1992), 대화의 에티켓, 집문당.
______(1997), 토의 토론과 회의, 집문당.
정범영(1998), 식사 훈화 연설은 이렇게 — 연설문 쓰기와 연설의 실제,

교학사.

정원식(1978), 잠재적 교육과정의 개념구성, 한국교육개발원.

정인석(1966), 청년심리학, 재동문화사.

정태범(2002), 학교경영의 발전과 과제, 양서원.

조은숙(1978), 교육심리학, 진명문화사.

지광준(1992), 청소년범죄와 비행, 삼신각.

차배근(1997), 설득커뮤니케이션 이론 – 실증적 연구 입장, 서울대학교 출판부.

홍기선(1984), 커뮤니케이션론, 나남.

홍봉선, 남미애(2000), 청소년복지론, 양서원.

▶ 논문

강신웅(1979), 훈화의 교육적 의미, 수도교육 46, pp.22~27.

강신항(2003), 오늘날의 언어 현실과 표준 화법의 중요성, 새국어생활 13-1, 국립국어연구원.

강영구(1997), 의사소통의 내면적 세계의 분석에 대한 고찰, 진주여자대학 논문집 20권, pp.155~175.

권순회(2001), 대화지도를 위한 '청자 지향적 관점'의 표현 연구, 서울대학교 박사학위논문.

권영세(1994), 초등학교 훈화교육방법의 실태에 관한 조사 연구, 계명대학교 석사학위논문.

고수원(1989), 훈화 교육의 실상과 방향, 교육경남 97, pp.124~130.

고은영(2001), 중등학교 교사와 학생간의 촉진적 의사소통 수준에 관한 연구, 연세대학교 석사학위논문.

김명수(1999), 교장의 리더십과 창의적 학교경영 기법, 학교경영 제12권 제1호, pp.22~25.

김미영(1998), 화법 교육을 위한 개요 작성법, 어문학교육 제20집, 한국어문교육학회.

김상대(1977), 한국어 화법연구, 국어교육 31, 한국국어교육연구회, pp.

117~137.

김용희(1981), 훈화 및 설화자료의 조직과 활용, 충남교육 30, pp.123~129.

김이종(1998), 학생훈화 교육 어떻게 할 것인가, 교육제주 99, pp.72~75.

_____(1997), 학생훈화 교육을 어떻게 할 것인가, 교육제주 97, pp.76~78.

_____(1997), 학생훈화 교육을 어떻게 할 것인가, 교육제주 96, pp.64~67.

김인규(1998), 상담에 대한 기대와 청소년 상담, 청소년 상담연구 제6권, 한국청소년 상담원, pp.40~59.

김정자(1999), 화자의 태도 표현 연구, 화법연구 1, 한국화법학회.

류주현(2000), 칭찬교육을 통한 올바른 인성함양, 충북교육 135호, pp.27~31.

마숙자(1986), 국민학교장의 훈화실태와 개선 방안, 대구대학교 석사학위논문.

민병곤(2004), 논증 교육의 내용 연구, 서울대학교 박사학위 논문.

민현식(1996), 각급 학교 음성교육의 실태와 방송의 역할, KBS 한국어논문집 44, KBS 한국어학회.

박경순(1981), 훈화 및 설화자료의 조직과 활용, 충남교육 29, pp.73~80.

박귀자(2003), 설득하는 말하기에 관한 연구, 부산교육대학교 석사학위논문.

방관덕(1985), 설교의 제 유형에 관한 연구와 비판, 아세아 연합신학대학원, 목회학 박사학위논문.

백종억(1994), 21세기 사회와 학교장의 지도성, 한국교원대학교 교수논총 제10권 제1호, pp.3~24.

부희식(1999), 훈화 교육의 바른 이해 바른 추진, 교육제주 104호, pp.62~67.

서 혁(1996), 담화의 구조와 주제구성에 관한 연구, 서울대학교 박사학위논문.

송 순(2001), 학교장의 훈화 교육에 대한 실태분석, 국가전문 행정연수
        원 교육행정연수부 연수논총 제19권, pp.201~231.
심영택(2004), 설득의 원리와 전략 및 설득 논법에 관한 연구, 화법연구
        7, 한국화법학회, pp.35~36.
양정보(1997), 예화자료를 통한 효행지도, 교육제주 98호, pp.29~30.
원진숙(2003), 교실 밖 교사화법, 한국화법학회 화법연구 5, p.112.
유동엽(2004), 논쟁의 불일치 조정 양상에 관한 연구, 서울대학교 박사학
        위논문.
윤명희(1985), 잠재적 교육과정의 이론적 탐구, 이화여자대학교 석사학위
        논문.
윤인한(1990), 사람됨의 기초를 다지는 교육으로, 서울교육 155호, pp.
        51~54.
이대홍(2003), 중등 학교장의 훈화교육 충실화 방안에 관한 연구, 대구가
        톨릭대학교 석사학위논문.
이동일(1994), 중학교 교장의 훈화에 관한 연구, 경상대학교 석사학위논문.
이난영(2000), 일반청소년과 비행청소년의 심리·사회적지지 비교연구,
        경기대학교 대학원 석사학위논문.
이석주(2000), 신체 언와와 의사 전달, 국어교육 101, 한국국어교육연구회.
이완희·강현석(1999), 인성교육의 접근방식, 대구대학교 논문집 제34집 :
        291~317.
이주행(1987), 방송국에서의 효율적인 화법교육, 방송언어변천사, KBS
        한국어연구회.
_____(1997), 방송광고 언어에 관한 연구, 국어교육 94호, 한국국어교육
        연구회.
_____(2002), 공자와 그의 제자들의 화법관에 대한 연구, 화법연구 4호,
        한국화법학회.
_____(2003), 교사의 질문과 응답화법, 화법연구 5호, 한국화법학회.
_____(2004), 토론교육의 내용과 방법, 화법연구 7, 한국화법학회. pp.
        61~89.
이주행·조국래(2004), 학교장의 설득 연설에 관한 고찰, 인문학연구 38,

중앙대학교 인문과학 연구소, pp.61~72.

이찬규(2000), 대화 원리와 문화적 수용성, 어문논집28 : 47~66.

______(2001), 청소년들의 설득적 의사소통 방식에 관한 조사연구, 인문학연구 31, 중앙대학교 인문과학연구소, pp.109~122.

전은희(1985), 비행청소년과 정상청소년의 정신건강상태 비교연구, 이화여자대학교 석사학위논문.

정기범(1981), 학교장의 훈화 교육의 실태분석 및 개선방안, 문교경북 71, pp.117~127.

정범모(1998), 교육개혁과 지도자, 교육평론 통권 523호, pp.21~23.

조국래(2004), 교장훈화연설의 실태와 개선 방안, 화법연구 7, 한국화법학회, pp.247-264.

조을순(2002), 중학교 학부모의 인성교육에 대한 인식 분석, 아주대학교 석사학위논문.

진홍섭(2002), 인성교육을 위한 인성덕목의 요인 분석, 인천교육대학교 석사학위논문.

최성호(1973), 어린이들의 유동음에 대한 실태조사연구, 한국언어문학 제11집, 1~34.

최정원(2003), 청소년에 대한 바른 이해와 바람직한 목회의 방향 설정, 한일 장신대학교 신학대학원 석사학위논문.

허 린(1986), 잠재적 교육과정 개념정립에 관한 연구, 서울대학교 석사학위논문.

허애지(2003), 청소년 사이버 상담의 이용 실태 및 효용성에 관한 연구, 서강대학교 석사학위논문.

허정섭(1978), 잠재적 교육과정에 관한 소고, 광운공대 논문 제7집, pp.135~145.

◗ 외국서적 및 논문

Aaron, H. Esman(1975), Thepsychology of Adolescence, N. Y. ;International University Press.

Allport, G. W.(1957), Becoming : Considerations for Psychology of Personality, New Haren : Yale University Press.

Andrew D. Szilagyi and Marc J. Wallace(1990), Organizational Behavior and Performance, 5th ed. New York : Harper Collins Publishers.

Bass, B. M.(1988), Stogdill's Handbook of Leadership, N. Y. : The Free Press.

Bender, P. U. & Tracz, R. A.(2001), Secrets of Face-to-Face Communication, Toronto : Stoddart Publishing Co.

Block, Cathy C.(1997), Teaching the Language Arts : Expanding Thinking Through Student-Centered Instruction, Allyn and Bacon.

Brooks, D. M. ed.(1972), Speech Communication Instruction, David Mckay, Inc.

Brown, G. & Yule. G.(1983), Teaching the Spoken Language-An approach based on the analysis of conversational English, Cambridge University Press.

Bryan, M.(1963), Dynamic Speaking. New York. The Mcmillian Co.

Cox, Carole(1996), Teaching Language Arts : A Student-And Response Centered Classroom, Mass, Allyn & Bacon.

Fredericks, A., Blake-Kline, B. & Kristo, J.(1996), Teaching the Integrated Language Arts : Process and Practice, Addison-Wsley Educational Publishers Inc., Longman.

Hall, C. S.(1978), Theories of Personality, N. Y. ; John Wiley & Sons.

Hoy, W. K. & Miskel, C. G.(2001), Educational administratio n : Theory, research, and practice, 6th ed., N. Y. : Random House

Hurlock, E. B.(1949), Adolescent Development. N. Y. : Mcgrow-Hill.

Karen, Preul. & Peter, Dewitz(1999), The Effectiveness of a Self-Monitoring Strategy for Teaching Main idea Comprehension, The University of Toledo.

Marohn, Dalle-Molle, Maccarter, Linn(1976), Juvenile Delinquents. N. Y.; Brunner and Mazel.

Roy M. Berko, Andrew D. Wolvin, Daryn R. Woivin(1998), Communicating(seventh Edition), Houghton Mifflin Company.

Stogdill. Ralph M.(1981), Handbook of Leadership : A Survey of Theory & Research, New York : The Free Press.

Smith, B. D.(1982), Theoretical Approaches to Personality, N. Y. ; Prentice-Hall, Inc.

Smith. Stuart C. & Philip K. Piele(1997), School Leadership : Handbook for Excellence, 3rd ed. University of Oregon.

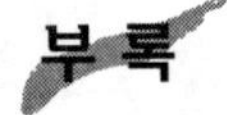

부록

1. 교육적 설득 연설에 관한 설문지(학생용)

여러분 안녕하십니까?

이 설문지는 학교에서 이루어지는 교육적 설득 연설 중 교장 선생님께서 여러분에게 하시는 교육적 설득 연설의 실태를 파악하여 앞으로 효과적인 교육적 설득 연설의 방안을 제시하기 위한 설문지입니다.

여러분이 응답한 내용은 이 연구의 소중한 자료가 될 것이며, 연구 목적 외에는 그 어떤 용도로도 사용되지 않음을 밝혀 둡니다.

따라서 평소에 교장 선생님께서 하신 교육적 설득 연설을 생각하면서 여러분이 느꼈던 점을 솔직하게 그리고 빠짐없이 답해 주시기 바랍니다.

여러분의 앞날에 많은 발전이 있기를 기대합니다.

2004년 7월

Ⅰ. 다음은 통계를 위한 기초 자료입니다. 해당 사항에 √표를 하여 주십시오.

1. 성별 　　　　　① 남 　　② 여
2. 학교별 1 　　　① 초등학교 　　② 중학교 　　③ 고등학교
3. 학교별 2 　　　① 남학교 　　② 여학교 　　③ 남·녀 공학
4. 학년 　　　　　① 1학년 　　② 2학년 　　③ 3학년
　　　　　　　　　④ 4학년 　　⑤ 5학년 　　⑥ 6학년
5. 학교 소재지 　　① 특별시 　　② 광역시
　　　　　　　　　③ 기타 시(특별시, 광역시 외의 시) 　　④ 기타 지역

6. 전체 학급수   ① 10학급 이하   ② 11~20학급
                ③ 21~30학급   ④ 31학급 이상

II. 교육적 설득 연설의 실태에 관한 질문(1~20)

다음은 현재 학생 여러분의 학교에서 교장 선생님께서 실시하시는 교육적 설득 연설에 대한 현재의 실태를 알아보고자 하는 질문입니다. 현재의 상황을 생각하면서 가장 가까운 것에 답하여 주십시오.

1. 여러분들은 학교 생활에서 교장 선생님의 교육적 설득 연설이 필요하다고 생각하십니까? 아니면 필요하지 않다고 생각하십니까?
   ① 필요하다.   ② 필요하지 않다.

2. 교육적 설득 연설이 필요한 이유는 무엇이라고 생각하십니까?
   ① 학교 생활에 활력을 얻기 위해
   ② 인성 교육에 필요하기 때문에
   ③ 교장 선생님의 훈화를 들을 수 있는 기회를 갖기 위해서
   ④ 교육적 설득 연설을 자주 들으면 사회성과 인간 관계 등이 좋아
      질 것 같아서

3. 교육적 설득 연설이 필요하지 않다고 할 때 필요하지 않은 이유는 무엇이라고 생각하십니까?
   ① 학생의 입장에서 볼 때 원하는 학생들이 거의 없기 때문에
   ② 학생들이 잘 듣지 않기 때문에
   ③ 교육적 설득 연설을 듣기 위한 별도의 시간을 학교에서는 현실
      적으로 할애하기 어렵기 때문에
   ④ 담임선생님의 훈화만으로도 충분하기 때문에

4. 현재 여러분의 학교에서는 교장 선생님 교육적 설득 연설이 있는
   전교생 조회를 어느 정도 실시하고 있습니까?
   ① 1주일에 1회 정도　　　　　② 2주일에 1회 정도
   ③ 3주일에 1회 정도　　　　　④ 1달에 1회 정도
   ⑤ 특별히 정해진 기간 없이 필요할 때마다　⑥ 기타(　　　　　)

5. 현재 여러분의 학교에서 교장 선생님의 교육적 설득 연설 시간은
   한번에 대략 어느 정도 입니까?(전교생 조회 또는 학교 행사시에)
   ① 짧은 편이다.　　　　　　　② 보통이다.
   ③ 길다.　　　　　　　　　　④ 아주 길다.

6. 현재 교장 선생님의 교육적 설득 연설 내용이 학교 생활 또는 가정
   생활에 어느 정도 도움이 되고 있다고 생각하십니까?
   ① 많은 도움이 된다.　　　　　② 조금 도움이 된다.
   ③ 보통이다.　　　　　　　　④ 별로 도움이 되지 않는다.
   ⑤ 전혀 도움이 되지 않는다.

7. 현재 교장 선생님의 교육적 설득 연설 내용을 어느 정도 이해하고
   있습니까?
   ① 매우 이해가 잘 된다.　　　② 약간 이해가 된다.
   ③ 보통이다.　　　　　　　　④ 약간 이해가 안 된다.
   ⑤ 전혀 이해가 안 된다.

8. 현재 교장 선생님의 교육적 설득 연설의 내용은 주로 어떤 내용을
   인용(예를 들어)하여 실시하고 있다고 생각하십니까?
   ① 일화나 실화 인용　　　　　　② 동화나 우화 인용
   ③ 일상 유머인용　　　　　　　④ 옛날이야기
   ⑤ 신문이나 텔레비전 뉴스 인용　　⑥ 잘 모르겠다.

9. 현재 교장 선생님의 교육적 설득 연설의 내용을 볼 때 그 내용은

주로 어떤 내용에 가깝다고 생각하십니까?

① 학교 생활에 대한 내용   ② 부모님에 대한 내용

③ 학업 성적에 대한 내용   ④ 그 계절에 대한 내용

⑤ 여가 시간 및 독서에 대한 내용   ⑥ 기타(   )

10. 현재 교장 선생님의 교육적 설득 연설은 주로 어떤 형식으로 이루어지고 있습니까?

① 설명하는 형식이다.

② 이야기 식으로 꾸며하신다.

③ 지시적으로 하신다(어떻게 하라고).

④ 어떻게 하는지 잘 모르겠다.

11. 현재 교장 선생님이 교육적 설득 연설을 할 때 어떤 목소리가 가장 듣기 좋습니까?

① 부드럽게 이야기하듯이 한다.

② 힘차고 연설하듯이 한다.

③ 굵고 구수한 목소리로 한다.

④ 힘없는 목소리로 조용히 한다.

⑤ 기타(   )

12. 현재 학생 여러분이 보기에 교장 선생님이 교육적 설득 연설을 하실 때 주로 어떤 자세로 하고 있습니까?

① 거의 부동자세로 한다.

② 손짓이나 몸동작을 많이 하는 편이다.

③ 특별히 정해진 자세가 없다.

④ 기타(   )

13. 현재 교장 선생님이 교육적 설득 연설을 하실 때 주로 어떤 복장으로 하십니까?

① 넥타이를 맨 정장(양복)차림
② 넥타이를 매지 않은 정장(양복)차림
③ 잠바나 티셔츠 등 간편한 차림
④ 운동복(트레이닝 복) 차림

14. 현재 교장 선생님의 교육적 설득 연설을 들을 때 가장 싫증나는
느낌이 드는 경우는 어떤 경우입니까? 가장 비슷한 경우에 답하여
주십시오.
① 연설 내용이 이해가 잘 안 갈 때
② 마이크 성능이 안 좋을 때
③ 연설 시간이 너무 길 때
④ 날씨가 너무 춥거나 더울 때
⑤ 발음이 부정확 할 때
⑥ 필요 없는 군더더기 말을 자주 할 때
⑦ 학생의 컨디션이 좋지 않을 때

15. 현재 교장 선생님의 교육적 설득 연설을 들었을 때 뭔가 기분이
좋아지고 마음이 가장 편안해지는 경우는 어떤 경우입니까? 가장
비슷한 경우에 답하여 주십시오.
① 짧은 시간에 끝날 때
② 연설 내용 인용을 잘 하셨을 때
③ 날씨가 좋을 때
④ 목소리도 좋고 마이크 성능이 좋을 때
⑤ 연설의 주제가 분명하고 이해가 잘 될 때
⑥ 웃는 모습으로 말씀하실 때
⑦ 유머를 섞어서 말씀하실 때

16. 현재 교장 선생님께서 교육적 설득 연설을 하실 때, 주로 어떤 말

투를 사용하십니까?

① 표준어를 주로 사용한다.

② 비표준어를 많이 사용한다.

③ 표준말과 비표준어를 섞어서 사용한다.

④ 외래어를 많이 사용한다.

⑤ 학생들이 좋아하는 유행어를 많이 사용한다.

17. 교장 선생님의 교육적 설득 연설을 듣고 난 뒤에 그 말씀에 따르기 위해 노력해 본적이 있습니까?

① 많이 있다.   ② 가끔 있다.

③ 거의 없다.   ④ 전혀 없다.

18. 교장 선생님의 교육적 설득 연설을 듣고, 친구(학교 친구나 동네 친구)들과 교육적 설득 연설 내용에 대한 이야기를 나눈 적이 있습니까?

① 가끔 나눈다.

② 자주 나눈다.

③ 거의 나누지 않는다.

④ 이야기를 나누어 본 적이 전혀 없다.

19. 교장 선생님의 교육적 설득 연설을 들었을 때 좋은 내용이 있고 배울 점이 있다면 어떤 반응을 보이는 것이 좋을까요?

① 박수를 친다.

② 박수와 환호를 함께 낸다.

③ 그냥 묵묵히 듣고만 있는다.

④ 다함께 일어나서 인사를 한다.

20. 앞으로 교육적 설득 연설을 들을 기회가 많을 것입니다. 어떤 곳

에서 또는 누구에게서 들은 이야기를 가장 오래도록 기억하고 마음 속에 담아 둘 수 있을 것 같은지 답해 주십시오.

① 교장 선생님의 연설 말씀

② 담임선생님이나 교과 선생님의 말씀

③ 부모님(가족)의 말씀

④ 선배나 친구에게서 들은 이야기

⑤ 교회나 성당 또는 절에서 들은 이야기

⑥ 독서를 통하여 읽은 이야기

⑦ 기타(   )

Ⅲ. 교육적 설득 연설의 개선 방향에 대한 질문(21~32)

다음 문항들은 앞으로 교육적 설득 연설을 어떻게 해야 여러분에게 가장 도움이 많이 될지 알아보고자 하는 질문입니다. 여러분이 가장 가깝게 생각되는 항목을 선택하여 주십시오.

21. 여러분의 학교에서 교장 선생님의 교육적 설득 연설이 있는 전교생 조회를 어느 정도 실시하는 것이 적당하다고 생각하십니까?

① 1주일에 1회 정도　　　② 2주일에 1회 정도

③ 3주일에 1회 정도　　　④ 한 달에 1회 정도

⑤ 특별히 정해진 기간 없이 필요할 때마다

⑥ 기타(   )

22. 교장 선생님께서 교육적 설득 연설을 하실 때, 시간은 어느 정도가 가장 좋다고 생각하십니까?

① 짧을수록 좋다(3분 이내).

② 조금 길어도 연설내용이 좋으면 괜찮다(5분 이내).

③ 5분 이상 10분 이내가 적당하다.

④ 내용이 충실하다면 연설시간은 길어도 괜찮다.

23. 교장 선생님께서 교육적 설득 연설을 하실 때 어떤 내용을 인용해서 설득 연설을 하실 때 가장 재미있고, 오랫동안 기억에 남을 것으로 생각하는지 여러분의 생각과 가장 가까운 것에 답해 주십시오.

① 일화나 실화 인용   ② 동화나 우화 인용

③ 일상 유머 인용   ④ 옛날이야기

⑤ 신문이나 텔레비전 뉴스 인용   ⑥ 잘 모르겠다

24. 교장 선생님의 교육적 설득 연설을 들을 때 어느 계절이 머릿속에 가장 잘 들어오고, 오랫동안 기억에 남을 것으로 생각하십니까?

① 봄   ② 여름   ③ 가을   ④ 겨울

25. 교장 선생님의 교육적 설득 연설을 들을 때 어떤 경우에 가장 머릿속에 잘 들어오고, 오랫동안 기억에 남을 것으로 생각하십니까?

① 정기적으로 이루어지는 전교생 조회 때

② 특별한 행사(예 : 체육대회, 합창대회, 스승의 날 행사 등)

③ 방학식 하는 날

④ 개학식 하는 날

⑤ 입학식이나 졸업식 때

26. 교장 선생님이 교육적 설득 연설을 하실 때 주로 어떤 내용으로 연설을 하는 것이 가장 좋다고 생각하십니까?

① 학교 생활 중 잘못된 점을 지적하고 고치도록 하는 내용

② 앞으로 생활 태도를 어떻게 갖는 것이 좋다고 하는 내용

③ 학생들도 잘 할 수 있다고 희망을 주는 내용

④ 그 계절이나 행사 취지에 맞는 내용

⑤ 우리 학생들이 최고라고 칭찬을 자주 하는 내용

27. 교육적 설득 연설을 하시는 교장 선생님의 모습은 교장 선생님마다 다른 경우가 많습니다. 어떤 자세로 교육적 설득 연설을 하는 것이 가장 좋다고 생각하십니까?

① 시선을 한곳에 두고 한다.

② 손을 필요할 때 적당히 움직이면서 한다.

③ 자리를 조금씩 이동하면서 한다.

④ 필요할 때 온몸을 움직이면서 한다.

⑤ 거의 부동자세로 한다

28. 교장 선생님께서 교육적 설득 연설을 하실 때 주로 어떤 형태로 연설을 하셔야 가장 좋다고 생각하십니까?

① 웅변하듯이 ② 훈계하듯이

③ 자세히 설명하듯이 ④ 동화를 구연하듯이

29. 교장 선생님께서 교육적 설득 연설을 실시하실 때 바람직한 용의·복장은 어떤 형태가 가장 좋다고 생각하십니까?

① 넥타이를 맨 정장(양복)차림

② 넥타이를 매지 않은 정장(양복)차림

③ 잠바나 티셔츠 등 간편한 차림

④ 운동복 차림

⑤ 복장보다는 내용이 중요하다고 생각한다.

30. 교장 선생님께서 교육적 설득 연설을 하실 때 용의·복장에 대하여 어느 정도 신경을 써야 한다고 생각하십니까?(교장 선생님이 교육적 설득 연설을 하실 경우 복장에 따라, 연설을 듣기 싫은 경우도 있고, 좋은 경우도 있을 것입니다. 이것을 생각하면서 답하여 주십시오)

① 별로 신경을 쓰지 않아도 된다고 생각한다.

② 어느 정도 신경을 써야 한다고 생각한다.

③ 항상 신경을 써야 한다고 생각한다.

31. 교장 선생님의 교육적 설득 연설을 직접 듣는 것도 좋지만, 그렇게 하지 않아도 인성교육 등을 충분히 실시할 수 있습니다. 만일 현재처럼 전교생을 모아놓고 하는 교육적 설득 연설의 방법에 대하여 대안이 있다면 어떤 방법이 좋을 것으로 생각되십니까?

① 학급에서 담임 선생님 위주로 연설을 실시한다.

② 인터넷 게시판 등을 이용하되, 교장 선생님의 교육적 설득 연설 모습을 동영상으로 찍어서 올린다.

③ 가정통신문을 이용한다.

④ 별도의 시간을 마련하여 각 학급을 순회하면서 교장 선생님이 직접 교육적 설득 연설을 한다.

⑤ 교육적 설득 연설의 자료를 미리 준비하여 각 학급에 비치한다.

★ 끝까지 성의껏 답해 주셔서 감사합니다.

2. 학교장의 교육적 설득 연설에 관한 면담지

안녕하십니까?

이 면담지는 교장선생님께서 생각하고 계시는 교육적 설득 연설의 실태와 개선 방안에 대하여 의견을 여쭙고자 하는 면담지입니다. 어렵게 생각하시지 말고, 평소 느끼신 그대로 진솔하게 답해 주시면 감사하겠습니다. 답변하신 내용은 이 연구의 자료로만 사용되며 연구 이외의 다른 목적으로는 사용되지 않음을 밝혀 드리오니 진솔하게 답변하여 주시면 감사하겠습니다. 이 연구에 시간을 내주신 교장선생님께 깊이 감사를 드립니다.

2004년 7월

1. 다음은 기초 자료입니다. 해당하는 곳에 √표 해 주십시오

   1-1. 성별　　① 남　　　　　② 여

   1-2. 지역　　① 특별시　　② 광역시　　　③ 기타

   1-3. 학교규모　　① 1~10학급　　② 11~20학급

               ③ 21~35학급　　④ 36학급 이상

※ 아래 문항에 예시로 주어진 것은 단지 참고를 하시라는 뜻입니다. 다양한 의견을 주시면 감사하겠습니다.

2. 현재 교장 선생님께서는 교육적 설득 연설을 얼마의 주기로 실시하고 계십니까?(예 : 주1~2회, 2주 1회, 1달에 1회, 거의 안 한다 등)

2-1. 교장 선생님께서 위와 같이 교육적 설득 연설을 실시하는 횟수를 정하고 계신 것은 나름대로 이유와 철학이 있다고 생각합니다. 그렇다면 그렇게 정하고 실시하는 이유는 무엇인지 자유롭게 말씀해 주십시오(예 : 학생들의 인성교육을 위해서는 그 정도 주기가 적절하다.

너무 자주 교육적 설득 연설을 하면 학생들이 지루해한다 등).

이유 :

2-2. 교장 선생님께서는 교육적 설득 연설을 하실 때 시간을 주로 어느 정도 할애하시고 계시는지, 그리고 그렇게 하시는 이유는 무엇인지 자유롭게 답해 주십시오(예 : 5분 정도, 이유 : 학생들이 지루하게 받아들이지 않아야 교육적 설득 연설의 효과가 있기 때문에 3분 정도 : 교육적 설득 연설의 효과는 짧으면 짧을 수록 잘 나타나기 때문에 10분 정도 : 교육적 설득 연설의 내용을 충분히 이해시키고, 주지시키기 위해 등).

3. 현재 교장 선생님께서 실시하는 교육적 설득 연설의 횟수와 관계없이 학생들에게 가장 이상적일 것으로 생각되는 교육적 설득 연설의 횟수는 어느 정도이며 그 이유는 무엇이라고 생각하십니까?(예 : 주1회 : 학생들에게 교육적으로 필요한 내용을 교육적 설득 연설로 전달하기 위해서는 최소한 주 1회 정도 되어야 교육적 설득 연설의 내용을 환기시킬 수 있다)

1) 이상적인 교육적 설득 연설의 횟수 :

2) 이유 :

4. 현재 교장 선생님께서는 교육적 설득 연설을 하실 때 연설 내용을 주로 어디에서 참고하여 얻고 계십니까?(예 : 각종 도서, 인터넷 사이트, 동료교장, 학교교사, 집안 식구 또는 친, 인척 등)

5. 현재 교장 선생님께서는 교육적 설득 연설의 자료를 미리 준비하십니까? 아니면 즉흥적으로 교육적 설득 연설을 하십니까? 그렇게 하시는 이유도 함께 밝혀 주십시오(예 : 미리 준비한다. 학생들에게 바람직한 교육적 설득 연설을 위해서는 체계적이고 논리적인 이야기를 해야 하기 때문에 즉흥적으로 한다. 어떤 내용이라도 학생들에게 이야기할 자신이 있기 때문에 미리 준비하면 도리어 교육적 설득 연설의 내용이 딱딱해질 것 같아서).

6. 현재 교장 선생님께서는 교육적 설득 연설을 하신 후, 그 자료를
   보관하고 계십니까? 아니면 보관하지 않으십니까?(예 : 보관한다. 다
   음번 교육적 설득 연설을 위해서, 나중에 중요한 자료가 될 것 같아서, 두고두
   고 읽어보고 다음번 교육적 설득 연설의 내용 선정에 참고하기 위해서, 보관
   하지 않는다. 같은 말을 두 번하는 것은 별다른 의미가 없기 때문에, 보관할
   가치가 없어서)

7. 현재 교장 선생님께서는 한번의 교육적 설득 연설을 위해 어느 정
   도의 시간을 할애하고 계십니까?(예 : 5분 정도 20분 정도, 30분 정도,
   1시간 정도, 2시간 이상)

8. 현재 교장 선생님께서 교육적 설득 연설을 실시할 때 학생들의 반
   응은 어떠한지 자유롭게 말씀하여 주십시오.(예 : 매우 지루해한다. 지
   루해한다. 보통이다. 즐겁게 받아들인다. 매우 즐겁게 받아 들인다 등)

9. 현재 학생들에게 교육적 설득 연설이 필요하다고 생각하십니까?
   아니면 필요 없다고 생각하십니까? 또 그렇게 생각하시는 이유는
   무엇입니까?(예 : 꼭 필요하다. 이유 : 갈수록 인성 교육이 잘 안 되고 있다
   는 지적이 많아 학교 교육을 살리기 위해서 꼭 필요하다. 어차피 인성 교육이
   학교에서 담당해야 하기 때문에 의무감에서 실시한다. 필요하지 않다. 이유 :
   교육적 설득 연설을 해도 잘 듣지도 않고 실천하는 학생이 거의 없기 때문에.
   학생들이 너무 바쁘게 생활하기 때문에 교육적 설득 연설의 내용을 실천할 시
   간이 없기 때문에 필요가 없다 등)
   1) 필요성 :
   2) 그렇게 생각하는 이유 :

10. 앞으로 학생들을 상대로 한 교육적 설득 연설은 어떤 방향으로
    가야 한다고 생각하십니까?(예 : 교육적 설득 연설의 횟수와 시간을 늘려
    야 한다. 교육적 설득 연설의 횟수와 시간을 줄여야 한다. 학교장의 교육적 설
    득 연설보다는 담임 교사 위주의 교육적 설득 연설이 이루어져야 한다 등)

■ **교육적 설득 연설의 방향 :**

11. 현재 학교장의 교육적 설득 연설은 주로 정기적으로 이루어지는 전체조회에서 실시되고 있는 경우가 많습니다. 좀더 발전적인 방향이 있다면 어떤 방향이 있는지 자유롭게 답하여 주십시오(학교장의 교육적 설득 연설로만 국한하여 답해 주십시오).

(예 : 학교장이 보강 시간 등을 이용해서 수시로 교육적 설득 연설을 하는 것이 좋겠다. 정기적으로 학급을 순회하면서(조회 시간 또는 종례 시간) 실시하는 것이 좋겠다, 그래도 교육적 설득 연설은 정기적으로 이루어지는 전체 조회나 각종 행사 때만 하는 것이 좋다 등)

■ **교육적 설득 연설의 발전적인 방향 :**

12. 교장 선생님께서 보실 때, 현재 교육적 설득 연설의 가장 큰 문제점(또는 어려운 점)은 무엇인지 말씀하여 주십시오. 그리고 이 문제점을 해결하기 위한 방안을 말씀하여 주십시오.

1) 문제점 :

2) 해결 방안 :

13. 교장 선생님께서 평소에 생각하고 계시는 가장 이상적인 인성 교육 방법은 무엇이라고 생각하십니까? 자유롭게 답해 주십시오(교장 선생님의 입장에서 인성 교육을 실시할 수 있는 이상적인 방안을 답해 주시되, 현재와 같이 학생 전체 모임(조회나 행사)도 포함하여 답하여 주십시오)

■ **이상적인 인성 교육 방법 :**

★ 끝까지 성의껏 답해주셔서 감사합니다.

사후검증용 질문지

3. 교육적 설득 연설에 관한 사후검증 질문지

학생 여러분 안녕하십니까?

이미 설문지를 통하여 학교에서 이루어지는 교육적 설득 연설 중 교장 선생님께서 여러분에게 하시는 교육적 설득 연설의 실태를 파악해 보았습니다. 이번 설문지는 그동안 교장 선생님으로부터 집중적으로 교육적 설득 연설을 들었던 여러분들이 교육적 설득 연설에 대하여 어떻게 생각하고 있는지 알아보기 위한 설문지입니다.

교육적 설득 연설을 집중적으로 듣기 전과 들은 후를 비교하면서 설문에 답해 주시면 감사하겠습니다. 학생 여러분이 응답한 내용은 이 연구의 소중한 자료가 될 것이며, 연구 목적 외에는 그 어떤 용도로도 사용되지 않습니다.

따라서 평소에 교장 선생님께서 하신 교육적 설득 연설을 생각하면서 여러분이 느꼈던 점을 솔직하게 그리고 빠짐없이 답해 주시기 바랍니다.

학생 여러분의 앞날에 많은 발전이 있기를 기대합니다.

2004년 12월

Ⅰ. 다음은 통계를 위한 기초 자료입니다. 해당 사항에 √표 해 주십시오.

　　1. 학교별　　① 초등학교　　　② 중학교　　　③ 고등학교
　　2. 성별　　　① 남　　　　　② 여

Ⅱ. 교육적 설득 연설을 듣고 난후, 듣기 전과 비교하여 답하여 주십시오. 자신에게 나타난 변화를 정확하게 생각한 후 답하여 주십시오.

3. 교장 선생님에게서 교육적 설득 연설을 자주 들었습니다. 실제로
   교육적 설득 연설을 자주 들었더니 교육적 설득 연설에 대한 인식
   이 어느 정도 바뀌었다고 생각하십니까?
   ① 교육적 설득 연설에 대하여 매우 긍정적인 생각을 하게 되었다.
   ② 교육적 설득 연설에 대하여 조금 긍정적인 생각을 하게 되었다.
   ③ 보통이다.
   ④ 교육적 설득 연설에 대하여 조금 부정적인 생각을 하게 되었다.
   ⑤ 교육적 설득 연설에 대하여 매우 부정적인 생각을 하게 되었다.

4. 교장 선생님의 교육적 설득 연설을 어느 정도 들었으면 좋겠다고
   생각하십니까? 교육적 설득 연설을 집중적으로 듣기 이전과 비교해
   서 답해 주십시오.
   ① 1주일에 1회 이상 듣기를 원한다.
   ② 2주일에 1회 이상 듣기를 원한다.
   ③ 3주일에 1회 이상 듣기를 원한다.
   ④ 1개월에 1회 이상 듣기를 원한다.
   ⑤ 필요할 때만 듣기를 원한다.

5. 교장 선생님의 교육적 설득 연설이 필요하다고 생각하십니까? 아
   니면 필요 없다고 생각하십니까? 교장 선생님의 교육적 설득 연설
   을 많이 듣기 전과 후를 비교해서 생각하여 주십시오.
   ① 필요하다.   ② 필요하지 않다.

6. 교장 선생님의 교육적 설득 연설의 내용이 학교 생활 또는 가정 생
   활에 어느 정도 도움이 되고 있다고 생각하십니까?
   ① 많은 도움이 된다.   ② 조금 도움이 된다.
   ③ 보통이다.   ④ 별로 도움이 되지 않는다.

⑤ 전혀 도움이 되지 않는다.

7. 교장 선생님의 교육적 설득 연설 내용을 어느 정도 이해하고 있습니까?

① 매우 이해가 잘 된다.　　② 약간 이해가 된다.

③ 보통이다.　　④ 약간 이해가 안 된다.

⑤ 전혀 이해가 안 된다.

8. 교장선생님의 교육적 설득 연설을 들으면 기분이 좋아집니까?

① 매우 좋아진다.　　② 비교적 좋아지는 편이다.

③ 그저 그렇다.　　④ 약간 나빠진다.

⑤ 매우 나빠진다.

9. 여러분은 교장 선생님의 교육적 설득 연설을 보통 때보다 더 자주 들었습니다. 이렇게 교육적 설득 연설을 자주 들은 후에 여러분에게 어떤 변화가 있었다고 생각하십니까?

① 일상 생활에서 항상 잘해야 한다는 생각을 하게 되었다.

② 학교 생활에 많은 도움이 되었다.

③ 일반 상식을 많이 넓히게 되었다.

④ 별로 도움이 되지 않았다.

10. 여러분은 교장 선생님의 교육적 설득 연설을 많이 들었습니다. 많이 듣기 전에 비하여 교장 선생님의 교육적 설득 연설의 내용을 지켜야 한다는 생각에 변화가 있습니까?

① 연설 내용을 따르기 위해 많이 노력해야 하겠다.

② 연설 내용을 따르기 위해 조금 노력해야 하겠다.

③ 그저 그렇다

④ 연설 내용을 따르기 위해 별로 노력하지 않겠다.

⑤ 연설 내용을 따르기 위해 전혀 노력하지 않겠다.

★ 끝까지 성의껏 답해 주셔서 감사합니다.